杭州文史研究會、民國浙江史研究中心 編

民國杭州史料輯刊

第一冊

國家圖書館出版社

圖書在版編目(CIP)數據

民國杭州史料輯刊 / 杭州文史研究會,民國浙江史研究中心編. —北京:國家圖書館出版社, 2011.3

ISBN 978 -7 -5013 -3850 -4

Ⅰ.①民… Ⅱ.①民… ②杭… Ⅲ.①地方文獻—彙編—杭州市—民國 Ⅳ.①K295.51

中國版本圖書館 CIP 數據核字(2010)第 169021 號

責任編輯: 殷夢霞　李强

裝幀設計: 敬人書籍設計工作室

ISBN 978-7-5013-3850-4

書名　民國杭州史料輯刊(全五册)

著者　杭州文史研究會　民國浙江史研究中心　編

出版　國家圖書館出版社(原北京圖書館出版社)

(100034 北京市西城區文津街 7 號)

發行　010 -66139745　66175620　66126153

66174391(傳真)　66126156(門市部)

E - mail　btsfxb@ nlc. gov. cn(郵購)

Website　www. nlcpress. com→投稿中心

經銷　新華書店

印刷　河北三河弘翰印務有限公司

開本　787 ×1092 毫米　1/16

印張　204

版次　2011 年 3 月第 1 版　2011 年 3 月第 1 次印刷

書號　ISBN 978 -7 -5013 -3850 -4

定價　3000.00 圓

『民國文獻資料叢編』編纂出版委員會

總序

詹福瑞

民國時期，中國處在從近代社會向現代社會轉型蛻變的一個重要階段。這個時期，政治風雲變幻，思想文化激蕩，內憂外患叠起。國家政治、經濟、文化等均發生了翻天覆地的巨大變化。新與舊、中與西、自由與專制、激進與保守、發展與停滯、侵略與反侵略，各種社會潮流在此期間匯聚碰撞，形成了變化萬千的特殊歷史景觀。僅從文化角度考察，一方面傳統文化得到進一步整理繼承和批判揚棄，另一方面西方文化又强烈地衝擊和影響着當時人們的思想與行爲。特别是馬克思主義、列寧主義的翻譯介紹與傳播，不僅深刻地影響着人們的思想意識，而且直接導致了新民主主義革命的爆發以及由此帶來的社會巨變。

當此之時，社會政治雖然動蕩不已、經濟脆弱不堪，思想文化卻大放異彩。知識界思維活躍，視野開闊，著述興盛，流派紛呈。加之出版業和新聞業的飛速發展，使民國的出版發行達到空前的規模。短短的數十年間，積累了包括圖書、期刊、報紙以及檔案、日記、手稿、票據、傳單、海報、圖片及聲像資料等等大量文獻。這些文獻作爲此一時期思想文化的特殊載體和社會巨變的原始記録，不僅數量巨大，可稱海量，藴涵其間的思想文化價值更不在歷來爲人們所珍視的善本古籍之下。

作爲一個剛剛過去的歷史時期，民國距今時間最近，與當前的現實關聯也最爲密切。因此，對民國歷史的研究向來爲各界所重視。經過近六十年的努力，特别是經過一九七八年以後的思想解放運動，中華民國史的研究取得了長足的發展：有關民國史的研究著述和史料大量出版，學術研究隊伍迅速擴大，學術交流活動日漸頻繁。目前，民國史研究已經成爲中國歷史研究諸學科中建立較晚，卻發展較爲迅速、取得成就較爲顯著的學科，並有逐漸成爲國際「顯學」的趨勢。

與學術研究相適應，在既往的半個多世紀特别是改革開放以來，民國文獻資料的搜集、整理與出版工作，也有很大的推進，取得了一定的成績。如利用南京第二歷史檔案館藏民國各級政府檔案整理出版的《中華民國史檔案資料彙編》和《中華民國史檔案資料叢刊》，根據廈門大學圖書館藏『末次研究所情報資料』整理出版的《中華民國史史料外編：前日本末次研究所情報資料》，根據遼寧省檔案館所藏檔案整理出版的《滿鐵密檔》，利用上海圖書館、復旦大學圖書館、華東師範大學圖書館館藏圖書整理出版的《民國叢書》，以及湖北所編辛亥革命史料，天津所編北洋軍閥史料，西南各省所編西南軍閥史料，廣東所編孫中山及南方政府史料，東北所編『九一八』和僞滿史料，上海所編汪僞史料及民族資本企業經濟史料，重慶所編國共關係史料，包括以《國民政府公報》爲代表的民國政府出版物，以《申報》、《大公報》、《益世報》爲代表的民國報紙，以《東方雜誌》、《良友雜誌》爲代表的民國雜誌等等的整理出版，都是這方面工作的重要成果。從上世紀五、六十年代開始，臺灣地區也影印出版了以《革命文獻》、《中華民國重要史料初編》爲代表的大批民國文獻，爲人們瞭解民國社會與歷史，從事學術研究，提供了十分重要的資料。

然而，這些整理和出版工作，與民國史研究日新月異的發展以及社會各界對民國文獻資料巨大的使用需求相比，還存在着很大的反差。甚至可以說，目前民國文獻的傳藏與利用正面臨非常嚴峻的危機。相關調查顯示，由於近代造紙、印刷、裝訂等工藝自身缺陷所造成的先天不足以及各收藏機構長期以來普遍存在的觀念滯後、認識不足、經費短缺、保管不善等原因所帶來的後天損害，使得國家圖書館、歷史較爲悠久的公共圖書館以及爲數衆多的高校圖書館、科研機構圖書館、檔案館、海外公私藏書機構收藏的民國文獻，幾乎無一例外地出現了嚴重的老化或損毀現象。以國家圖書館爲例，館藏約六十七萬册民國時期文獻中，達到中度以上破損的占百分之九十以上，民國初年的文獻更是百分之百地破損。研究表明，民國文獻的保存壽命一般爲五十至二百年。也就是說，時光流轉到今天，相當一部分的民國文獻已處於行將消失的危急狀態！文獻本身面臨湮滅消亡，亟待搶救和保護，當然也就談不上服務社會，服務學術，滿足各界查閱使用的需求。

針對此等危機，自上個世紀八十年代以來，衆多專家學者多次發出呼籲，號召全社會都來關注民國文獻的『生存現狀』，重視民國文獻的搶救保護與開發利用。以國家圖書館爲首的衆多公共圖書館、高校及科研機構圖書館、檔案館，更積極從原生性保護和再生性保護兩個方面，採取了改善保存環境、強化修復手段和加速縮微複製等一系列切實有效的保護搶救措施，並取得了階段性的成果。但與更大範圍的老化和損毀現象相比，與保護經費和專業修復人才嚴重短缺、修復手段相對滯後的尷尬、危急狀況相比，這些保護和搶救措施，還不能從根本上解決民國文獻保護傳藏與開發利用所面臨的諸多困難。

從總體的形勢看，及時搶救保護數量宏富的民國文獻，避免我國悠久的文獻傳承歷史出現令人痛心的斷層，切實保障中華民族文化血脈的延續與光大，已到了刻不容緩的地步，這決非危言聳聽。

作爲國家總書庫、處於文獻保存保護龍頭地位的中國國家圖書館備感形勢的嚴峻與責任的重大，經過反復考察論證，在吸收國内外圖書文獻保存保護先進經驗，並對館藏民國文獻進行全面調查摸底的基礎上，決定在繼續推進既有各項搶救保護措施的同時，率先成立『中國國家圖書館民國文獻資料編纂出版委員會』，依據館藏特色、資料類型、瀕危狀况、珍稀程度和社會需求等，進行分類整理，並以『民國文獻資料叢編』的形式，有計劃、有步驟、成規模地陸續編纂出版。決心持續投入大力，通過這種已爲成功實踐所證明的、切實有效的再生性保護手段，在及時搶救保護文獻的同時，也使之化身千百，爲社會和學界提供更爲便利的文化學術服務。相信這項工作的科學有序開展及這套叢書的陸續編纂出版，必將對文獻的保護、文化的傳承、國家的統一、民族的復興有較大的貢獻。

是爲序。

二〇〇八年一月

序

孫忠煥

杭州是國務院第一批公佈的二十四個歷史文化名城之一。隋開皇九年（五八九年）朝廷廢錢唐郡設杭州，這是歷史上第一次出現『杭州』之名，也是杭州第一次成爲一級行政區。自此之後，杭州逐漸成爲東南地區的政治、經濟和文化中心。五代時期，吳越國定都杭州，實行一系列『保境安民』政策，使杭州免遭兵燹而進一步崛起。北宋，杭州爲兩浙路治所，被時人譽爲『東南第一州』。南宋定都杭州，使杭州一躍成爲全國的政治、軍事、經濟和文化中心。元代杭州維持著百年繁華，以至於被意大利旅行家馬可・波羅譽爲『世界上最美麗華貴的天城』。從晚清到民國，悠久的杭州邁出了新的步伐，開始了從傳統城市向現代城市的嬗變。

民國時期，杭州奠定了現代城市的基本格局。一九一二年杭州開始修建現代意義上的馬路。一九二七年杭州正式建市，劃定了杭州城市的行政區劃，從此杭州城市步入『十年建設』的發展期。尤其值得一提的是，一九二九年六月到十月，杭州舉辦了第一届西湖博覽會。這是近現代以來中國內地舉辦的最大規模的博覽會，也是中國以會展業帶動實業發展、推進市政建設的典範。西湖博覽會的舉辦，不僅促進了現代工商業、旅游業的發展，而且提升了杭州城市基礎設施水平，從而使杭州這座城市躍升至全國大城市的行列。

長期以來，民國杭州歷史的研究和民國文獻的整理雖爲學術界所重視，但是，這些歷史研究和文獻整理工作，大多集中在中共黨史、中國革命史等領域，對民國杭州史的研究既不全面也不深入，對民國杭州史的認識尚停留在比較粗淺籠統的層面上。這與當前國内外民國史研究日新月異的發展已不相適應。

我國的歷史是個承上啓下的連續過程，民國史是不可分割的重要歷史階段。就民國杭州史來説，也是如此。民國杭州史料是民國杭州史研究的重要依據，非常翔實豐富。除省、市政府公報、報刊雜志外，還有大量的檔案、方志、公文、會議記録、文集、信札、筆記、契約、賬册等等，民間還有大量的譜牒、碑刻等，數量之多，不可勝數。即就中國第二歷史檔案館所藏的有關民國杭州地區的檔案資料而言，就多達三千餘卷，涉及一八〇個全宗，涵蓋了政治、經濟、文化、社會等方方面面。

然而，當時書籍資料的裝訂、印刷技術水平等還較爲落後，再加之各收藏機構長期以來因經費短缺、重視不够等原因，導致史料保管不善、紙張老化、破損嚴重，有些文獻甚至面臨著湮滅、消亡的危險，亟待搶救和保護。就民國杭州歷史資料而言，不但需要搶救保護，而且因其分散在全國各大圖書館和部分檔案館，利用起來很不方便。

爲充分挖掘利用民國杭州歷史資料，繁榮民國杭州歷史研究，嘉惠學界，杭州文史研究會本著『歷史研究，史料先行』的認識，著手民國杭州歷史文獻的搜集、整理工作。在前期對國内主要圖書館館藏民國杭州文獻進行全面調查摸底的基礎上，進行分類整理，編成《民國杭州史料輯刊》，涉及民國杭州的政治、經濟、文化、人物、教育、宗教、市政、社會風俗等方面，真可謂資料翔實、内容豐富，其中許多史料是鮮爲人知的，頗有參考價值。《民國杭州史料輯刊》（全五册）是民國杭州文獻搜集整理工作的一個首期成果。數月以來，杭州文史研究會的同志們從有關杭州的五百多種史料中選取二十五種，分類編册，出版面世。今後還將有計劃地陸續整理出版。

史料的搜集整理是歷史研究的基礎性工作。民國著名史學家傅斯年有一個很著名的觀點：『史學即是史料學』，史學家的目的就是『上窮碧落下黄泉，動手動脚找東西』。『東西』者，『史料』也。我們由衷地希望有更多的史學家和志士經過『動手動脚』的艱苦努力，爲民國杭州歷史研究提供一些貨真價實的『東西』。明年是辛亥革命一百周年，社會各界正在興起晚清民國史研究的熱潮。《民國杭州史料輯刊》的出版面世，恰逢其時。

是爲序。

（作者系杭州市政協主席）

總目錄

第一册

第二册

第三冊

第四冊

第五冊

第一冊目录

浙軍杭州光復記

浙軍第四十九旅司令部　編

浙軍第四十九旅司令部，民国元年(1912)鉛印本

浙軍杭州光復記

1

中華民國元年
夏章述後書耑

浙軍光復記敘

鄂師起義之後一月浙軍反正盡撫所屬地又出偏師以助攻金陵既下乃設政府未幾而滿酋遜位全局曾定又後二月浙軍光復戰記編纂成於是元秀距躍曲踊而爲之敘曰嗚呼光武有言有志者事竟成豈不然哉滿虜之盜有漢土也迄其亡蓋幾三百載我高曾祖父伯叔昆季隱不國之痛抱九世之義者其人不可摟指肰胡運未終所謀屢敗或以誅死或以逃亡前仆後繼祝赴公義如復私仇彼其成就之大小久暫雖不同要其不甘異族之盤據晨夕淬勵求有以伸其恢復漢業之志則一也武漢一舉天人響應期月之間漢幟遍中原胡虜母子赫然斯懼知竊據之不可長久而惴惴焉退匿其故宮然後漢業以立政體以定使海內人民喁喁有向慕共和之樂嗚呼是非我軍人之洞明大義抱堅强不撓之志以從事其成就能若是之易且速耶雖然世界之有革命非徒種族之爭也所爭者又在政體夫以我國土地之大儲藏之富其物力爲列國最苟

治國者善用之則凌西歐而駕北美非難也向者異類執政利吾民族之愚弱而陰便其私故亟亟焉日割地遺賂之不惜而唯吾民之智且強是懼於是國權日以替民恥日以深此固我軍人等之所以拔劍斫地迴鎗北指者矣乃者共和確定政權在民是則我民國競業圖強之秋而我軍人發奮有爲之日也誠使今後之政府無違民爲邦本之往訓上下一德以求強其國斯我軍人雄視世界之大志尤斷斷焉可竟成也易之言曰否極則泰始以中國之大而凌夷於游牧之族斯其否亦甚矣及反手之間復我故業使光復之記得出現於今日則泰之漸耳他日五色之旗遍海內外元秀不才猶期短鎗躍馬以從諸健兒後退而搖筆伸紙得讀我中華民國之戰勝世界記而敘之斯其曲踊距躍又當如何耶然則斯編之輯其嗃矢也夫其嗃矢也夫

中華民國元年五月　武林黃元秀敘

浙軍杭州光復記序

民國成立之翌年。杭州顧君乃斌。率所部來駐於甬。出所著浙軍光復記相示。數載經營。乃有今日。記者蓋恐事實泯滅。後之人無由知其所自也。頻年以來。志士仁人。抱革命宗旨。用激切之文字。或少數之徒衆。欲顛覆專制。改造共和。每將動而謀露。垂成而事敗。死於慘刑。死於囹圄。與自沉於波濤。自飲於彈藥。兵刃賫恨九泉者。非能力之不健全也。有精神的革命活動。而絀於武力故也。浙同盟會諸君子。知徒思想之不能立功。徒犧牲個人之無補大局。於是隱身於軍伍之中。潛集勢力。以俟時會之至。故武漢起義。旦夕之間。不血刃而得達其目的。彼論者謂浙之光復。全在軍士。又爲大局論者。謂當此時也。浙若不復。必不能分兵以下金陵。金陵不下彼乘破漢陽之餘勢方將順流而下東南或不可保說誠是也亦知名譽者中材愛之以立身而豪傑則犧牲之以集事數百年來相沿重文輕武之積習莫不以投筆從戎爲游手無賴者之業而卒不顧社會之所輕而就焉且既厠身其中稍形其志節則招忌稍露其頭角則被斥若阿容其所好示以富貴利達之所欲使之不復疑防彼同志之不亮與社會之隱相期望者或歎息痛恨以爲變節易志改革之事無自而望而亦毅然不顧以聽焉其卒能收功俄頃之間固在此而不在彼也顧君久在浙軍爲革命主動之一而長於文字讀是記者並可想見其爲人矣

中華民國元年四月鄞縣陳時夏

浙軍杭州光復記序

天下事雖曰天意豈非人事哉吾浙光復省城先發難燬撫署占兵廠踞電局降旗城不崇朝而大功告竣丁斯之會嘻勿咋舌駴怪交口譚議以爲此天意此天意嗚呼是眞局外人不知局中之事者也夫火之燃也必有其導線之路水之達也必有其發源之泉人第見辛亥九月十四之役以爲事出於至易惡知勉爲其難者其慘澹經營之迹犂然而可尋吾友顧君子才自幼奇偉以義俠聞於鄉里長習兵學益富革命思想浙軍光復子才之功居多而破壞之後尤汲汲於建設嘗謂予曰浙之民力竭矣瘡痍未起豈容攘奪功利者再有破壞之舉故他省多紛爭不息而浙獨晏然善藉子才維持調護之力者匪鮮茲子才將率所部移駐甬上瀕行

以手編浙軍光復記屬綴數言以弁諸首乃不揣溝猶泚筆叙之亦使覽是編者知黨人之苦心孤詣履危蹈險以靳卒達目的者其功績不可沒人宜崇拜之敬禮之而為黨人者亦應自視欿然始終保全其令名勿與人以訾謷也

中華民國元年三月二十八號孫江東叙於杭州城站之大通旅館

浙軍杭州光復記

例言

一是書既命名爲浙軍杭州光復記。而事實獨詳於軍界。

一是書對於光復以前之事較詳。至光復以後之事。均已見諸報章。不另贅錄。

一是書求事跡之實在。不計文字之優劣。編中圈點。係爲醒眉目起見。

一是書僅據當事者之記述。倉卒成書。恐多遺漏歧誤。如蒙各同志見示。當於續刋時。分別更添。

一各會員人名。記憶難周。不及備載。容再彙編各册。於續刋時加入。

一浙軍攻克南京。事實繁多。已見攻克南京紀略。亦不編入。以避重複。

一是書告成。僅三五日。無非搜羅各種資料。備他日作史者所採用。文筆瑕疵。不遑計及。閱者諒之。

編者誌

浙軍杭州光復記目錄

浙軍杭州光復記

第一章　緣起

吾民苦滿清專制之虐久矣。各省志士、毅力經營、犧牲無數之頭顱、始造成今日中華統一之民國。第浙江一隅、不知者謂僅九月十四夜光復杭州之役、竟成偉大之功業、且駭然以革命事業若是之易而速也。噫、九月十四以後之事、載諸報刋諸書、固盡人而知之。九月十四以前之事、若軍界中人之擘畫經營、呼號奔走、恐人未必能知、即有少數人知之、恐亦未能知其始末也。故不佞遂有編纂浙軍杭州光復記之由來。

第二章　秋案發生前之準備

丁未春、秋瑾自河口失敗後、與徐錫麟密約、兼程到杭、有圖浙之舉、遂運動浙軍將校俞煒、周鳳歧、陳國傑、夏超、傅孟、陳禮文、吳斌、周亞衛、劉秉樞、徐士鑣、張健、虞廷、項燃、呂濬凱、魏斌、魏勵勁、趙榮三、葉煥華、朱瑞、葉頌清、周學濂、奚駿聲、方濤、何旦、許耀、陳鈍、等入會。復由俞煒、運動撫、轅、衛隊、邵子超、陳某等入會以爲內應。冀圖大舉。同時孫中山亦派黃郛、趙正平、吳思豫、到浙運動將校入同盟會。其時將校中入會者爲顧乃斌、馮熾中、葛敬恩等。旋雙方聯絡一氣。在西湖靈隱左近周莊開會。當舉定夏超顧乃斌、爲浙江一部分之正副會長。

是年三月。一標三營顧乃斌徵兵於金華。凡張、恭、部下者。悉徵之。因張恭、富有革命思想。而其部下。亦夙受啓迪焉。

黃郛。以財力支絀。需款甚鉅。復提倡開會於西湖。以每人所得十分之一充、本會、經費。衆贊成。由是舉傅孟為會計員。本會、經費、得稍、充裕。會秋瑾、俞煒、周鳳歧、朱瑞、葉頌清、許耀、陳國傑等。商議、在、紹、興、組織、大通、體、操、專修科。派俞煒赴紹組織。並以魏勵勁、張健、担任教練、會同竺紹康、王金發、黃介清、趙宏甫、程毅、竺維楨、姚濟生等共同辦事。孟、夏、黃郛、夏超、趙正平等、密赴紹金處三府。聯絡紹府竺紹康。金府張恭。處府呂東升、周華昌、沈榮卿、派同、志、到、省者、七百餘人。假投、攷、為名。散寓各、旅、館。其時。官。廳。戒。備。甚。嚴。黃郛、夏超、趙正平等本、無、辮、髮。虞事、之、敗、露、也。乃雇、花、船、由、金華、回、杭。

蔣尊簋係由東京入同盟會。回浙充二標標統。開辦弁目學堂。同人異常、愛、戴。該、堂、學生、大半、被、將校、運動、入會。及至秋案發生。朱瑞、俞煒、等。均涉

嫌疑商諸蔣蔣云關於秋案無論如何危險尊篕可以設法不料蔣公亦處嫌疑乃由同人運動浙紳湯蟄仙撫幕張讓三在張撫曾駁處緩頰始免株連

自秋案發生同人風流雲散陳國傑適赴大通學校担任教員中途聞耗折回當時由本會派夏慶韶密赴處州令呂東升暫避周華昌沈榮卿等在省由俞煒助給川資密使他往嗣後在大通肄業之學生及浙江會黨各志士因秋案之關係紛紛逃避者均由軍隊同志助資他往復由黃郛趙正平顧乃斌等邀諸同志集議從緩舉事再約以期

是年夏陶煥卿龔味蓀因徐案牽涉避匿於西湖白雲菴由黃郛報告軍界同志當即派人暗中保護

一標統帶李益智。因浙人孫江東聯絡紳商學界。歡迎二標徵兵。因妬生忌。比秋案發生。即謀陷害。由虞廷運動一標排長鮑恭良馬弁劉俊卿。暗殺之。嗣以無隙可乘。卒不果。

第三章　秋案發生後之設置

戊申春。金麒辦砲工學堂於省城。由顧乃斌運動職員黃鳳之。韓紹基、將校科學生。秦登魯、保士入會。再由黃鳳之介紹弁目科學生盛碧潭。復由盛介紹該堂半數弁目學生入會。由是省垣將校目兵入會者。得百數十人。

會虞廷任金衢嚴處四府公學校長。即以斯校爲本會之機關。一面附設測繪專修科。以諸同志担任功課。及補助經費。

是年。秋開會倡議。運動軍界以外之人。由顧乃斌介紹入會者。有方鴻聲、彭兪諸君。並由兪煒聯絡法警商防營諸界同志。由是警界之雷家駒、張浩、呂衡、錢壽彭、夏芝生等。法政界之陳儲三、章自振等。學界屈映光、陳錦濤、周六介、童濟時等。路界黃廣、黃濤、周伯麟等。合爲一氣。團體較廣。聲氣益通。

冬十月。浙路風潮起。開拒款會於兩級師範學堂。東京同盟會總會。有抵制、政府之印刷物出現。（不完糧。不納稅。謀浙江獨立。）并倩計宗型以二千分。寄顧乃斌。即在會場分送。嘉興同志褚輔成。亦於斯時與軍界相熟矣。

盛宣懷爲賣路罪人。其惡昭著。會中人欲得而甘心焉。其時適王文韶死。

開盛有來杭吊奠之耗。夏超乃商諸顧乃斌及諸同志。擬派人在西湖辱之。因盛來必館於湖濱也。旋因事不來。遂有燒盛之計畫。

庚戌浙江同志團體。又與南洋陶煥卿、龔味蓀、上海陳其美、李燮和、王文清、姚勇忱等。南京伍崇仁、張木良、陳其明、廣西冷遹、廣東趙聲、山東楊際春、北京陸軍速成學堂等、互相聯絡。遂往來於各省間。籌畫進行之方策。

是年冬。冷遹由廣西來浙。道出廣東。與趙聲密約。擬於次年在廣東起事。聯絡浙省同志爲之後援。於是浙省諸同志。又在西湖開會。決議援助之辦法。

辛亥三月廿九。廣東事敗後。諸同志力圖復舉。以慰死者。迨七月浙路風潮起。諸同志察時勢之可爲。一面聯絡各界志士。一面運動下級官長及

目兵力圖進行兪煒復購民立天鐸神州時報多分賤售與將校及目兵為間接之運動

第四章　武漢起義之響應

辛亥八月武漢起義軍界同志亟謀響應以遂素志繼因各種設置未備且沿海各省均未光復若一舉事恐貽畫虎類犬之譏會滬機關派姚勇忱到杭籌畫事宜與褚輔成黃鳳之等開會於西湖劉公祠呂公望傅其永童保暄徐聘耕王萼等均赴會焉翌日復商酌於揖芳園得有頭緒九月陳其美復來杭在雷家駒家邀集同志會議擬先占杭州為根據地再由專車派兵奪上海製造局進取蘇州直達南京其時適朱瑞代理八十一標統帶即派陳國傑兪煒赴滬測量製造局附近地圖偵探吳淞砲

臺。并往、蘇州、察看、情形。復由俞煒約同黃廣、王濤、至蘇路各站。聯絡各職員。以謀交通上之便利。

是月。同志諸人。在傅孟家開會。議定每星期開會兩次。在營同志事務繁多。未能全數到會。遂舉定各營代表。八十一標朱瑞。俞煒。八十二標顧乃斌、吳思豫、馮熾中、傅孟。砲隊徐士鑣、魯保仕。工程營奚駿聲。輜重營韓紹基。督練公所黃鳳之。憲兵營童保暄。傅其永。諮議局褚輔成。警察局雷家駒等。此後曆在吳山、西湖、江干、會議、進行、方法。

俞煒又派呂和音運動游擊第三營目兵。贊同者幾及全營。

會朱瑞家。又開會。擬運動統制蕭星垣。八十二標統帶周承菼。并派呂公望赴永康招人以厚兵力。旋由吳思豫、運動、居、而周、允焉。

會顧乃斌。因戰爭時須覓西醫臨陣救傷。遂商諸鎮部軍醫處書記陸鎮。運動廣濟醫學堂全體學生。赴滬赤十字社爲會員。事爲該堂監督所聞。極力阻止。幸陸鎮係充該堂監學。復商諸劉銘新贊同。全體同志。遂得如願。惟最熱心者。爲崔賢增、呂霞生、趙漢江、王天榮、虞榮興、章文美、唐仲勛、阮其煜、楊子羽、諸人。

九月初旬。顧乃斌、被軍界中人告密於蕭統制星垣。蕭置之。卒無恙。俞煒、亦被警界中之同鄉人告密於巡警道。黃鳳之同時亦受嫌疑。袁思永、派人跟隨。均卒無恙。

陳其美回滬後。又派黃郛、蔣介石、陳泉卿到杭。開會於顧乃斌家。軍警界各同志。均到會。議決臨時司令官爲童保暄。參謀官葛敬恩、黃鳳之、徐聘耕、王萼四人。並舉褚輔成擔任建設機關部。舉朱瑞爲一標司令官。陳國傑爲副官。俞煒爲參謀官。顧乃斌爲二標司令官。傅孟、馮熾中爲副官。吳思豫爲參謀官。舉定司令官後。並約定起事期間。爲九月十三日至十七日之間。

會顧乃斌商准滬總機關部派來之黃郛等。撥用炸彈五十枚。七米里儿子彈三萬顆。手槍五十枝。洋四千元。幷告示旗子以及炸彈隊若干人。於是黃郛、蔣介石、陳泉卿回滬後。即由滬匯杭洋三千六百元。交由褚輔成轉交。以備軍需。

朱瑞慮子彈不敷應用。商由顧乃斌籌議辦法。旋派斯良赴申購辦槍彈。幷藉此知照各車站人員。如車站科員黃廣。營業科傅修齡。艮山站周百齡。覓橋站長丁綸。硤石站長王濤。上海站長周良材。擔任交通并妥護危險各品。即由褚輔成接收陳仲權、張煥伯由滬運來之炸彈四十八枚。末次火車到杭。當時顧乃斌暗中為之照料。陳泉卿、趙申之由上海總機關運動手槍四十枚。告示旗子則由莊崧甫蔣著卿攜帶來杭。俞煒慮子彈之不足。商同王濤。赴硤石運動商團長徐光溥。徐因商團中子彈甚少。無以報命。遂向袁化商團李仲堅商借。允借子彈四千顆。由硤石運至南星橋交八十二標三營顧乃斌接收。自各參謀偵察省城地點。及旗營軍裝局後。遂在臨時司令官童保暄家開會。議定破壞占據之地點。及方法。以八十一標占據自清泰門至湧金門止以下之區域。保護教堂攻擊旗營占據軍裝局馬砲隊附焉清泰門起至湧金門止以上之區域。焚燬僞撫署占據各衙署局所等及保護金融破壞交通等機關均歸八十二標攻擊占據輜重工程等營附焉。

由是計畫已定軍需完備。新軍步馬砲工輜各兵士悉由下士運動成熟。下士則由同志下級將校運動焉而其最得力處在一標一營之弁目隊二標三營之弁目隊蓋弁目隊係從幹練下士挑選而來又經反覆開導遂默化潛移成此良果。

十二日顧乃斌派傅孟到包金琳處調查杭城若干教堂及外國人住宅。以備保護。

十二日由雷家駒運動游擊隊執事官吳茂林幷約起事之日須帶兵三

隊。赴拱宸橋保護洋關及通商場。兼防淺水兵艦反抗。並運動游擊隊管帶金富有。省防哨官董國祥入會。并由俞煒派錢壽彭運動管軍裝局之哨官厲得勝吳遠等。如不反抗。許以相當之酬報。於是省城巡防隊中大半贊成此舉。按厲吳二哨官。均係顧乃斌學生。運動較易。

第五章　光復杭城之實施

鄂湘兩省光復。滬杭間之準備舉事亦已周妥。王金發、蔣介石、王文濤、張伯奇、董夢蛟、孫貫生、同率敢死隊一百餘人。於九月十三日到杭。由莊子盤招待。分寓奉化試館、仁和火腿棧、嗣由方鴻聲介紹設臨時機關部於五奎衖李綱裳家。

十三夜。上海已光復。並已占據製造局。浙軍同志聞信之後。各志士、遂決、宗於次夜兩點鐘光復杭城。以清泰站爲臨時司令處。

十四日。俞煒派錢壽彭至硤石長安等處。採辦乾餅茶食二三百斤。爲晚間乾糧。約王濤派同志二三人赴嘉興。預備晚間剪斷電線。以絕交通。

十四日下午二時。顧乃斌派傅孟至臨時總機關部。對準時刻及購買攜帶電燈。各隊分用。

十四日。下午七時。傅其永送手鎗子彈數百粒於顧乃斌營中。

是晚。一標由莧橋出發。二標從南星橋出發。陸軍警察營隊官傅其永童保暄。排長周光杲王桂林。率同憲兵。會全工程營前隊三排排長陳滌。率本排目兵。開望江門之新城門。其左隊隊官來偉良。排長徐康樫朱練薛志超鄭戡率同本隊目兵。開艮山門。兩標兵士得以分道長驅直入其工程營之前隊隊官阮鍾良偕同一排排長趙立二排排長奚駿聲則在城內破燬電話桿線并占據電話局以阻交通。其時二標三營前隊司務長駱虎臣同志莊之盤等亦在焉。

是晚臨時司令部發出口號為獨立二字。步馬礮工輜各兵士及炸彈隊左手均縛白布以示識別。

是晚雷家駒担任分旗子於各防營並傳達口號。

是晚黃鳳之徐樂堯汪少初担任派人在通衢街巷粘貼告示。

是晚顧乃斌與參謀官吳思豫副官傅孟馮熾中商議。深恐事機洩漏。城不易開。特派三營後隊排長陳紹琳携帶手鎗。率領兵士數人。强迫閘口站長單放車頭。以備撞城之用。俟車頭到南星橋。望江門之新城門已啟矣。

是晚。顧乃斌邀集一營管帶徐則恂。二營管帶徐卓并各官長會議。目兵聞之均各磨礪以須異常歡躍蔡協統聞之遂他逸。

是日。午後五時。陸軍小學隊官周亞衛。外來軍人呂和普、錢騫、趙成之等。敢死士周六介等。及代理一標統帶朱瑞。二營管帶韓紹基。砲隊隊官徐士鑣、魯保士等。均齊集於俞煒家內。商議。是晚進兵道路。及實行攻擊任務。

至十時。由朱瑞發號令。集合隊伍。不敷分鐘。而全標將校目兵。已臂纏白布。手持武器。齊集操場。雄糾糾氣昂昂。人人有撼山嶽移河海之概。當由朱瑞宣告革命宗旨。宣畢。發給各隊子彈。即下出發及攻擊命令一敵人在杭城方向。

二本軍。有攻破杭城及實行佔領各重要機關之任務。

三第三營督隊官俞煒率兵五隊爲前護隊出本標大門沿鐵道進艮山門（艮山門已有工程隊担任開門）至蒲場巷陸軍小學堂門口。會同王金發所帶炸彈隊。進攻軍裝局。攻破後即行佔領。

四第二營管帶韓紹基率兵六隊爲本隊。有佔領自閘市口起至武林門止。沿大街通旗營各要道之任務距前護三百米突隨進艮山門後。即留第十一隊之大排駐守艮山門。

五餘下新兵一隊。看守營房。

六予在本隊隊頭。

前護隊命令

一敵人在杭城方向。

二本隊有攻破軍裝局及實行佔領之任務。

三第一隊爲前護支隊。由王隊官家琦帶領進行道路與統帶命令同。即時出發。

四二三四五隊爲前護本隊。距前兵一百米達隨進。第二隊由張隊官品三帶領。第三隊由林排長蔚帶領。第四隊由潘隊官耀祖帶領。第五隊由王隊官偉帶領。有阻止土橋至萬安橋一帶通路敵人前進之任務。各隊相距二十米突隨進。

五予在前兵隊頭。

第二路攻擊命令

一敵人在杭城方向。九月十四夜十二點鐘

二本隊有攻擊旗營。及佔領閘市口起至武林門止。沿大街通旗營各要道之任務。

三第一隊佔領錢塘門。由吳隊官國棟帶領。第二隊佔領衆安橋。由徐排長克叢帶領。第三隊佔領官巷口。由童隊官必揮帶領。第四隊佔領閘市口。由吳隊官有祥帶領。第五隊爲游擊隊。由張隊官振嶽帶領。有援助各佔領地之任務。

四予在官巷口。

當時朱瑞、俞煒、率一標三營入城後。卽攻軍裝局王金發、孫貫生、率敢死隊，助焉。排長陳國傑。身先士卒。奮勇直進。槍傷頭部。勢甚凶險。旋由兵士舁入醫院。第一營第二營均率全隊營隊伍分攻旗營。其警戒綫一營由湧金門起至官巷止。二營則由官巷起至錢塘門止。當三營攻軍裝局時。有陸軍小學堂救習葛敬恩、班長呂煥光、趙武。率領多數學生作嚮導。

是晚十時。顧乃斌派目兵絕斷鳳山門外之電線。復邀集各官長察閱地圖。分道進兵。并命各營官長給發子彈。撕分白布。并與參謀擬就命令至十二時。目兵歸隊。即請二標統帶周承菼宣布革命宗旨及命令

一敵人在杭州城內。

二本軍有破壞衙署局所及佔據各機關之任務

三第三營顧管帶乃斌。率全營兵士為第一路。沿鐵路至望江門新城、

門。攻燬撫署。二營徐管帶卓爲第二路。進城。防守撫署後衛一營徐管帶則恂爲第三路。進城佔據運藩等署及各銀行。

四予在杭州城站。

攻擊命令　九月十四夜間二時在南星橋營發

一敵人在杭州城內。

二本營有攻擊撫署之任務。

三斯隊官資深率領第一隊進城。由望仙橋直街繞元井巷至通江橋一帶攻擊。劉隊官鳳威率領第二隊進城。由金釵袋巷至鎮東樓一帶攻擊。

四其餘三隊。由陳排長鼎康率領。第四隊由第一營之後隊搬入由潘隊伯勳帶領爲預備隊。進城。由羊市街過車駕橋沿河下至保安橋停止。候令。

五予在第三隊頭。

是晚第一路出發進城後。第二路徐卓率領第一隊魏斌。第二隊葛振。第三隊彭光耀。第四隊錢向彬等。依命令分赴各地防守。第三路徐則恂。率領第一隊趙膺到運署織造衙署。第二隊佔據大清銀行浙江銀行。第三隊保護興業銀行及各銀號。

於是第三營之右隊由張士虎帶領。保護周司令赴杭州城站。

蔣介石、張伯奇、亦率炸彈隊、偕二標、三營、攻燬撫署。霎時炸彈聲、鎗彈聲、吶喊聲。不絕於耳。撫署衛隊並不反抗。惟其機關槍教練官施放一次。幸未傷人及第二次施放已被衛隊日兵奪去機關撫署則無抵抗力矣。於是日兵以洋油引燃二堂庭柱當即蔓延至撫署左近民間房屋均未延燒。當時撫署衛隊之司務長孔昭道及保護撫署之巡防隊兵士均送給子彈於第三營無吝色而第三營出發時并有理化家計宗型隨同攻燬與有力焉。

撫署衛隊經傳其永運動司務長孔昭道聯絡妥洽。惟其管帶趙春霖反抗如故執之。巡撫增韞則由後衛牆洞逃逸。由二標兵士獲交傅孟帶至福建會館。增韞之母及妻孥派兵妥送該處。

是晚。輜重營管帶白釗前隊隊官錢守眞左隊隊官王爲離率領目兵佔據藩署學署糧道等署。

是晚。炮隊由張國威偕同中隊隊官徐士鑣。左隊隊官魯保士。率領兵士跟隨一標進城。至杭州、城站、候令。馬隊排長鍾玉成王振。司務長莫守莊。率領全數馬兵。担任、傳、令及、搜索。

是晚。車駕橋附近。有旗人文海。內藏、嘉、防、沈棋山、巡、防營、一隊。由文、海、指、使。希圖、反抗。當二標三營預備隊通過時。由內發鎗。幸未傷人。

陸軍講武堂學生徐耀祥。於是夜刺死反抗之旗人學生一名。後。復偕、陳、占、汾、沈、小九、二人。至金、釵、袋、巷、楊、馥、齋、家、樓、窗口。向撫署擲。鐵壳。炸。彈。兩。枚。胆誠。壯。也。

十五日天已黎明。旗營外均已光復。大街小巷。白旗招展。惟旗營中尚負嵎抗拒。故砲隊管帶張國威。隊官徐士鑣。魯保仕。率領砲隊。以城、隍、山、爲、

砲、兵、陣、地。砲擊、僞、將、軍、署。工程營排長陳濂。在官、巷、口、偵、察、地、形。埋設、地、
雷。一標一二兩營。亦尙包圍旗營與敵人互相攻擊。鎗砲、之聲、隆、隆、不絕。
復由二標各營。巡防各隊。加入、戰綫。以壯、聲、威。
是日早晨。舉周、承、菼、爲、浙、軍、總、司、令、官。臨、時、司、令、童、保、暄。改、舉、爲、參、謀、官。
是日黎明。一標醫長陳礎。醫生陳德溶。砲隊醫長楊嚋。二標醫官陳延齡。
醫長陸潤康。醫生包金生等。到車站組織赤十字隊。
是日黎明。督練公所金華林、王蓴、丁福田、樊江、林競雄、沈宗絅、項霈、均到、
臨、時、司、令、處、佐、理。
是日黎明。第一鎭正軍醫官張葆慶。書記呂本端。軍需官郭成勛施灝然。
正參謀李煒章。書記陸鎭、童瓛德。執事官王學棪等。均到、臨、時、司、令、處、佐、

理。
陸軍小學堂總辦王變陽。提調潘慶麟。測繪學堂監督朱光奎。講武堂提調盛開第。均到臨時司令處佐理。

是日黎明。顧乃斌商諸王變陽。請以該堂飯食供給八十二標兵士。王概允之。

是日早晨。講武堂學生。由該堂教員陸鍾麟指揮。陸軍小學堂由王變陽潘慶麟指揮。測繪學堂學生。由該堂職員指揮。均荷鎗充全城警察。氣象爲之一新。

是日。湯壽潛在申。乃由褚輔成請陳時夏到申。約同王清夫顧企韓勸駕。下午乘專車來杭。軍界中人在諮議局開會。遂舉湯爲都督舉褚輔成爲政事部長。舉汪嶔為杭州民事長。是日下午。高爾登、汪潤安、鍾枚、徐佮等。由滬專車運送大宗軍火來杭。軍界聞信。益壯其胆。

是日下午。由顧乃斌發電往各處同志。來省襄理軍務。嗣旗營知勢寡不敵。由貴林、穆克德春為代表。勒令旗人繳械歸降。即由司令派傅孟搜索旗營。黃鳳之點收鎗械。於是杭州全城光復。

第六章　援救各路兵隊之出發

各府聞省城業已光復。相率反正。惟嘉防統領沈棋山頑冥不化。力圖抵制。由嘉興同盟會連發七電告急。於是顧乃斌自告奮勇。率領步隊二標第三營為第一支隊長。并派魯保士帶砲六尊。隨赴嘉湖一帶勦撫兼施。沈棋山聞信胆怯而逸。其所部皆表同情。均行反正。

十八日上海兵力單薄由俞煒自告奮勇率領一標三營爲第二支隊長前赴上海製造局保護以防不測

南京僞統將張勳據幕府烏龍之險招集防營兵隊與民軍抗寧民不堪其擾羽書告急浙軍由朱瑞爲支隊長率領一標各營暨馬砲輜重工程等營出發赴寧大小十餘戰遂克南京焉〔戰鬭事實見攻克南京紀略〕

浙軍杭州光復記書後

亞東大陸黃農遺胄於焉奠居乃逮朱明末造建虜卵育遂肇陸沉二百餘年犬羊中華天日蒙恥洪楊崛起一簣功虧萬國衣冠再淪左袵河山還我厥願未酬然而復仇九世着於春秋人類不滅大義不泯況我浙土越水湯湯勾踐宅焉富春峨峨仲謀育焉英賢繼起往事可師寧讓先哲專美歷史同志奔走力圖光復十餘年於茲矣乃以禁網牛毛間諜鬼恠藥線初布野火旋燒皖水剖心山陰流血寃霜零夏憤泉沸秋風雨凄其神號鬼泣幸而瓜熟蒂脫大功告成先烈血賜義不容忘苦心經營跡寧可泯此浙江軍界光復史之所由作也夫處外族淩虐專制積威之下欲圖光復蓋已難矣矧我軍界紀律束縛威權壓制動一不慎身首分離欲

圖光復則尤難之然惟克知其難不敢輕忽以將事不因蹉跌以灰心故雖千艱萬阻歷十餘年如一日必求達其目的乃已往者處心積慮飲血吞聲邇自鄂旗一舉滿酋旋覆金陵之役民國利賴浙軍聲譽爲東南冠浙民之福寧非浙軍之榮耶下走駑駘文弱窶子亦漫厠身軍界以供前驅丁戊之間組織上游四府公校滿蒐江東子弟訓練成材以圖一舉復得諸同志贊助創設測繪專修科爲種種之設備漢奸作梗必合羣力百計排之職是之故疑謗交加竄跡海嶠所以偷生苟活未隨屈大夫遊者欲以有所就也披閱斯編曷禁雀躍惟下走更有說者破壞匪易建設惟艱吳山立馬錢江西湖左右顧盼雲翳淨盡天日重光健兒歸來凱歌動地庶幾極一時之盛矣然而盱衡世局後顧正長天下紛紛於今方始我

軍人庸可謂已得圓滿之結果耶就表面以觀美利堅八年血戰新國始成法蘭西三次變更共和纔定我民國曾不數月間五色國旗照耀全國其功烈之偉大超越法美遠矣然使意美氣驕頓變初志假託共和暗圖割據蝸角觸蠻同舟胡越瓜分豆剖黑籍永淪又或梯榮躋利狗苟蠅營圖遂私謀動牽大局是則前此之所經營與目前之所成就直不啻爲滅亡之媒介也光復云乎哉岳武穆詩云功業要刊燕石上歸休終伴赤松遊景仰前脩夐乎尚矣若夫介推入山魯連蹈海其心似恝其志彌悲蓋不忍睹絕好山河已成淨土又即沉淪也世之覽者其有感於斯文

屠甫虞廷

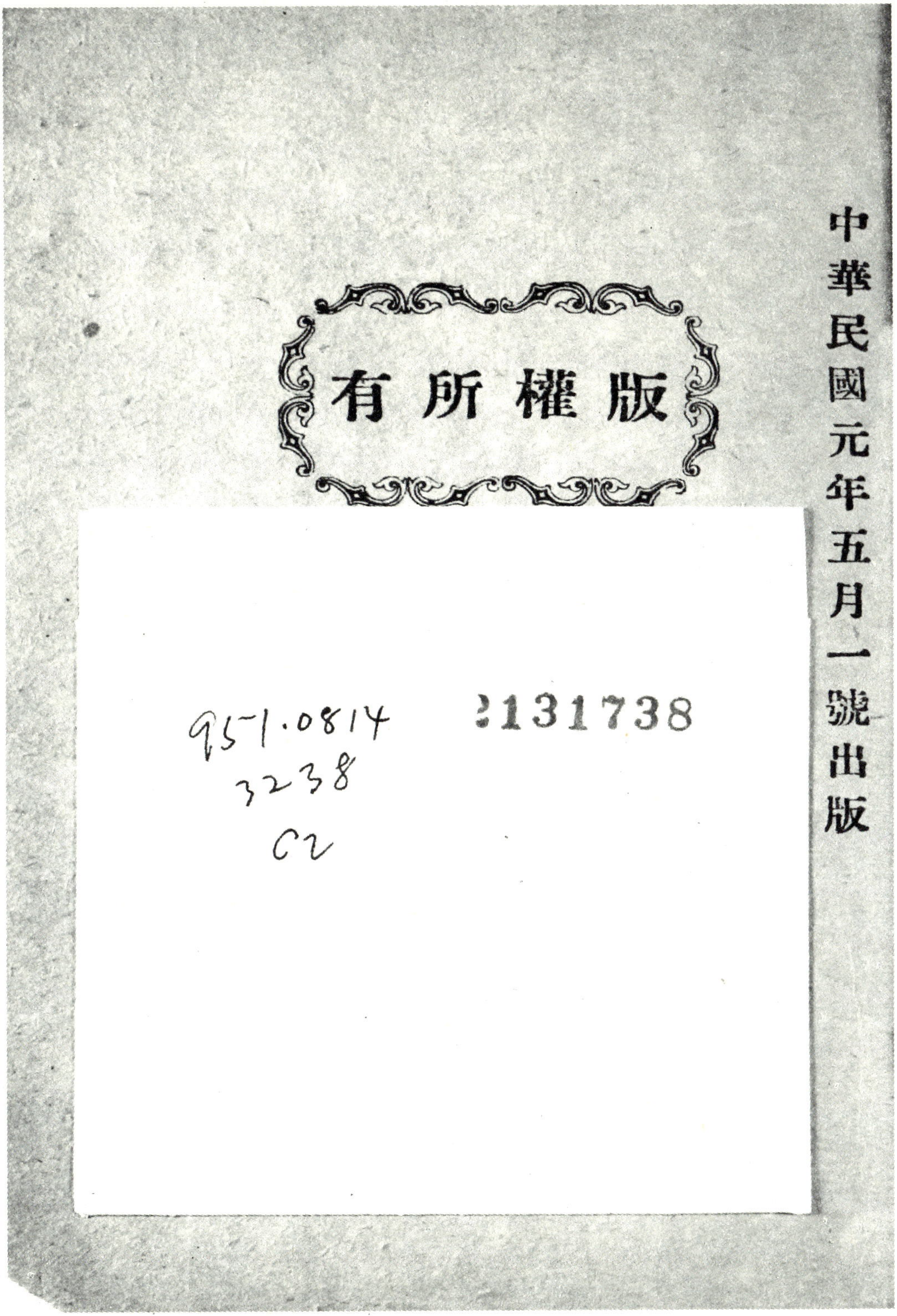
版權所有

中華民國元年五月一號出版

杭州市政府 編

杭州市政府籌辦地方自治經過

杭州：杭州市政府，民国十九年（1930）铅印本

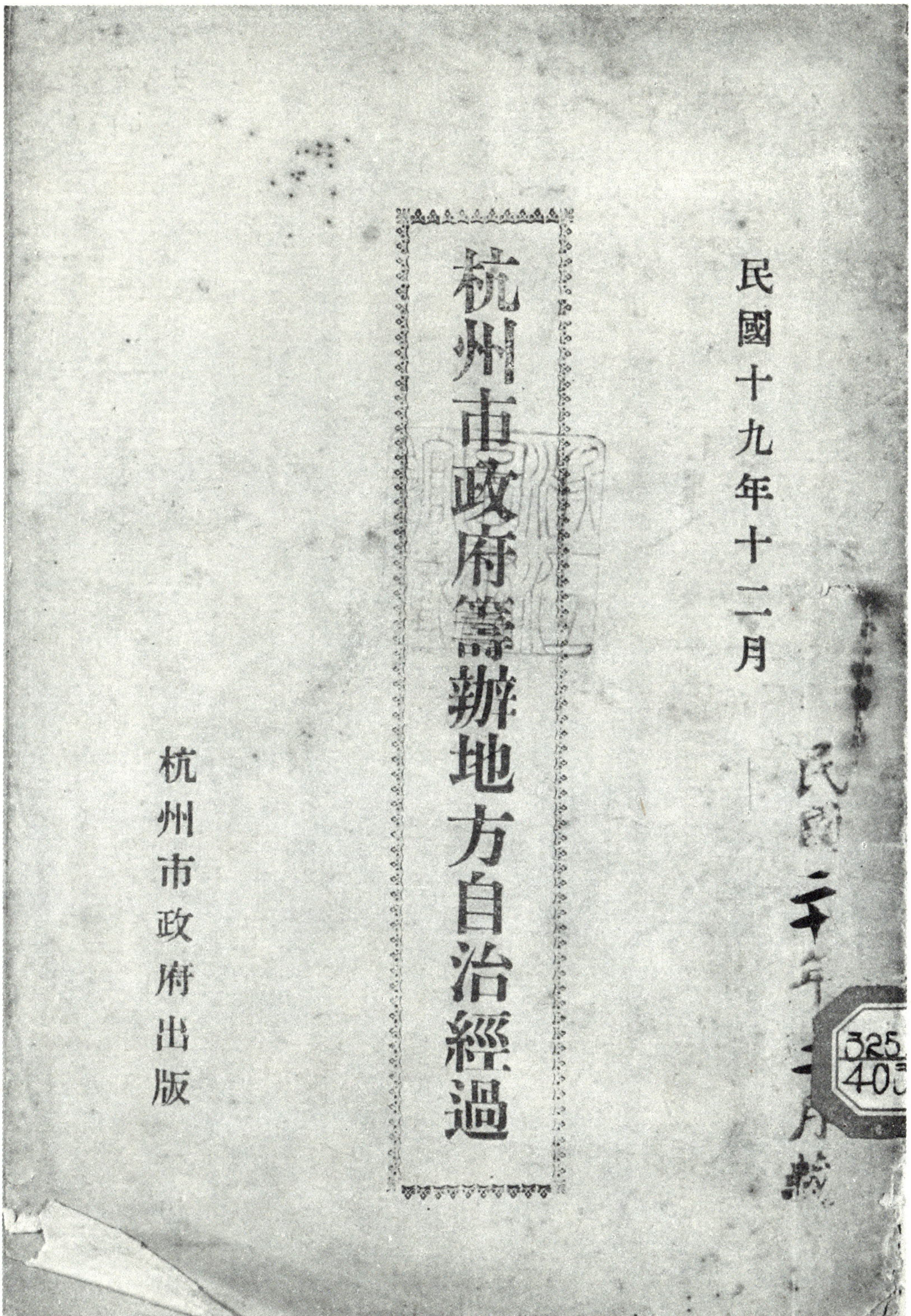
民國十九年十二月

杭州市政府籌辦地方自治經過

杭州市政府出版

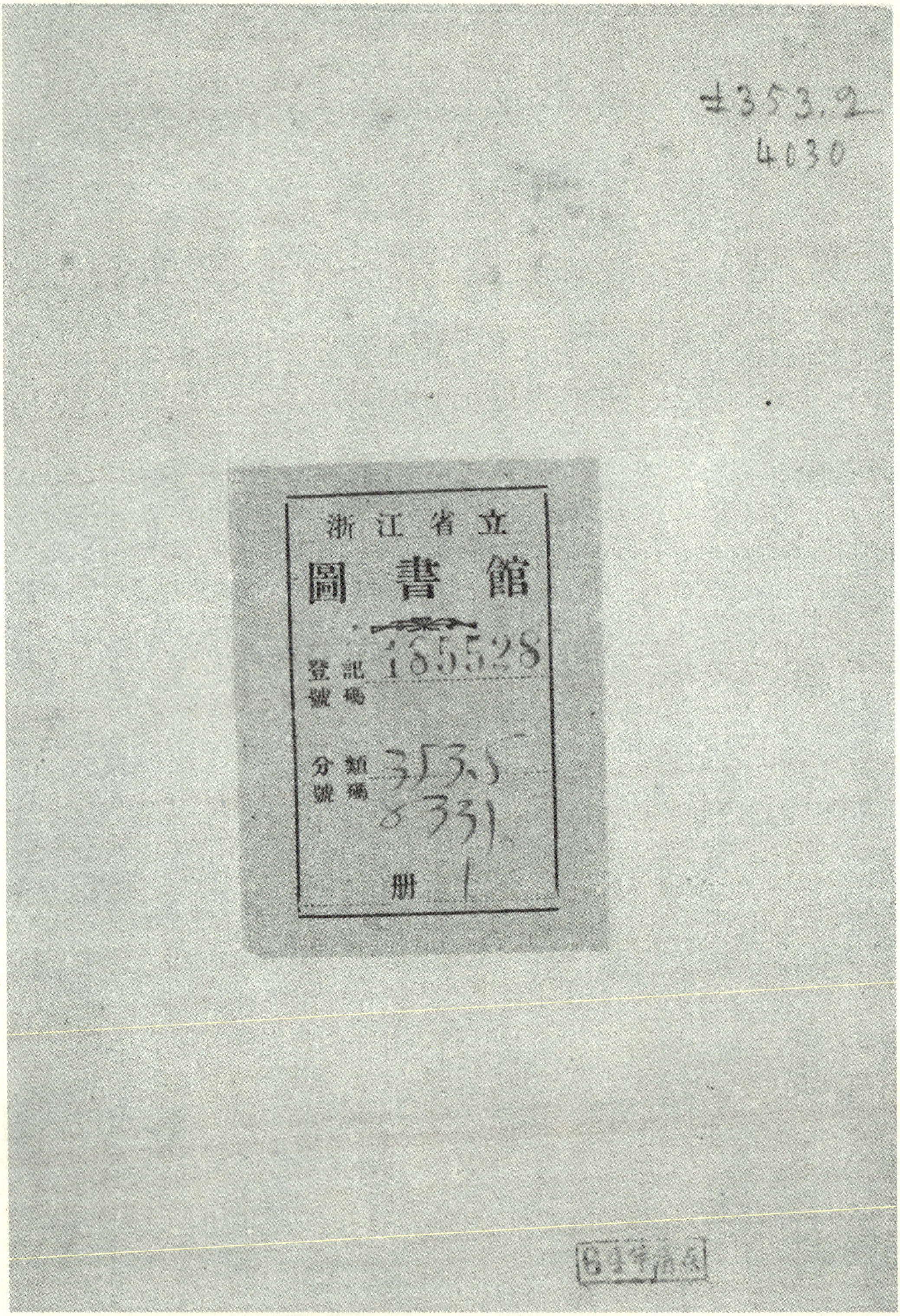
353.2
4030
浙江省立
圖書館
登記號碼 185528
分類號碼 353.5
8331
册 1

杭州市籌辦村里制及改編區坊閭隣之經過

錢墨卿編

第一節　籌辦村里自治經過

自浙江省街村制經浙江省政府於十七年六月四日公布後，杭州市政府於同月十一日奉浙江省民政廳令發浙江省街村制與浙江省街村制施行程序及住戶閭隣清册式樣，限期成立，當即任命市參事會參事錢墨卿爲籌辦街村委員。依照街村制施行程序，遴選地方公正人士，協助住民推舉人員。於原有城區江干西湖湖墅皋塘會堡六自治區，各組織一街村籌備會。至八月一日，各區街村籌備會，完全成立，即將前項協助員名義取消。同時各區街村籌備會，復組織一聯合會，於每星期二各區街村籌備會常務會員齊集市政府開會討論各區進行事宜，市府每次派員參加，以資接洽。所有各區協助員及各區籌備會會員名單列左：

各區協助員名單

城區　陸佑之　沈海帆　西湖　鄭厚庵　王養濂

杭州市地方自治籌辦經過　二

江干　朱緝書　楊耀文　湖墅　吳淳白　趙舜年

皋塘　於沛然　相博時　會堡　徐和甫　金起鵬

各區街村籌備會會員名單

城區　會址梅花碑育嬰堂

沈海帆　汪炎忱　祝星五　樊淵度　陳星五　吳一臣

顧子才　孟祿久　許子俊　范儆文　丁朋方　宋翰卿

楊見心　高受之　李吉生　張貞叔　謝月溪　錢天視

陸佑之

西湖區　會址左蔣二公祠

馬舜年　徐培生　徐偉生　鄭敦和　王養濂　張秉榮

林成榮　曹光祖　陳本厚　余樂山　王慶照

江干區　會址海月橋自治公所

徐省三　張厚林　孟西卿　王卜三　范錦章　潘千英

沈玉其　朱緝書　王雁飛　楊耀文　凌水心

湖墅區　會址夾城巷姚德門內沈宅

吳子厚　王克禎　陳子宏　蔣連壽　葉榮根　吳淳白

趙舜年　謝配如　邵善賢　于幼章　沈叔宜

皋塘區　會址枸桔衖大佛寺

諸鏡湖　孫仁壽　相博時　陳渭濱　吳丙元　陳良鈞

於沛然　徐盛園　屈掌文　錢衡九　楊浩慶

會堡區　會址華家橋寂照寺

周冠榮　張少英　金起鵬　馮善之　管士貴　孫原高

趙承榮　蔡炳榮　徐和甫　徐達夫　沈全興

各區街村籌備會以全市戶口甫經公安局調查完竣，爲免費手續及經營起見，不再派員調查戶口，經呈准調閱各區警署戶口底册，以作編造住戶閭隣清册之參攷，幷調查各市縣與村落之固有名稱境界及四圍界址，以爲分劃街村之根據。至十月間各區街村籌備會，將分劃街村情形，並繪具圖說，呈報市政府轉報民政廳備案，計全市分爲二十二村里，列表於左：

城區	西湖	江干	湖墅	皋塘	會堡
東南街	靈慶街	南星街	城北街	東皋街	清泰村
西南街	南山村	閘口街	墅北街	臨皋街	望江村
中東街	北山村		芳林村	北沙村	定海村
中西街			芳元村	筧橋街	
東北街					
西北街					

浙江省街村制及街村制施行程序，經浙江省政府委員會第一七〇次會議議決修

正爲浙江省村里制及村里制施行程序，各條文內「街」字均修正爲「里」字，市政府奉民政廳電知，於十月三十一日轉令各區街村籌備會將「街村」名稱一律改爲「村里」。

同年十一月至十八年一月間，市政府先後據各區村里籌備會呈送各該區村里住戶閭鄰清册。各區村里住戶閭鄰總數詳列左表：

區別	村里別	閭數	鄰數	住戶總數	全區住戶總數	公告確定日期
城區	東南里	一四八	七四〇	一一〇八四	五二三二三	十一月十九日 十一月二十六日
	西南里	一〇三	五一五	七八〇六		十一月二十七日 十二月四日
	中東里	一三五	六七五	九九八五		十二月二十一日 十二月二十八日
	中西里	六三	三一五	四七〇三		十一月三十日 十二月七日
	東北里	一一五	五七五	八五二二		十二月十三日 十二月二十日
	西北里	一三〇	六〇五	一〇二二三		十二月十二日 十二月十九日

西湖	南山村	二二	一〇五	一一八一	三二七四	十二月十七日 十二月二十日
	北山村	一六	七九	八五八		十一月三十日 十二月七日
	靈慶里	二二	一〇九	一二三五		十一月二十八日 十二月五日
江干	閘口里	四〇	二〇六	三三八〇	六一九〇	十一月五日 十二月十二日
	南星里	五七	二八三	二八一〇		十一月五日 十二月十二日
湖墅	芳林村	八	四四	六一六	一一一三八	十一月三十日 十二月七日
	芳元村	七	三七	五五一		十一月三十日 十二月七日
	城北里	五〇	二五一	四〇一八		十一月三十日 十二月七日
	墅北里	七六	三八一	五九五三		十一月三十日 十二月七日
皋	北沙村	三一	一五五	一七一〇	一一九一八	十二月二十八日 一月四日
	東皋里	八一	三二五	三九二六		同

塘會堡	臨皋里	六一	三〇六	三八八九		同	
	筧塘里	三九	一九五	二三九三		同	
	清泰村	一七	八六	一一一八	三八九五	十一月三十日	十二月七日
	望江村	三〇	一五〇	一五二五		十一月三十日	十二月七日
	定海村	二〇	一〇〇	一二五二		十一月三十日	十二月七日

右表共計八萬八千七百三十八戶，六千二百三十七鄰，一千二百七十閭。

各區村里籌備會，於查編各該區村里住戶閭鄰清冊完竣後，當即按閭鄰推定人員，調查本鄰有選舉的住民，塡造清冊，並公告住民。十八年一月至三月間，市政府先後據各區村里籌備會呈報選民總數如下：

區別	村里別	選民數
城	東南里	二•九六〇二

區別	村里別	選民數
湖	芳林村	二九八五

區	西南里	二，〇六九〇
	中東里	二，二五四九
	中西里	七四五二
	東北里	二，二四六九
	西北里	二，四二三五
西湖	南山村	一九七四
	山北村	一五〇四
	靈慶里	二〇七五
江干	閘口里	七九四七
	南星里	六七三三
墅	芳元村	二七五一
	城北里	二，八五六七
	墅北里	四，二五八七
皋塘	北沙村	五六二六
	東皋里	一，一四六二
	臨皋里	一，〇〇三九
	筧塘里	七五九四
會堡	淸泰村	二八〇五
	望江村	四一九六
	定海村	二八二七

右表共計二十六萬八千七百六十九人。

選民總數調查確定後，當卽按鄰通告，定期集會選舉鄰長，鄰長完全選出後，當通告各鄰長定期集會，選舉村里長副，並按閭選舉閭長。十八年三月至五月間，市政府先後據各區村里籌備會呈報選舉完竣，造送村里長副及閭鄰長姓名履歷清册，轉報民政廳備案。計村里長副共四十四人閭長一千二百七十三人鄰長六千三百五十一人。茲將村里長副姓名列表如左：

區別	村里別	村里長副	姓名
城	東南里	正	沈海帆
		副	陳星五
	西南里	正	祝星五
		副	汪炎忱
	中東里	正	范耀雯
		副	孟祿久
	中西里	正	謝月溪
		副	陸佑之

區別	村里別	村里長副	姓名
湖墅	芳元村	正	蔣嘉泉
		副	陳蓮生
	芳林村	正	陳子宏
		副	吳春鏞
	城北里	正	沈叔宜
		副	吳沛生
	墅北里	正	趙舜年
		副	吳子厚

區	村里	正	副
區	東北里	韓子衡	居聚乾
	西北里	范治民	李吉生
西湖	南山村	徐優甫	馬卓羣
	北山村	葉聘愼	余樂山
	靈慶里	楊際靑	魏峻宗
江干	閘口里	韓子林	徐省三
	南星里	凌水心	楊耀文

區	村里	正	副
皐塘	北沙村	楊鎬慶	翁桂槐
	東皐里	傅炳初	楊桂芳
	臨皐里	徐盛園	陳良鈞
	筧塘里	相博時	孫韶春
會堡	淸泰村	張明毓	馮士達
	望江村	姚蓮生	蔡炳榮
	定海村	孫德益	馬利賓

十九年一月間市府奉民政廳代電令查填村里統計一覽表五種表如左：

杭州市村里閭鄰戶數一覽表

里數	村數	閭數	鄰數	戶數
14	8	1273	6351	88728
備考				

杭州市村里職員職業一覽表

職別 / 職業及識字	里長	村長	閭長	鄰長	合計	備考
農	1	9	218	1315	1543	
工	1		65	985	1051	
商	18	4	765	3478	4265	
學	6	3	106	172	287	
醫			37	51	88	
其他	2		77	147	226	
未詳			5	203	208	
合計	28	16	1273	6351	7668	

杭州市村里職員年齡一覽表

年齡＼職別	里長	村長	閭長	鄰長	合計	備考
24－30		1	72	542	615	
30－40	4	7	276	1590	1877	
40－50	10	4	407	1978	2399	
50－60	11	2	369	1600	1982	
60－70	3	2	132	540	677	
70以上			17	101	118	
合計	28	16	1273	6351	7668	

杭州市村里職員性別一覽表

性別＼職別	里長	村長	閭長	鄰長	合計
男	28	16	1264	6305	7613
女			9	46	55
備考					

杭州市村里職員已未識字一覽表

事別＼職別	里長	村長	閭長	鄰長	合計
已識字	28	16	1210	5416	6670
未識字			63	935	998
合計	28	16	1273	6351	7668

第二節 籌辦時設法免除困難

舉辦村里制的意義，各區市民都未能十分明瞭，不免發生困難，而城區戶口繁密，困難尤甚。市府爲進行順利起見，有下列一二兩種辦法：(一)自十八年九月至十二月間，教育科演講員每次出發演講時，參加村里制宣傳，計八十七次，分播村里制及施行程序刊本，多至四千餘册；(二)十九年一月間，由市府派員協助城區村里籌備會，擴大宣傳，函邀杭屬督促新政專員吳椿加入協助，並飭警挨戶分布傳單，沿途張貼標語，各報載登簡明廣告，編製村里歌譜分給各校，使兒童習唱，印入腦筋，俾得歸告父兄；復邀自治專修學校學生，爲露天及各遊藝場演講，幷登影片廣告等等，以廣宣傳，歌譜如下：

D調　村里制歌　2/4

3 5 1 | 3 5 1 | 6 5. 6. 1̇ | 5 —— |

求安甯　享幸福　民生的目的

直　接民　權起頭怎樣做

選　擧罷　免創制複　決

鄰　呀閭　呀編成村里制

6 5 6 | 3 5 3 | 2 5 3 2 | 1 —— |

怎樣求？怎樣享？民權要直接

村里制行選擧這樣來做起

這四種民　權才算是直接

一　盤散　沙從此好團結

十八年二月間，市政府復奉民政廳皓代電，以各區村里籌備會，如有進行不力或辦理困難者，准派員協助，其應需經費得報請追加等因，當以城區戶口最繁，辦理困難，西湖皋塘各有特殊情形，均有派員協助之必要，乃派專員范成佑汪炎忱二人，暨市府社會科調查員魯慕賢，及各警署署員十三人，分任協助籌備事宜，並規行服務細則，及每員津貼辦公經費，其協助時間自三月起至五月。

第三節　籌辦村里制經費概略

各區村里籌備會經費總數，照預算規定，本爲五千一百二十四元，計城區一千七百八十元，西湖五百五十一元，江干六百四十六元，湖墅八百二十五元，皋塘七百五十八元，會堡五百六十四元；嗣經兩次追加七百〇二元，城區第一次追加三百元，第二次追加二百二十五元，湖墅一百三十八元，皋塘三十九元，共計五千八百二十六元。另定分期領款單如左：

第一期領款　依村里施行程序第一第二兩條所規定工作完竣時；

第二期領款　依村里施行程序第三條所規定工作完竣時；

第三期領款　依村里施行程序第四第五第六三條所規定工作完竣時。

又第一次六區協助員十二人，第二次協助專員二人，共需公費洋四百二十八元。

關於村里圖册傳單通告印刷紙張及繕錄等費之支出計一千元零。各村里委員會成立後，各支開辦費七十元，每月經常費定爲三十元。

第四節　各區村里委員會成立後情形

各區村里長副及閭鄰長選出以後，依村里制施行程序規定，當卽組織各村里委員會，以村里長副及閭長爲委員，於十八年六月十七日下午二時在市政府大禮堂開成立大會，並依照民政廳令頒村里職員訓練大綱，爲第一次的集合訓練。旋民政廳派浙江自治專修學生陳孟麟，並由市府派湖北自治訓政班畢業生沈潛龍爲本市巡迴指導員，分赴各村里巡迴指導。并擬訂杭州市村里職員訓練實施辦法，於十八年十二月二十八日呈奉民政廳核准。附錄辦法及定期實施表如下：

杭州市村里職員訓練實施辦法附表

第一條　本辦法根據浙江省村里職員訓練大綱第二十一條定之。

第二條　訓練方法：分集合，巡迴兩種，集合訓練以開會式行之。

第三條　定期集合訓練會，應自本辦法施行日起，分次舉行，於三個月内辦理完竣。

第四條　村里長副之集合訓練會，由市政府派員爲主任；閭隣長之集合訓練會，以各該村里長副爲主任。

第五條　定期集合訓練會，村里長副以全體（二十二村里）集合與抽調（八村）行之，（村長副加授農村知識多集合一次）；閭鄰長以各該區村里全體集合或抽調行之，其分次及日期與分組方法，另列表定之。

前項閭鄰長之訓練，應全體集合或抽調，經村里巡迴指導員視察呈報核定之。

第六條　前條表列日期及所規定分組方法，（組數及每組人數）遇必要時，得酌量變通，但日期伸縮，仍須以大綱第十三條所規定日數之限度爲範圍。

第七條　臨時集合訓練會，應依照大綱第三條附項之規定舉行之；其應行全體集合或抽調與集合日期均隨時酌定。

第八條　凡閭鄰長之集合訓練，其分組辦理者，即在各該閭鄰長就近公共場所分別舉行。

第九條　巡迴訓練每月須過迴各村里一次，就各村里職員執行職務，實地指導之；倘一月不敷周轉指導，得繼續展至第二月，但須呈報市政府查核。

第十條　集合訓練會開會時，各村里職員有因事故不能到會者，須聲敘事由，向各該主任請假，但開會時所講演各節，應由主任錄發請假人員，並將請假名單及講演題目，抄交巡迴指導員，使於實地指導訓練時，對於請假人員分別補行講演。

第十一條　集合訓練之訓練員，依照大綱第十條各項之規定分別函請或指派。

第十二條　集合訓練之教材，應依照大綱第十一條之規定範圍選用之，臨時訓練之教材，依訓練目的定之。

第十三條　凡各主任舉行集合訓練時，須於每集會前將訓練開始日期及地點，並所定課程時間表，呈報市政府備查。

第十四條　各村里職員在訓練期內之代理手續，應依照大綱第十六條辦理。

第十五條　給發證書之手續，須經市政府核定。

第十六條　除巡迴指導員及選任之訓練員，得酌給津貼及川旅膳宿費外，餘均爲義務職。

第十七條　村里職員在集合訓練時，以市區交通便利，得不支給川旅膳宿費，由會招待茶點，幷代購書籍講義。

第十八條　關於前兩條所需各費，在區村里公款未曾確定以前，暫由市政府墊支，其各項用度，另列預算書定之。臨時集合費用，依照定期集合預算標準支出；各主任於每項訓練會辦理完竣時，應將支用各費，分別核實，造具清册，送請轉呈民政廳核銷。

第十九條　巡迴指導員之應支各費，另案呈請　民政廳核准。

第二十條　各項訓練實施狀況，應遵照令頒報告表式分塡，按月由市政府彙送民政廳查核。

第二十一條　本辦法經　民政廳核定施行。

杭州市村里職員訓練實施定期集合分次及日期表

區別	村里別	三十二村里長副全體集合日期	人數	八村村長副抽調集合日期	人數	各村里閭長集合日期	人數	各村里鄰長集合日期	人數
城	東南里	三日（六區全體集合）	全市四十四人			五日（分二組）	一百四十八人每組七十四人	一週（分七組）	七百四十八人每組一百〇五六人
	西南里	三日（同上）				五日	一百〇三人	一週（分五組）	五百十五人每組一百〇三人

西湖區

中東里	三日(同上)				五日(分二組)	一百三十五人每組六十七八人)	一週(分七組)	(六百七十五人每組九十六七人
中西里	三日(同上)				五日	六十三人	一週(分三組)	(三百十五人每組一百○五人
東北里	三日(同上)				五日(分二組)	一百二十五人每組六十二三人)	一週(分六組)	(五百七十五人每組九十五六人
西北里	三日(同上)				五日(分二組)	一百三十人每組六十五人)	一週(分六組)	(六百○五人每組一百○一人
南山村	三日(同上)		三日(同上)		一週	二十一人	兩週	一百○五人
北山村	三日(同上)		三日(同上)		一週	十六人	兩週	七十九人
靈慶里	三日(同上)				五日	二十二人	一週	一百○九人

江干	閘口里	三日（同上）			五日	四十人	一週（分二組）	二百〇六人每組一百〇三人
	南星里	三日（同上）			五日	五十七人	一週（分二組）	二百八十三人每組九十四五人
湖墅	芳林村	三日（同上）		三日長副共十六人與他村同集合	兩週	八人	兩週	四十四人
	芳元村	三日（同上）		三日（同上）	兩週	七人	兩週	三十七人
	城北里	三日（同上）			五日	五十七人	一週（分三組）	二百五十人每組八十三四人
	墅北里	三日（同上）			五日	七十六人	一週（分四組）	三百八十二人每組九十五六人
臯	北沙村	三日（同上）		三日（同上）	兩週	三十一人	兩週（分二組）	二百五十五人每組七十七八人

塘	東皋里	三日（同上）				一週	八十一人	一週（分四組）	三百八十三人每組九十五六人
	臨皋里	三日（同上）				一週	六十一人	兩週（分三組）	三百〇六人每組一百〇二人
	筧塘里	三日（同上）				一週	三十九人	兩週（分二組）	一百九十五人每組九十七八人
會	清泰村	三日（同上）		三日（同上）		一週	十七人	兩週	八十六人
	望江村	三日（同上）		三日（同上）		一週	三十人	兩週（分二組）	一百五十人每組七十五人
保	定海村	三日（同上）		三日（同上）		一週	二十人	兩週	一百人

十九年八月十四日起，至十六日止，依照浙江省村里職員訓練大綱第三條之規定，舉行全體村里長副定期集合訓練，定期集合訓練的教材，便是這大綱上第十一條

所規定的左列各科目：

1，黨義概要；

2，自治要義；

3，村里制釋義；

4，衛生常識；

5，警衛須知；

6，科學常識；

7，七項運動大要；

8，現行法令概要；

9，四權行使之演習；

10公文程式。

正實施訓練時，民政廳調委陳孟麟爲杭縣區長，另調葉寶銓洪效周金耿光黃祖炅爲本市村里巡迴指導員。

除訓練村里職員外，復依照浙江省村里保衞團條例，改編各村里保衞團。除城區各里因軍警林立，無設立保衞團的必要外，其餘西湖，江干，湖墅，臯塘，會堡等五區，於每一村里，設一保衞團，並於各區組織聯合保衞團。各區村里保衞團及聯合保衞團名稱，列表於下：

區別	村里別	改編後及新設各團名稱	原有名稱	聯合保衞團名稱	說明
西湖	南山村	南山村保衞團	南山保衞團	西湖村里聯合保衞團	該區各村里原有保衞團久經停頓現即予恢復改編
	靈慶里	靈慶里保衞團	西山保衞團		
	北山村	北山村保衞團	松木場保衞團		
江干	南星里	南星里保衞團	鳳山門外保衞團	江干南閘聯合保衞團	
	閘口里	閘口里保衞團	閘口保衞團		
	城北里	城北里保衞團	武林門保衞團		

湖墅	墅北里	墅北里保衛團	湖墅保衛團	湖墅城北墅北聯合保衛團	該里另有散花灘保衛團即行消滅
	芳林村	芳林村保衛團	無	湖墅林芳聯合保衛團	
	芳元村	芳元村保衛團	無		
臯塘	東臯里	東臯保衛團	臯塘保衛團	臯塘村里聯合保衛團	該里原有民團擬加擴充改編
	臨臯里	臯塘保衛團	臯塘保衛團		
	北沙村	北沙保衛團	和豐民團		
	筧塘里	筧橋保衛團	筧橋保衛團		
會堡	望江村	望江村保衛團	望江門外保衛團	會堡村里聯合保衛團	
	定海村	定海村保衛團	新廟保衛團		
	清泰村	清泰村保衛團	清泰門外保衛團		
附註	各團及聯合團名稱，均冠以杭州市字樣。				

各區村里保衛團，設團正，副團正各一員，負訓練及指揮團員之責；各區聯合保衛團，設團總，副團總各一員，負統率各該聯合保衛團團員之責。團正，副團正，團衛，副團總，均於十八年十月至十一月間先後選舉出，由市政府核委。姓名表列

杭州市各區村里保衛團團正等及聯合保衛團團總等姓名一覽表

區別	村里別	保衛團團正副團正姓名		聯合保衛團名稱	聯合保衛團團總副團總姓名
西湖	南山村	黃元秀	王家棟	西湖村里聯合保衛團	吳錫禎
	靈慶里	陸順森	陳鳳翔		張樹池
	北山村	余樂山	湯宗根		
江干	南星里	朱緝書	孫錫鑒	江干南閘聯合保衛團	韓子林
	閘口里	張巨川	潘軼雲		范錦章

湖墅	城北里	馬禹門	湖墅村里聯合保衛團	謝配如
		吳達生		
	墅北里	唐雍甫		
		董福根		
	芳林村	孟觀慶		何煥章
		富天福		
	芳元村	章葉芳		
		沈永茂		
臯塘	東臯里	朱文卿	臯塘村里聯合保衛團	傅呂元
		屈掌文		
	臨臯里	傅呂元		
		鄔仁春		
	北沙村	陸秀松		黃元炳
		朱馥朝		
	筧塘里	黃松齡		
		黃學和		
會堡	望江村	吳春水	會堡各村聯合保衛團	徐和
		汪中堃		
	定海村	陳玉書		
		毛錦傳		
	清泰村	平順仙		蔡炳榮
		周冠雄		

第五節　區坊閭鄰之改編

自新市組織法經中央公布以後，杭州市政府於十九年八月六日奉浙江省政府令飭，須依照該市組織法第一百三十九條之規定，『市政府於本法施行後三個月內，依第五條之規定，分劃其市爲若干區坊閭鄰，並分別呈報上級機關，』當卽擬訂杭州市籌備改編區坊閭鄰委員會簡章呈奉省政府核准，並依照簡章規定，着手組織杭州市改編區坊閭鄰委員會，籌辦改編區坊閭鄰事宜，以全市各村里長爲委員，市政府馬祕書長紹淮，趙祕書新甫，錢委員墨卿，及各村里巡迴指導員爲當然委員，由市政府分別函聘委任。該委員會設常務委員兩人，內委員，當然委員各一人，由大會推定西南里長祝星五市府委員錢墨卿充任，每月開會二次，遇必要時，得開臨時會，由常務委員定期召集。又設查編員若干人，分赴各區按戶調查，並釐訂杭州市籌辦分劃區坊閭鄰查編須知，俾各查編員明瞭意旨，進行順利，免致市民誤會，其內容如左：

杭州市籌辦分劃區坊閭鄰查編須知

一、杭州市根據行政院頒發之市組織法第五條，劃分爲區坊閭鄰，除有特殊情形者外、鄰以五戶，閭以五鄰，坊以二十閭，區以十坊，各冠以第一第二等次序，切實查騙，隨卽塡入表格

二、凡黨政機關及學校團體場廠商店並慈善機關公共處所，均以戶論，機關團體等以主管人爲戶主，寺廟庵觀以住持爲戶主。

前項機關團體，應將辦事人數及在內住居人數分別查列。

三、一門住數戶者，當以數戶計，其有父兄弟，雖分爨而仍同居者，以一戶計。異居者以各戶計。外姻或同族相依過度及友朋隻身寄居者，以一戶計。店舖以每招牌爲一戶。無招牌者以住戶計。前店後家如係家店同主者，以一戶計。不同者以兩戶計。

四、如遇一街巷內，超過五戶，在七戶以內者，得以特殊情形，編爲一鄰，不及五戶，僅四戶者亦如之，三戶者與毗連之戶，合編一鄰。

五、凡編閭，編坊，編區情形，依照上項之規定，總以整個便利，能關連相統屬爲主。

六、查訖之戶，應隨卽於門首易見之處，黏貼查訖條，以資識別。

七、每表一張，編塡二鄰，惟編至五鄰時，應將下半頁空白留出，（如遇有不足，或以上寄零數，不在此限，但總使一閭成一起訖）編至二十閭時，應訂成小册，（設有不足，或超過者與編閭同，）以清坊區界限。

八、查編務求翔實，不得稍有錯落，應常與連界之查編員互相接洽，免致重複或遺漏。

九、查編員服務時，須佩帶符號，不得遺失，如有遺失，應登報聲明作廢，並向本會補領，俟查編完竣繳銷。

十、此次查編，已由市政府布告，並函請省會公安局分飭各區署派警協助各查編員，如發生困難，或有疑義時，可隨時向就地警署及各村里委員接洽。

十一、查編員對各住戶，專致力於查編職務。不得涉及其他各事，遇戶主有所詢問查編本旨者，應和靄作簡單說明，切戒粗莽輕浮。

十二、查編時間，須在白晝。
十三、查編員須每星期結束一次，將已經查編清册繳送來會。
十四、查編期間，以四星期爲限，不得逾期。
注意　（查編本旨）此次查編區坊閭鄰，係照行政院頒布市組織法辦理，將市屬各村里住戶調查明確，改編區坊，爲實行自治始基，關係市民自身問題甚大。將來經公民登記宣誓後，即可使用四權，以達憲政時期，並不含有募捐及其他作用，
調查戶口等工作完竣以後，當即從事分劃區坊閭鄰，將原有的區村里閭鄰重行改編。茲錄錢委員墨卿所提出的杭州市劃區範圍計劃案於左：

杭州市劃區範圍計劃案

查市組織法早奉行政院頒布，本市政府依照組織法第五條之規定，擬分劃本市爲若干區坊閭鄰，業已組織委員會，專辦前項分劃事宜，並曾呈報

省政府備案在案。惟査區坊閭鄰之分劃，除有特殊情形者外，鄰以五戶，閭以五鄰，坊以二十閭，區以十坊爲限，合計每區爲五千戶，綜計本市約十萬戶。若照規定之數爲一區，應分劃爲二十區，但區數過多，將來區公所成立，對於經濟問題，深恐發生困難，似應依照市組織法規定特殊情形辦理。但區域範圍大小，影響市行政方面甚大。按各國都市之設計，每視地域之關係，及人情風土之種種不同，有學區，工區，農區，商區，風景，住宅等區之規劃。杭市爲東南名勝之區，似應有整個計劃，如上項分別規定，而後一切行政設施，得以進行順利；但此僅爲社會一方計也。至若整理土地，估計地值，徵收賦稅，必自釐定經界始；則尤有密切關係存焉。又如民衆教育之實施，尤當以各區風俗，習慣，職業，爲依據。至省會公安雖不在市政範圍之內，但戶口調查，人事登記，以及區公所應辦各事，均與治安方面相爲表裏。倘警察分區，與自治各區，不相歧異，彼此均感便利，故劃區範圍大小，於將來行政之設施，經濟之發展，以及公安方面，在在均有相關之處，是不能不詳加審慎者也。杭市於十八年間，由街村制，改爲村里制，當時祇因各地經濟習慣關係，於依照原有自治區域（六區）內，計分八村十四里，並未計及戶數之多寡，其範圍大小不等，有萬餘戶爲一里者，有數方里爲一村者，上年陳報土地，頗感辦理不便。值此奉行新制之始，對於區之確定，勢不容緩，是否以舊自治區爲區，抑以舊村里爲區，抑合併數村里爲一區，抑依照市組織法規定原則辦理，或照特殊情形辦理，均待詳細計劃，以爲長治久安之計，此本案提出之理由也。

提出者市政府委員錢墨卿

經歷次委員會討論，結果定爲十三區，以原有城區東南里爲第一區；西南里爲第二區；中東里爲第三區；中西里爲第四區；東北里爲第五區；西北里爲第六區；西湖區爲第七區；江干區爲第八區；會堡區爲第九區；皋塘東皋臨皋兩里北沙一村爲十區；筧塘里爲十一區；湖墅區城北一里芳林芳元兩村爲十二區；墅北里爲十三區。區既定，再協議分坊辦法，各查編員咸照議定區坊各數爲準。

各查編員分區出發查編後，復經委員會公推委員范治民，會同當然委員王祖炅葉寶銓等將查編各册詳細審查一過，並繪具區坊圖說；呈報市府轉報省政府備案。列表如左：

杭州市區坊閭鄰住戶一覽表

區別	坊別	閭數	鄰數	本坊戶數	本區戶數	舊區域及村里名稱
第一區	一	一三	一〇九	一七五八	一一四一二	城區 東南里
	二	一三	一〇一	一七〇三		
	三	一四	一一五	一九〇四		
	四	一五	一三一	二〇一六		
	五	一五	一四一	一一一一		
	六	一四	一一六	一九二〇		
第二	一	一七	九一	一四四一	七四二八	城 西南
	二	一八	一一一	一六八七		
	三	一七	九九	一五六八		

區	四	一二	八二	一二八四	
	五	一六	九三	一四四八	
第三區	一	一三	一〇六	一七六八	一〇〇一〇
	二	一四	一一六	一七五一	
	三	一〇	九一	一五四五	
	四	一四	一〇一	一六一一	
	五	一七	一二七	一九四一	
	六	一四	一〇一	一四九六	
第四區	一	一五	九一	一四七〇	五〇三四
	二	一九	一二七	八八六	
	三	一六	一〇八	一六七八	

區	里
城區	中東里
城區	中西里

第五區	一	一五	一二〇	一五五九	七二四八	東北里城區
	二	一三	九三	一三三四		
	三	一二	九二	一四九九		
	四	一二	八七	一四三七		
	五	一三	一〇〇	一三一九		
第六區	一	一五	一〇八	一七七六	一〇六二五	西北里城區
	二	一二	九四	一六四三		
	三	一八	一二五	一七〇九		
	四	一九	一四二	一八二七		
	五	一五	八六	一九三九		
	六	一八	一〇九	一七三一		

第七區	一	一二	八六	一一七六	三七四五
	二	一三	八二	一〇一二	
	三	一九	一一三	一五五六	
第八區	一	一三	九七	一六六八	六九一八
	二	一六	一〇七	一七九七	
	三	一七	一二五	一七八三	
	四	一五	一一五	一六七〇	
第九區	一	一一	八三	一五五七	三九五三
	二	一四	一〇一	一一七二	
	三	一四	九九	一二二四	
	一	一九	一三三	一八七二	一一五五九

西湖	北山村
	靈慶里
	南山村
江干	南星里
	閘口里
會堡	望江村
	清泰村
	定海村

第十區	二	一六	一三一	二〇二六		皋塘 東皋里
	三	一三	一〇七	一二三九		
	四	一六	一五七	一八〇五		臨皋里
	五	一五	一一八	一五七〇		
	六	一〇	九六	一〇五五		
	七	一八	一三八	一九九一		北沙村
第十一區	一	一七	一〇二	一六〇七	三四八九	皋塘 筧塘里
	二	一三	七七	一〇四五		
	三	一〇	六〇	八三七		
第十	一	一七	一一二	一七五七	四六一六	湖 城北里
	二	一五	一〇八	一六三〇		

二區	三	一二	六三	六五四		墅	芳林村
	四	一一	六一	五七五			芳元村
第十三區	一	二三	一七七	二四三八	五九九九	湖墅	墅北里
	二	一六	一三八	一八三〇			
	三	一五	一三五	一七三一			

附註　全市共計十三區，五十八坊，八五八閭，六一二九鄰，九二〇三六戶。

此次劃分區坊，均因地勢及各處經濟關係，爰依照市組織法，第五條特殊情形辦理。

第六節　區公所成立

依市組織法第四十九條規定經市長提出人選呈由省府核委給予委狀鈐記即於本年十二月間各區區公所一律成立各區長姓名列左

第一區	祝星五	第二區	朱緝書	第三區	沈潛龍
第四區	趙繩武	第五區	黃祖炅	第六區	吳志道
第七區	錢宗翰	第八區	宋崇義	第九區	朱孔爽
第十區	范德民	第十一區	葉寶銓	第十二區	沈海帆
第十三區	徐優甫				

第七節　改編區坊閭鄰及區公所經費概略

改編區坊閭鄰委員會經費預算計二千四百七十六元嗣因各區住戶較原定數增加致調查抄錄等費不敷支配呈請追加洋六百元共計三千零七十六元

各區區公所暫分二級均經體察各地戶口面積坊數及經濟狀況而定（除九與十一兩區外均爲第一級）至經費亦參照民政廳規定縣區區公所等級而採取其二三及三四等之間爲標準第一級月支二百二十元二級一百八十元各區開辦費以一百元爲度

柴紹武、朱允堅 著

杭州的浩劫

紹興：抗戰建國社，民国二十七年（1938）鉛印本

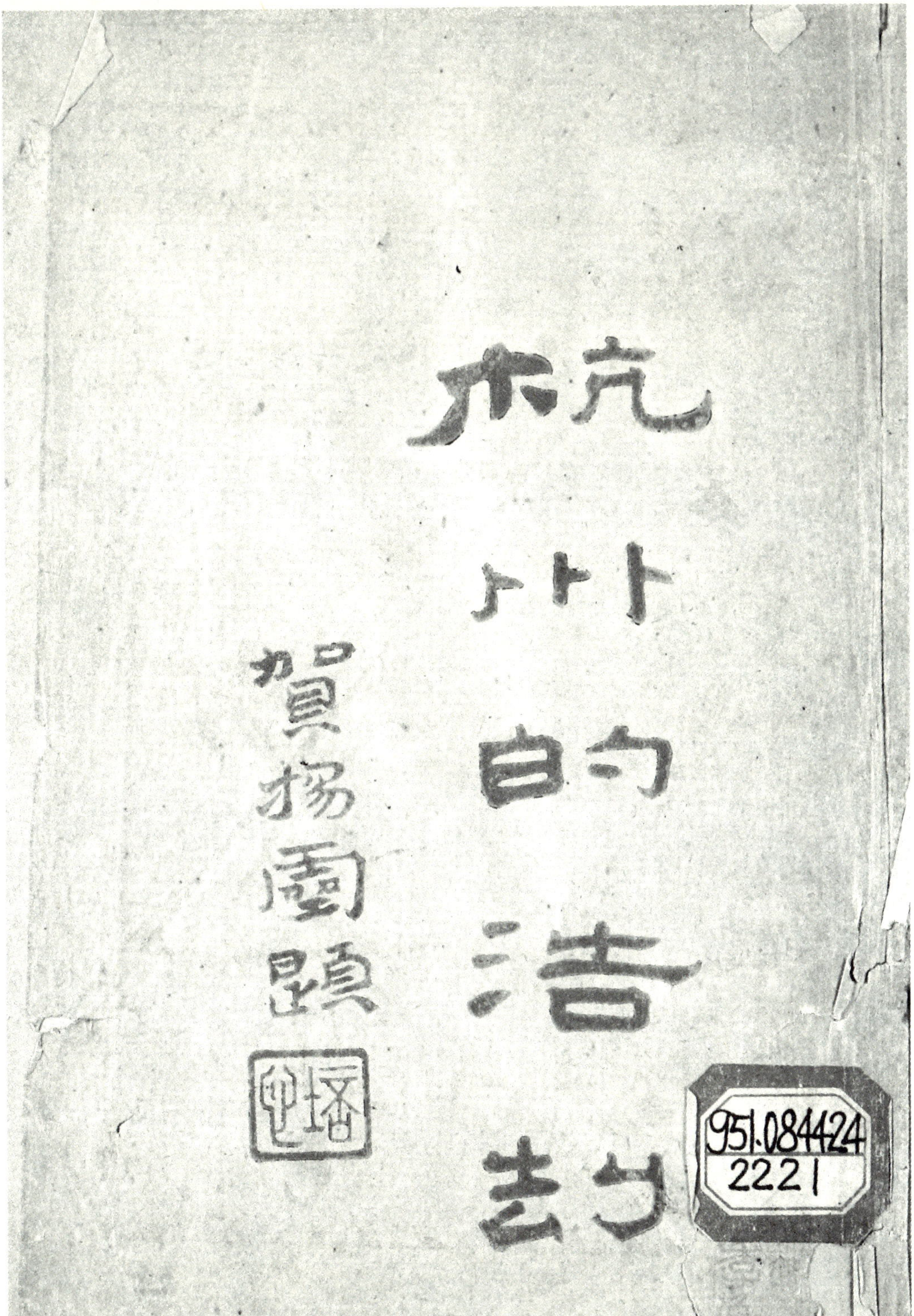
杭州的浩劫
賀揚靈題
951.084424
2221

目錄

杭州的浩刼

一，杭州的陷落

自八一三抗戰發動以後，淞滬苦戰支持了兩個多月，因大場一角失守，牽動了整個的滬戰的局面，敵人佔領閘北後，就控制了全滬的戰局。於是更進一步而實現了擾亂杭州灣計劃，敵人一面以猛力向京滬線挺進，同時爲威脅浦東中國的主力及切斷滬杭線的聯絡，又派遣大兵在金山嘴登陸，敵人於十一月五日拂曉在金山嘴金絲娘橋登陸後，卽分兵四路急速挺進，一由柘林趨亭林擾松江，一由漕涇逼淞隱及石湖蕩，一由張堰襲松江，一由全公亭擊浙江平湖，逼得我固守浦東的鐵軍不得不忍撤退，於是敵騎直入松江，越嘉善，襲擊蘇嘉綫的王江涇，並侵蘇州，撲無錫，陷常州，進逼南京，我英勇的將士爲了戰略關係，節節抗戰，必至敵人付出了相當代價後，始將守土放棄，敵軍於十二月一日開始以飛機

2

轟炸，砲火集中火力射擊，戰車領路，步兵跟進，猛撲首都，發生鏖戰，十四日我大軍遂衝出京畿，安全撤退。

自從南京淪陷後，杭州即發生極大震動，因爲人人都預料此後敵人必轉移目標來犯杭州。果然，敵軍稍事整理後即積極南犯，嘉興方面陸續增兵，並在斜橋一帶，趕緊修築橋樑佈置工事，沿鐵路線，窺伺長安，十五日，又有敵軍約千人，分乘小汽船十艘，循嘉興水道，進犯石門灣，崇德，十七日，敵在硤石西山佈置砲位，並修築沿路橋樑，有積極進犯的企圖，十八日，由施家橋進犯菁山市，遭遇了我軍的猛烈抵抗，沒能得逞，十九日，敵機猛烈轟炸菁山市，我工事多被損毀，然而經我軍的浴血苦戰，菁山市終於失而復得，乘勝推進，又收復了施家橋，二十日，我軍因抵不住敵人的猛烈砲火，爲避免過重犧牲，仍退守菁山市，旋以陣地又被炸毀，不得已再向南移，退守球溪以南西村新陣地，同時，安吉、泗安、武康，均發現敵蹤，分路進犯，二十二日，莫干山被敵軍佔領，杭州近郊，發生了血戰，二十三日晨，敵機械化部隊，向武康推進，一面由硤石用坦克車猛衝，我軍以血肉之軀，分路奮抗，予敵重創，卒以武器不良，犧牲過重，乃退守臨平上柏，當天晚上，我軍就把錢江大橋和杭市重大建築，均予以破壞，大軍也陸續西移，杭州城在這時也成了一個死城，並且多處均已發生大火，人民早於錢江大橋破壞前，退至南岸，在二十四日這天（即二十三日深夜）也就是杭州遭受浩刼開始的第一天，殘暴慘酷的倭寇，就由各城門進了杭州城，杭州，我們的省會，就在這一天——二十六年十二月二十四日淪陷了。

二，一度巷戰

自敵人一步一步的進逼杭州，杭州城裏的空氣已緊張到了極點，一般略有資產的人，早已全家渡過錢塘江沿浙贛路向浙東避難，有的則向餘杭、富陽、桐廬那方面逃，這時江干這一帶，眞是人山人海，擠得水洩不通，一般要渡江的，因爲江船有限，趁不起這幾千幾萬的人，祇好露宿在江邊等候，甚至有等到五六天還是挨不上船的都還有，爲了適應需要，臨時攤販麕集，頓呈熱鬧景象，但這熱鬧景象又是多麼悲慘悽涼！

錢江大橋是十二月二十三日夜裏炸毁的，隆隆巨響，截斷了錢江兩岸的交通，於是這幾十萬不及逃出的同胞，就這好等待倭寇到來準備做亡國奴了。

敵人一部循杭餘公路而來，所有留下、楊家牌樓、花塢、金魚井、東嶽、王家塢一帶民房，都被焚毁，人民被槍殺的，沿途累累皆是，杭州西北的古蕩鎮二十三日一夜大火，完全變成一片瓦礫場，敵軍到留下東北荊山附近時，曾和我們的游擊隊發生遭遇戰，致該地錢塘公墓紅十字會收容所亦遭波及，職員被殺七八人。

十二月二十三日深夜敵兵衝進了城。他分三路進城，一路由覓橋而入清泰門，一路由海鹽七堡而入艮山門，一路由拱宸橋而入武林門，這時我第十集團軍張部還沒有退出，曾經和敵人的先頭部隊發生一度巷戰。我張部掩護大軍撤退到指定地點後，也就安全放棄了杭州城。於是杭州就算是敵人的天下了。

三，恐怖之兩日

自敵軍逼近杭州後，城內因軍警大部已撤退，治安沒有人負責，二十三日早晨，就發生搶劫。其初由於貧民聚衆購米，而米鋪停市不售，致激起搶米店的事。轉瞬之間，城內及湖墅米鋪均被搶劫一空，沿街祇見米粒散布。其後流氓地痞乘機鼓動貧民，聚衆搶劫鹹鮝店，南貨店，醬園，以及一切食料店，人聲嘈雜，形同瘋狂，這時混亂的情形，眞是難以形容。此際各界聯合救火會曾派救火車兩輛出來彈壓，但救火人員中，多是與那些流氓地痞沆瀣一氣的，結果非特無法制止，而且趁火打劫。但是搶劫的範圍還不過是大街上的若干商店。

當夜，電廠已毀，全城漆黑，人心空虛，已充滿恐怖空氣。

二十四日晨，城內的莠民仍繼續搶劫各商店，商會方面，因敵軍已抵古蕩，乃派救火汽車兩輛前往歡迎。敵軍先頭部隊進城後，城內秩序益形混亂，一般漢奸，即大肆活動，強迫市民，昇懸膏藥旗，那些無恥民衆，行於街道，左臂纏敵發出的白布臂章，並竟有書「僞滿洲國」人者，而靈隱天竺一帶少數鄉民，更於門外陳設香案，主人衣冠拱立，並預備茗烟，以供敵軍休憩，開門揖盜，無恥之甚，這時的杭州城，才完全由敵人控制了。

四，敵寇進城

十二月二十三日杭州已成了死之市，電燈不明，景況淒涼，深夜敵軍的先頭部隊進杭州城。這先頭部隊中以朝鮮兵爲較多，其後，倭兵大隊開到了。當敵兵進城時，自然杭垣是籠罩着極大的恐怖，每個人都等待着空前的大難之來臨。流浪地痞活躍起來了，他們都踴躍地做了漢奸，滿城是轟轟的炸彈聲，大砲聲，和拍拍的機關鎗聲，以及男女難民的哭喊聲，這時那些漢奸也出動了，因爲王五權是救火會裏的領袖，所以救火車的「嗆嗆嗆—

嗚嗚」的聲音也很迅速地從街上掠過，他們是歡迎倭寇去了。在倭寇入城的夜裏，城裏祇聽見激烈的槍炮聲，滿城血紅的火光，那裏還能閉得眼睛安心睡。

杭州陷落第一天，倭寇開始了屠殺，搶掠，焚燒，奸淫，全城的火光緋紅，濃煙蔽天。哭聲震地，被稱作天堂的杭州，就成爲一個慘絕人寰的地獄了。

五、收容所裏三萬難民

自錢江大橋炸斷，兩浙交通阻隔，杭州城鄉居民其中一部散居三墩、瓶窰、喬司，塘棲諸鄉鎮，一部分則都避居於收容所。

杭州的收容所均隸屬於華洋慈善團體救濟委員會，該會於國軍未退出前成立，會址設廣濟醫院，會長爲西人明思德，其下設委員，由蘇達立、翟培慶、却非、李紫東、朱孔陽等担任。收容所則分設於市縣各地。城內有青年會、蕙蘭中學、弘道女中、新民社、天水橋教堂、普濟堂、皮市教堂、思澄堂、正則中學、太廟巷小學、天主堂等處，城外有瑪瑙寺、雷殿、天竺、靈隱、玉皇山等處。鄉間有東嶽、凌家橋、三墩、茭蘆庵、浮山村、錢塘公墓等處。在敵軍陷杭城二三日內，各收容所婦孺幾有人滿之患，總數達三萬餘人，其中除紅卍字會各收容所經費充足，青年會有宿舍收入挹注外，各對於食粮的儲積均極感困難，故未幾遂陸續歸併，至四月間僅存青年會蕙蘭中學瑪瑙寺靈隱四處。

敵軍對於收容所中避難婦孺，亦存覬覦之想，往往攜械闖入，恣意調笑，天主堂梅占魁主教會因嚴辭拒絕而遭摑辱，普濟堂雖有律師汪顯譜通日語任舌人，卒被擄去婦女二人姦淫。靈隱則天王殿上，冷泉亭中，均曾有收容所婦女被奸淫於此，最使人髮指者，則浮山村收容所中婦女一千四百餘人，除兩人臨時機警趨避隱僻得保貞操外，悉遭獸軍蹂躪，獸軍更以武裝脅迫收容所職員，於大庭廣衆中作奸淫行爲，以供笑樂，所以在收容所裏婦女的生命與安全也極無保障的。

六，強盜世界

敵人最先動手就是搶刦，這時因為大家都怕寇兵來蹂躪，家家的門戶都是關閉的，敵人不管三七二十一，用鎗柄敲了進去，或者用皮靴砰砰幾脚也就踢開了，於是每一份商店人家，都有幾個鼻下蓄着小鬍子，面孔黑黝黝，身穿黃制服的鬼子兵登堂入室，用刀斧劈開了箱籠，大肆搜劫。他們的目的自然是法幣及金銀首飾和一切珍貴的物品，發現了法幣金銀首飾，就在懷裏一塞，這時還有誰敢阻擋。要是上前去哀求，客氣些就是幾個耳光，否則順便一鎗，結果了性命，有些人為了顧惜幾塊錢，想哀求强盜發善心，但一句話還沒有說完，就被日本鬼子的手槍拍的一聲犧牲了，這樣的屈死的同胞不知有多少！

金銀財物搶完了，就搶東西，商店住戶的門都打成粉碎，値錢的東西都搶去，搶得一點都沒剩，如百貨店裏的毛絨內衣褲，海貨店裏的桂圓蜜棗，都是敵兵所喜歡的。有人親眼看見萬隆腿棧的幾萬隻火腿，日新皮鞋廠的幾千雙皮靴都被那些强盜搶了精光的。

七、滿城大火

跟着搶劫同時發生的就是縱火。那些一羣一羣的鬼子兵，一面搶劫一面屠殺，一面奸淫。因爲這杭州城已沒有人主宰，已沒有法律，已沒有天日，所以他們充分發揮了野蠻民族的野性。爲了造成空前的恐怖，於是到處縱火。首先將繁華之區的迎紫路清河坊聯橋一帶焚掠一空，大火直有三日三夜之久，據事後調查，城中重要的地區，除上述數處外，被焚燒的還有。

和合橋東首商店房屋百十數間。

石板巷口春源雜貨店燒去三間。

大世界對面南洋襪廠點心店水果店十餘間。

萬安橋自某米店起約三十餘間。

佑聖觀路省黨部附近十餘間。

東街路至駱駝橋一帶。

大井巷十餘間。

旗下惠興里三十餘間。

新民路葵巷口一帶。

海月橋裏光華火柴公司被毀一部。

大學路圖書館以及農業蠶桑學校蠶種製造所、也燒得精光。

其他因寇兵燒火失慎而燒去的房子也不少。南星橋到閘口材行與木行全部被燒。至於城外的房子則差不多完全變成灰燼，片瓦無存。

八、大屠殺

日寇鐵蹄下的杭州，恐怖的空氣愈弄愈嚴重，寇兵既到處焚掠，焚掠得還不盡興就來一個大屠殺，第一天自然是不分皂白，看見在街上奔逃的民眾，或是一陣機關槍，或是刺刀亂刺，生命比雞犬都不值錢，據難民報告，江干一帶被殺死的同胞最多，因爲錢江大橋之被炸，聚集江干到閘口一帶的難胞不知有幾千幾萬，敵兵衝進了候潮門，鳳山門，就用機關槍猛烈掃射，慘殺的不知有幾千，以後寇兵就大肆搶掠，民衆稍微與他爭執的，就是一鎗打死，强姦婦女時，反抗的也是刺死，後來敵人要分別良民了，於是死的人更多，叫他去領導尋花姑娘的，稍爲遲疑也就一刀。

敵在城裏要漢奸領導搜索壯丁，看見一個壯年男子，就先觀察身體是否强壯，再看額上有無帽痕，（常戴軍帽者在額上有痕跡顯出）掌上有無老皮，（常握鎗或勞動者，手掌上即發生老皮）凡身强力壯，而額上有帽痕掌上有老繭的，即認爲不良分子，立即刺死或鎗殺，有些敵兵更想出法子，拿一本步兵操典及一頂義勇警察的帽子，到人家裏去問：

「有嗎？」（指着帽子）

「懂嗎？」（指步兵操典）

如其回答有，回答懂，那麼這人就沒有命了。

至於冤枉死的更多，如見形色慌張，也要處死，袋裏有防疫團臂章的也處死，甚至臂上有牛痘瘢的也認爲是不良分子之暗記，也要處死。

所以敵人用種種法子，我們的同胞不知被殺多少。

九、多少女同胞遭蹂躪

敵人初到杭州城，自然和在別的佔領地區一樣，幹得最凶的就是奸淫婦女，第一天，是敵兵瘋狂地衝進人家屋裏，看見婦女，不問老幼，不問妍媸，都逞其獸慾，強行奸汚，稍微加以抵抗的，就立刻被刺刀刺死，最殘酷的是對於不能如意的婦女，除強姦外，還用木椿或蘿蔔塞入陰戶裏，裸體暴露在街頭，在街上碰着逃難的婦女，抱在路旁即加姦淫，其不從的，就把刺刀劃開肚皮，給他一個慘惡的屠殺，所以貞潔婦人自盡的爲數不少，這些女子的屍體都是後來由僞「自治會」收殮。

後來，因爲敵方爲了收買人心，想實現所謂「三日安民」，經漢奸謝虎承等要求，令敵司令部將敵兵加以約束，敵方乃異想天開，從海寧海鹽嘉興富陽一帶擄來的婦女，在「清泰第二」「大陸」「中央」等旅社開設幾個公開妓院，定名爲「將校俱樂部」「軍人慰安所」「日支親善社」等公開的妓院，但是這是要錢的，所以祇是敵軍官洩慾場所，敵兵仍然是不願去的，所以奸淫之事，仍是變本加厲的風行着，坐在黃包車上的女人，被敵兵看見了，就按到路上性交，簡直不知人間有羞恥事，如其有人去正視一下，那人就沒有性命，有些女子在路上經過被寇兵瞧見了，即行釘梢，暗記門牌，夜間持刀打進，威脅強奸，如尋不見婦女，那麼認爲有意藏匿，將屋內的男子刺殺，這種獸行眞是述不勝述。

杭州的婦女救濟院有年青婦女四五百，寇兵衝了進去，將四五百女同胞都擄了去，實行慘絕人寰的「集團結婚」

直到現在，寇兵的奸淫的獸行還是非常流行着。

十、摧殘文化

自敵人到杭州後，即將商務印書館，世界書局，中華書局，及其他各書店私家存書數千萬册，除將一部份珍貴有價值之善本，運回敵國外，餘則統用馬車載至湖濱公衆體育場，全部焚燬，近來更令僞組織，公然竄改小學課本，其處心積慮，摧殘我國文化可說到了極點！

十一，僞組織的出現

倭寇佔據杭州後，恣意蹂躪了三天，於是利用一般民衆心理，造成僞組織，實行其以華制華的毒計，那班無恥的漢奸，也爲其利用，極爲活躍，馬上就成立僞維持會，僞維持會中的羣醜是謝虎丞、張鏡如、陳鼎文、高復生、邵力更等，以上諸人，都是杭城的流氓，及失業商人之流。

僞杭州地方治安維持會會長謝虎丞，名水康，杭州湖墅人，現年五十四歲，少時爲南星橋同興典學徒，累升至經理，兼管清故相王文韶，清天津兵備道周家勳所經營諸業，爲辦事精幹得主歡，民國八九年間，任北京殖邊銀行分行行長，旋因總行倒閉，分行無法營業，不得已走海上，時杭人存款於總行者數頗衆，聞謝遁，均切齒，羣欲得之而甘心，然終無所獲，後數年，故前杭州市市商會主席王薌泉創典業銀行，招謝任副理，王因體衰不耐煩，行務皆委謝，故名爲副理而實攬大權。其時王周兩宅漸中落，虎丞則歲有盈餘，復以所營多獲利，十年中積財竟至二十餘萬。因是識謝者嘗贈以一聯曰：「東家倒灶，夥計發財。」薌泉死後，虎丞繼任典業銀行之行長，逾年，即被選爲市商會主席。八一三事變，杭市成立省抗日後援會，委員多名流，虎丞也是其中委員之一，現在則已做了通敵的漢奸。

陳鼎文在杭執行律師，平日包攬詞訟，敲詐勒索，惡聲甚著。

高復生係一無賴，前在夏超時代，夤緣得硤石警察局長開盤吸烟，聚衆抽頭，無惡不作，後爲當地人士驅逐出境，赴滬充碼頭工人。

邵力更是一個流氓，曾創設無線電通訊社，着名記者，招搖撞騙，曾受省會警察局拿辦。

張鏡如略有房產，在魯永祥孫傳芳時代，曾充督軍署副官，後曾充財政廳書記。鍾韻玉係張鏡如之壻，曾充任浙江新聞社社長，杭人稱爲「吊兒浪當」的脚色。

十二，漢奸的活躍

杭州的同胞，一面既受了敵寇的踐踏，同時更遭受了漢奸的蹂躪，這個雙重痛苦是不堪細述的。當寇兵奸淫燒殺了一陣子後，漢奸更乘火打刼起來，因爲敵寇進城後，卽向漢奸要求營房、糧食、鍋子……等，王五權請示了謝虎丞，都搖頭毫無辦法，一點也不能辦。到了第二天——十二月二十四日，大隊開到了，仍舊一點也沒有。當然已不能再等待手。就由救火會裏的人，帶領了去敲各大戶的門，這時一般地痞流氓，也就乘勢而起，順手牽羊，火把照耀得和白晝一般。因此，就一發不可收拾。日寇流氓，都大搶大刼，橫行無忌的鬧了五日五夜。計自二十四日晚起到二十八日止。後來，日本憲兵司令部出來才彈壓住，接着，僞維持會成立，那些冷血的漢奸，又奉日寇的命令出發到各處把關着的米店茶店等開起來，做維持會的警察的是那些小流氓，常拿着槍桿成羣結夥的撞進有錢人家的屋裏，口中高喊搜查抗日分子或國民黨員，其實是擄掠些法幣與財物而已，結果，全市的商店住戶，多被搶掠得空無所有。

十三、三日安民

敵寇搶掠焚燒殺戮姦淫已够了，再要胡幹下去，這杭州城眞要弄成不像樣子了，於是倭寇就迫令僞維持會來安民，第一件事就是勒令僞組織恢復市面。

無恥的漢奸謝虎丞王五權等寡廉鮮恥，罔顧大節，居然滿口應承下來，當時便婉商倭司令將倭軍一律移紮城外，俾城內屋民得以各安所業，（這就是以隣爲壑，倭寇就在城外大肆暴行了，）倭司令自然佯作答應，第二天果然有若干利慾薰心的奸商開門營業，但當日下午就有大批浪人乘機衝進各商店大肆搶劫，倭司令不得不敷衍從事，巡查出動，而搶掠之事，仍是到處蔓延。

這時，竹齋路有一家協濟當鋪，正被三個倭兵押同三個人力車夫，將當門擊破，準備搶刦，剛巧有寇憲兵一隊，巡邏而來，經路人報告，這憲兵隊即將六人捉獲，略加詢問，六人便完全釋放了，憲兵隊一過，伺在路旁的浪人即一哄而進，協濟當裏的一切仍然被搶掠得一點都沒剩，於是奸商爲之膽落，又紛紛關門。

倭司令見奸商無法利用，索性准許倭兵公開搶掠，並在衆安橋東南日報館下層自設朝日商店，買進搶來的財物，廉價出售，一般貪小的人，很多去照顧，生意頗盛。

又唆使無賴多人，將閉鎖房屋完全打開，拍賣存貨。

又將民家所擄來的五百石白米，每石以六元的代價，售與湖墅米行，令人轉販入城出糶。

用這樣的方式，來維持杭州的市面！

然而市面終於維持不下去的，倭寇大量傾銷軍用票，買什麼東西都用軍用票，軍用票不過是一種廢紙，不值文一錢的，商人那裏要！但迫於敵人的淫威，又不得不忍痛接受，所以商業始終是蕭條得極可憐的。

又因爲寇兵的然到處搶掠，奸殺，秩序也紊亂不堪，做亡國奴的人那裏會有平安的日子。

十四、僞組織維持下市面

因爲寇兵浪人到處搶劫，商店都不敢開門，所以杭州變成了死之市，不過代替商店而勃興的，却是滿街的攤販。清波門衆安橋及迎紫路一帶，滿街都是攤販，羅列滿街，多得無從估計起，米有米攤，柴有柴攤，這倒不必說，最奇怪的，却是舊貨攤來得多，什麼東西都有，眞像一個盛大博覽會，那些東西完全是倭寇從民家去搶來賣給攤主的，因爲那些寇兵，起初是搶金銀財物，珍貴的搶完了，就搶衣服器皿這一類，後來甚至電燈泡熱水壺等都要了，他們以一二角錢去賣給舊貨攤，價錢再少些都肯，他們隨便多少錢都好，所以舊貨攤裏的東西，就無所不有了，每當清晨十點鐘，於是一般民衆，濟濟蹌蹌，都來買便宜貨，如高跟皮鞋四角錢，熱水壺二角錢，七個雞蛋可以換匹大綢，便宜確是便宜！下午則鬼都沒有。

至於大世界仍然照常開演，起初是五分錢一張票，是江北大世界的班子，因爲觀客漸多，所以奸商大加改進，裏面有杭劇紹劇等數種，門票售二角二分，買一送一，生意很盛。爲什麽生意很盛呢，這是有原因的。一般民衆，因爲怕白晝敵兵橫行，萬一被撞進了家，不是被殺戮，就是受辱，倒不如到游藝場裏去避鋒來得好，好在家裏也沒有婦女，東西是身外物，搶就搶去，祇要性命保全就算，所以多到大世界中消磨時間，等到夜裏寇兵回營，才放心歸來，所以大世界裏尙有相當熱鬧。不過在裏面吃倭兵幾個耳光，這還是難免的。明光影戲院做京戲，票價和從前差不多，此外尙有幾個遊藝場。

市面最繁榮的是拱宸橋，那裏也有個維持會，會長是馬有明。凡從上海運來的日本鬼子，軍火，軍用品，以及食糧和各種日用品，都以此爲總匯。然後分發到杭州等各地。

十五、女子的避難所

敵人在杭州的奸淫擄掠，眞是無所不爲，單就杭市婦女收容所一隅言，被奸淫者不下五千餘人，所以杭州的女人，爲保守貞操，不受鬼子們的奸污，白天裏也大半上茶館店評茗，因茶館是大衆場所，常有敵憲兵巡查隊巡邏，女人們或許不致發生什麼意外，到晚上就得回家躲避密室，不然寇兵仍是要來搜索的。但較有身分的女人，還是深居內室，不敢出來漏臉，免得招致橫禍，所以現在杭州的茶館店，生意也還好，到幾乎一變爲女子的被難所了。

十六、刦後市容

自從杭州受到空前浩刦後，雖經僞組織的多方維持，全屬徒勞，店是十有九關，以前最熱鬧的從三元坊到清和坊一帶，祇有爵祿鞋莊和中英藥房二家還開着，其餘都上了牌門或關着鐵柵，外面貼了維持會的封條，你假如從門內一望，卻沒有一家不是空空如也，有的甚至鐵柵也拉歪了，柏油馬路上，堆滿着馬糞與垃圾，雖然水泥電桿仍整齊的排列着，大小的招牌，也仍高低地點綴着，但已死沉沉地沒有了生氣，其餘街頭巷尾的住宅，因遭搶劫，十室九空，一般比較高大的屋子，更都分駐着敵。兵被焚燬區域很多，如橫河橋邊四拐角，頭髮巷丁宅的八千卷樓，田家園王宅的藏書樓，和合橋的四拐角和新市場釆芝齋正興館一帶，這幾處是比較大的，其他一出二出的損失，也不勝列舉了。從弼教坊英士街口起，一直望到西湖邊，簡直找不到一個老百姓的影子，這是多麼悽慘的景象，湖濱的紀念物，除八十八師淞滬陣亡將士紀念塔已被毀外，陳英士先生的銅像，幸而還屹然獨存着，城內凡是駐在地或堆存軍火輜重糧食的附近，都劃了警戒線，禁止老百姓通行，就是其餘非警戒線區域，平時除上午外，下午四五時以後，就宣佈戒嚴，行人絕跡了，現在比較熱鬧的區域，除拱宸橋外，要算忠清大街到鹽橋這一段，往來的人也較多，兩旁店面雖是零落地關着，但攤販密集，略如三天竺的香市，全賴這些米攤，鹽醬攤，舊貨攤來擺場面，幾家菜館都變做東洋料理所，較大的旅館，也改做慰安所，等於妓院，專供寇軍遊玩，這總算是新興的事業。

十七、初期的僞組織

杭州僞組織的名稱，原爲維持會，參加的是蕭劍壁謝虎丞等，後改爲是自治會，會長是蕭劍壁，副會長是謝虎丞，下面分四科一處，財政科科長是汪賓傳，衛生科科長是沈某某，救濟科科長是邵力吏，徵集科科長王五權，祕書處的祕書長是徐行恭，職員一共廿多人，另外還有警察局，祇有二十名警察，做着走狗底走狗。維持會的職員，都須佩臂章，高級職員是兩道藍邊，低級職員是一道藍邊，他們的管理權限非常小，一切均須聽命於日本的特務機關，特務機關長就是從前駐杭領事松村雄藏，他憑藉了「杭州通」的優勢，到處橫行無忌，對於維持會全是用口頭命令，而維持會對於特務機關，卻須用正式書面呈文，所以維持會根本是一種爲虎作倀的傀儡組織，一點也不能維持什麼，倒反使倭奴假借了來壓迫自己的同胞，不特在會的已感到焦頭爛額，欲罷不能，而一般被難的民衆，更沒有一個不恨之切骨，敢怒而不言，假使一旦杭州克復了，簡直「生食其肉」而不足以蔽其辜。

十八、漢奸與「良民」

敵人為了要實行以華制華的毒計，每佔領一個地方，就要成立一個偽組織，如維持會自治會等，利用漢奸做他們的傀儡，來壓迫我們同胞。敵人在杭州就是利用蕭劍塵謝虎丞等做他們的傀儡，嗾使他們殺害同胞。倭寇長官入城後，第一件就是向漢奸需索營房粮食。衣食住的問題解決了，就要進行解決性慾問題，便要漢奸去辦幾百個支那美女，（在敵人眼中已無中華民國了！）必須限期送到，如不能辦到，自然是吃耳光遭毒打，至於什麼「維持市面」，「穩定金融」又是漢奸的差使。

為了要防制我們同胞的反抗，對杭州居民特發給良民證以資區別，沒有良民證的，就一概槍殺。凡是要做日本人的「良民」的，敵人先命維持會的漢奸調查你的姓名、性別、年齡、籍貫、職業、住址等，這些都須詳細的記載，尤其對那人的面貌特徵格外注意，面貌分圓臉、長臉、方臉、三角臉等，卽分別畫以圓、方、長方、三角等形狀以表示之，再註以身上的特徵，如黑痣、斑點、斜視、搭鼻、六指等，以防假冒，然後便發給「良民證」，敵人更需連坐切結，因手續繁多，經謝虎丞等要求始免。這事是由維持會辦理的，於是漢奸藉此故意對民衆多方留難要索從這方面發了一批橫財。

至於倭兵自己辦理的，自然沒有這樣麻煩，他們抓來了一個男子，先令他跪下，察看頭上有沒有戴過軍帽的痕跡，還要看腿部腰部肩部，再令站起來，又突向你喊「立正」，「跑步」，如其你莫明其妙，他就認爲你不是兵，沒有受過壯丁訓練，認爲你是「良民」，打幾個耳光，提出，但是你還得到維持會裏去領一張「良民證」，有了良民證的人，還須時受敵軍的干涉，侮辱，與殺害。

那些「良民」做些什麼呢，有時拉了去挑子彈，掘戰壕，有時給你們編隊訓練，到前線去做砲灰。

十九、說說大小漢奸

那些一般不知廉恥甘爲下賤的漢奸，牠們出賣自己的人格和祖國還不够，還要做趁火打刧的勾當，牠們除聘幾個日本憲兵把守門戶，保全了自己的私產外，更利用機會，收買賊貨。就如維持會長謝虎丞，正在大量的收買皮貨，凡是比較好的皮袍子或皮旗袍，都一律七塊錢一件收買。朱孔陽等則專收有名字畫，王五權專收各色古董，這樣使賊貨有了銷路，所以到處搜索殆盡，這無異是鼓勵敵軍及流氓的搶刧偷竊。杭州的正式居民，沒有一人不切齒痛恨。都稱謝虎丞不愧爲「典業大王」，牠們對於自己的同胞，固然任意欺凌，但一遇到敵軍，則又惟命是從，服服貼貼地做他們馴良的走狗。聽說有一次，一個維持會裏兩道藍邊的高級職員，陪同一個日本下級軍官逛馬路，走到半路上，看見一輛空人力車停着，車夫也不在那裏，日本軍官就坐上人力車，叫陪他同走的維持會裏的高級職員，替他拉車，但這也沒有法反抗，否則，或許要受到更大的侮辱。至其被打「耳光」等，更是家常便飯，有時生命也發生危險，行動更其不自由。高初級職員如必要時到上海方面去，必先向特務機關請准假，招尋一個相當的保證人，並且要在約定的日期回來，去的時間最多也祇有七天，假如不回來的話，保證人就要吃苦了，他們到現在才嘗到了漢奸的滋味，可惜後悔已遲了。

二十、米票

漢奸索詐我們在水深火熱中的同胞的金錢，眞是勾心鬥角，五花八門地無孔不入了。杭州這羣沐猴而冠的漢奸們，現在又發明了吸取血汗的方法，因敵方使用軍用票的緣故，米價會高到二十多塊錢一担，誠有「米珠」之嘆。然漢奸們認爲詐錢的時機已至，就出了一張佈告，說：「近來米價高漲，影響市民生活，本會商得「皇軍」同意，在滬購辦大批糧食，定□月□日運杭，屆時恐市民擁擠，或有向隅，特預先出售米票，票面分六元三元兩種，於□□日起向本會購買，至□□日截止」云云。有許多同胞看到後，聰明的是不想吃這種賤米的，決不上漢奸的大當，可是愚笨的到底比聰明的來得多，無不爭購米票，結果，到目今還是十九元一擔的米價，無異拿了張「空額支票」，兌不得現，皆敢怒而不敢言，徒呼負負而已！

二十一、漢奸的毒計

杭州漢奸不少，酬報雖微，而願意附敵，每日四出刺探軍情，爲虎作倀，我們的便衣隊和游擊隊，吃虧不小。有時因數日間，不得情報，恐忤敵軍，而遭殺身，於是胡報某處有便衣軍匿跡，敵兵便會即派大隊前去搜索，到了那個地方，見人即殺，遇屋即焚。今年三月一日那天，忽然有漢奸去留下部隊報告，謂離留下十里的五朝山中，駐有大批中國游擊隊，敵即連夜派兵三百餘人，馳至該處，不問是非，不分男女，即將避居於彼處之杭州難民幷該處居民，共五百三十多人，被敵兵驅至一廣場中，然後命令跪下，可憐我們手無寸鐵的同胞，到這個時候，還有什麼反抗的力量呢，大家都只好跪下去，敵兵即以機鎗四挺，密集掃射，在短短的數分鐘之間，五百多個生靈，是全數爲猛獸所吞噬了，全山的房舍，亦盡被敵人縱火焚燬，留下附近的莿山民衆教育實驗學校裏，也有敵兵常駐在那裏，他們不時跑到附近的村子裏來抓去幾個青年人用一尺來長的大釘，釘住你的四肢，倒掛在公路兩側的大樹上，任你日夜發出哀嚎的呼聲，任你因爲心臟的倒置而口流鮮血，雙眼青腫像兩粒胡桃，一個舌尖伸長來二三寸，然後再任你給野犬去吞食，這樣的事，是時有所聞，誰不痛心呢。

二十二、荒涼的杭州城外

當敵寇漢奸在杭州大施焚殺奸淫五日五夜之後，謝虎丞等爲了要「安民」曾向倭司令婉商令倭兵退駐城外，那些倭兵奉令後，就在城外又照樣演出那些焚殺奸淫的慘劇，又有幾千同胞受了犧牲。

在杭州留下餘杭閑林富陽凌家橋的倭兵的日常生活是如此：每晨八時，列隊訓話，由長官訓示搶劫地點，倭兵拍手狂呼而散，乃分兩隊，先者擄掠奸殺，後者燒屋殺人，午膳聚一處，即以擄得的雞鴨宰殺大嚼，食後放火再進，下午四時，飽掠回營，夜間向火而呼，不置步哨。

他們下鄉最要緊的工作是擄掠及奸淫婦女，捉到的婦女深恐潛逃，都移向別鄉，以供輪奸。

男子則勒令搬運劫物，領路搶劫，或尋找婦女，不如意就殺却。

每當吃飯時，將門板桌凳堆燒取暖，並令擄去的人環跪，拔刀磨其頸，或取火燒其髮，看他們宛轉哀啼，以爲笑樂。

那些放火强奸的，多爲倭兵及朝鮮兵，倭兵呼女人爲「支那美女」或「花姑娘，」朝鮮兵呼作「紅泥」即「姐」。

這就可見敵寇暴行的一斑了。

敵人在杭外到處殺戮，焚燒，如筧橋，臨平，王蕩山，宜家埠，七堡，和杭富杭餘兩條公路，所有房屋都完全變成灰燼！

二十三、鐵蹄下的杭縣

杭州城郊一帶已成一片焦土，淒涼景象爲之酸鼻！杭縣，瓶窰，安溪，良渚，勾莊一帶，也被敵焚燬殆盡。該處居民陸續被敵殺死者，約有幾千人，婦女之被姦淫，幾無一免，凡婦女被敵姦後，復拉至防地盡夜被敵供其獸淫。

瓶窰河中橋地方，有朱姓姑嫂，被兩敵擄獲，就在池邊宣淫，嫂力大扭兵入池中，同遭溺斃，另一敵兵大怒，持刺刀剖姑腹，並將附近房屋燒盡。

良渚居民，頗有埋藏銀幣，被焚之後，牆倒壁坍，銀幣流露，附近窮苦鄉民百餘人，前往發掘，其時適敵軍經過，以爲我便衣隊趕築工軍，圍而殺之，竟無一倖免，積屍如山，至今未殮，慘不忍睹。

在杭縣附近我遊擊隊也極活躍，曾屢次逼近杭州城郊，據遊擊隊員回到後方來說；城郊與四鄉，常可以發現一間空屋，後面堆着許多婦女的衣服，屋裏是血跡斑斕、殷紅怖人，那便是獸兵的行樂場所，他們把我婦女擄去後，即關入空屋內，令其裸體，於是輪流獸行。其不堪凌辱而奄奄一息者，或抗拒者，或不能逞獸兵的意者，則一概殺死，將屍體燬滅，因爲敵人恐婦女釋放後，就要將他們的獸行宣揚開來，是失體面的，所以鄉村的婦女犧牲者甚多。

二十四、敵寇在杭駐紮地

自僞維持會改組爲自治會後，倭軍又被召回市區。大部駐各旅館，小部駐紮清和坊方裕和南貨棧及胡慶餘堂等店各地，後來絡續增加，駐紮地域也增多並擴大。現在杭城敵各機關及駐軍地點和敵部駐入杭城時略有不同，大致仍是下列數處。

牛島司令部——衆安橋東南日報社。（現牛島調院，改清水部隊，駐浙江大學）

上海日本陸軍大本營駐杭司令部——蝶來飯店。

特務機關——城站郵局後面。

間諜訓練所——上倉橋警官學校。

總司令部通訊隊——葛嶺飯店。

兵工分廠——報國寺。

至於駐軍地點大致爲省政府，財政廳，高等法院，市政府，東南日報社，中央銀行，交通銀行，鹽業銀行，農商銀行，城站郵政局，惠興路電話局，西湖飯店，大華飯店，悅來飯店，葛嶺飯店，湖濱路清泰旅館，杭州師範學校，報國寺浙大工學院，前第一中學，清波小學，光華火柴公司，西大街，長生路，延齡路，城站羊市街，學士路，沿西湖一帶，湧金門外，錢塘門外，武林門外，候潮門外，南星橋閘口，城隍山，紫陽山等地，都曾駐過若干軍隊，不過不時移動，以擾亂人心。

杭州敵軍最少是一二千，最多一二萬。

關於敵軍佈置方面：

各機關及駐軍場所多準備幾尊高射砲或小鋼砲。

陸軍監獄至武林門松茅場一帶埋置地雷八十餘枚。

各城門多備高射砲。

省黨部舊址現周圍滿佈鐵絲網。

英士街與岳王路交叉處設高約九尺佔地丈餘之堡壘一座，這堡壘形如坟墓，內分兩層，上層設機關槍眼四，步槍眼四十餘，下層皆爲步槍眼，約有五十。

杭市被焚毁的房基，及新市場公衆運動場，貢院前的省立高中，都築有日本式的平房。

二十五、杭州人苦痛

杭州人做亡國奴了，沒有做過亡國奴的自然不知道亡國奴的苦痛。倭寇對我們人民，極爲殘酷，在路上如和倭兵相遇，必須鞠躬致敬，鞠躬時還須特別注意，就是兩隻脚不要合攏成立正的姿勢，如其你以立正的姿勢鞠躬，即知你爲智識階級，少不得要盤問你受不受過軍事訓練，是不是便衣隊，回答得不好或許就因此送命。倭兵詢問你是什麼人，必得答稱「亡國奴」，否則就是一個耳光，他們凌辱中國人可算到了極點！又行路必須繞其背後，否則爲有意犯其「皇軍」威嚴，即加殺戮。

其次，你如其做小販，倭兵搶去幾包香烟，自然以不呼喊爲是。街頭巷尾碰着倭兵來「檢查」時，你就得解開衣裳給他看，所有錢鈔完全給他「檢查」去了，臉上也不可露出憐惜之色，他甚至會勒令你將絨線衫剝下來，臨行時還會咕嚕咕嚕的說幾句，你也祗得忍辱吞聲！

至於婦女，也是同樣要檢查的，站在路上的敵軍，一看到婦女走過，他們也必須「檢查」，檢查的方式，是和檢查男子一樣，他們還要迫着她解散或脫去了上衣，解去了褲帶，或脫得一絲不掛地站在路上，任他們「爲所欲爲」。他們的理由是檢查衣服內有沒有「夾帶」，實際上他們又何曾注視她的衣服呢！他們這些獸行，已成爲例行的事件了。

近來杭州更流行了一個口號，就是「一角五分」，當路上走時，鬼子們一遇到就很高興的一下「五分頭」附帶上再一「脚」，可憐遭遇到侮辱的同胞祇有抱頭而逸，因恐「宣揚皇道」的鬼子們，認爲「犯上」，由高興變成怒惱，那些無情的槍彈就會送進到你胸膛，懲處「犯上」的大不敬罪，這些事實都在杭州市上每天所易見的，故有「一角五分」這句流行的口號，也就是弱者的呼聲。

在杭州做「亡國奴」之苦有如此者！

二十六、新浙江日報

在敵人的指使下，杭州已有漢奸發行的「新浙江日報」出現。

當初（在去年十二月二十六日），敵軍特務機關，派翻譯董錫齡遍尋留杭新聞界，委辦報紙，多未允，乃夤夜邀弘文印刷局經理奸商吳莉叔商談，允月津貼八百元，另由特務機關負責於「維持會」成立後，介紹該會津貼四百元，吳旋延素不能於人口之程季英爲社長，任[illegible]，潘起鳳，葉伯舟，程小波等爲編輯，於十二月二十日創刊，定名「新浙江日報」社址即設三橋址弘文印刷局內。（現因遭愛國人士警告遷入通商銀行），新浙江報上面所登載的，盡是歪曲事實的消息。例如對外則宣稱杭州已早日恢復昔日的繁盛了，對杭市的人，則謂日本空軍於本月某日空襲某市，擊落華機幾架，炸傷要人數名，某處中央軍與百姓爭奪食糧，重慶於某日晚間爲土匪所襲，某處民衆暴動，反對抗戰。總之，一切的一切，都無非是在想要離間中央政府與老百姓的情感，至於我軍屢屢攻擊富陽餘杭時，轟隆的炮聲，不時可聞，那一車一車的敵屍，運回杭州來，但這些在報紙上則半句都沒提起，雖然我們的飛機幾次到杭州來投彈轟炸，由於敵人的苛限與箝制，究竟炸死了多少敵人，炸在那裏，住在市區裏的居民，是一點也得不到消息的，又不許私家裝置收音機，收聽消息，使每個國人，都深沉地那樣感得苦悶。

從新浙江日報上，我們也可以看出杭州是怎樣混亂情形，下面這些都是報上的消息：

一、皇軍做强盜　僞杭州警察廳佈告：「……地痞莠民，朋比爲奸，冒稱特務機關人員，借搜查爲名，到處搶劫，甚而臉部搽灰，口操日語……影響皇軍名譽，莫此爲甚，如以後再有冒稱皇軍，搶刦各路各巷店鋪住宅者……」

二、兒童失蹤　偽杭州自治會佈告：「……連日杭市發生種種傳言，一般無知愚民，對於兒童自由，嚴加禁止……其實皇軍對於檢查身體之一百五十兒童，現正繼續撫養，絕未運往東北……」

三、拒用偽鈔處極刑　敵宣撫班佈告：「……近有無稽謠言，謂華軍反攻，拒用大日本軍用手票……以後概處極刑。」又五月六日新浙江日報消息：「……白米一石，價為二十七元五角，然中央票僅十七元，軍用手票則須二十七元五角，可見暗中折扣仍大……」

這裏還有一個笑話：潘起鳳無恥媚敵，無所不用其極，某次在新浙江日報撰一短論，頌讚敵軍功德，中有「皇軍掃蕩」一語，詎知排出後變為「皇軍掃地」，敵軍大怒，將潘打五百軍棍，具立悔過書始已。於是人心大快。

二十七、初陽台上的對聯

在敵人鐵蹄下的杭州同胞，雖然是飲恨吞聲的生活着，但是內心的悲憤自然是難以言宣的。所以對敵人仇恨的怒火，也在胸中狂熾着。有一次，有幾個倭寇去遊葛嶺，在初陽台的石壁上發現了下面一副對聯：

「此日登臨，展玆大好湖山，忍使沉淪歸異族，

及時奮進，雖是坎坷身世，豈甘俛首學愚流。」

後面寫「西子蒙不潔」，並不具名字，下面還遺有筆硯，那些倭寇雖然並不完全懂得漢字的意義，但是總知道這是痛斥他們的，於是極爲憤怒，派了許多倭寇整天搜索該山，毫無所獲，後來查明這筆硯是葛仙觀裏的老道士借給那文人的，倭寇痛打了老道士一頓才悻悻而去。

杭州同胞雖然被敵人壓迫着，但是要求解放的叫喊已響了出來了。

二十八、第一次渡江北剿

我軍自退出杭州，除扼守富陽桐廬間的山地外，並以大軍保衛錢江南岸，在最初幾天中，曾有數次激烈的砲戰，後來就漸見沉寂了。這時杭州敵軍氣焰囂張，自炫爲「立馬吳山第一峯」，有不可一世之概，我軍輾戰於江南之□師□旅。特派遣了精悍的健兒四十名，實行第一次的渡江北剿，以迎頭一擊而挫其銳氣。

由排長馬國星率領黃經緯等一排衝過了錢塘江。在南星橋與敵發生激戰。馬等運用其智謀，縱橫於敵陣，如入無人之境，勇不可當，勢不可遏，殺敵將一員，中下級軍官十餘名，士兵約百餘，我軍一部又由虎跑衝入錢王祠，襲擊敵軍的隊部，倭寇聞訊四出圍擊，血戰結果，卒因孤軍深入，衆寡懸殊，不得不背水爲陣，前迎強敵，後臨大江，復因彈藥告罄，乃力竭身殉，全體作壯烈犧牲！此役僅有九人分頭殺成血路，衝出重圍，得以生還。

這是今年一月一日的事，距敵人佔據杭州不過一星期。以後這十八位烈士的屍體，被敵人破腹，由潮水衝激，浮過錢塘江南岸，由當地駐軍營葬於公路之旁。新塚初成，哀榮備極，墓銘余勒，墨澤如新，將來我們收復了大浙江，必可徘徊憑吊這偉大的壯績。

二十九、喬司夜襲

自杭州失陷以後，我軍大部雖扼守錢江南岸，但潛伏在杭州城郊的游擊隊仍然極多，不時的在杭州四郊進行襲擊的任務，於本年二月間，有一次，我方偵得敵鈴木部隊木野寺隊一中隊約百餘名，集駐在杭州東北三十里的喬司，並且把敵軍檢守處的前門後門，以及四週圍的出路，都調查得極清楚。敵軍都是怕死的，晚上放哨，哨位前放一盞探照燈，正給了我們軍隊一個正確無誤的目標。當這日夜半十二時，我四處潛伏的游擊隊突起，先以大刀霍的一刀殺死了哨兵，不用槍擊，以避槍聲驚動其餘獸軍。接着，以迅雷不及掩耳的手段敏捷地向敵軍的駐地四面包圍，直向屋內撲去，敵軍也十分謹愼，都是倚槍而睡，但這時在驚惶中不及還擊，我們的勇敢的游擊隊已先下手，手溜彈和手槍齊發，將敵軍悉數殲滅，並奪獲敵軍機要文件甚多。

我們游擊隊不特在城外顯威，城裏也極活躍。他們化裝各色各樣的人，賣糖的，討飯的，老太婆，窮光蛋，敵人檢查雖嚴，總不大看得出我們游擊隊士化裝的破綻，所以混進城內後，在湖墅用手溜彈炸死敵兵二三十，在新民路進攻敵司令部，都頗得手，可見我們游擊隊的厲害。

三十、游擊隊的悶棍

杭州四郊的村落，房子都已燒得乾淨，敵兵因爲怕我們遊擊隊，在風聲鶴唳四面楚歌之下，竭力搜索我們的游擊隊，敵人經過的鄉鎭，必開口問「支那兵」，倘是店夥以「有」該處居民房屋就會遭焚燒。這是爲什麼呢？原來是店夥們以敵人欲購「芝蔴餅」的誤解，這樣死的不知有多少人！至於在路上，則敵凡遇村農老叟，皆以爲遊擊隊，而加以屠殺，以至田野鄉村，屍骨遍地，盡係非武裝民衆的遺體，黑夜間我游擊戰士摸索前進，沒有一次不踏到同胞們的骨肉，已腐爛者有之，血液未枯者有之，任其狼籍，無人營葬，廢壘丘墟，如同鬼域，這鬼域就是我遊擊隊出沒之所。敵兵如果敢離開哨房一步，那就多半兇多吉少，黑夜裏隨處都會殺出個李逵，遠者一鎗，近者一刀，或甚而一「悶棍」者。所謂「悶棍」者，乃我游擊隊利用廢物，把棗木舊秤桿用爲武器，每埋伏在險要的小道，敵人行經此道時，「你這時候方來，」不待說完，就是劈頭一棍，叫你呼喊都來不及，不死也窒了息，靜悄悄裏又得到一個小收獲，以其棍之來也，如疾雷閃電，吃棍者必死得莫名其妙，因名「悶棍」，這是遊擊隊的新名詞。

三十一、杭州的空虛

因爲我游擊隊的活躍，杭州的敵人始終在恐慌震撼之中。今年春間戰事重心在津浦線，目前戰事重心轉移到豫皖，東戰場的敵軍大部調往應援，所以杭州敵方軍力極空虛。他們往往虛張聲勢，佯言進攻，以造成嚴重的空氣，他們的伎倆大約有下面幾種。

一、從各地將軍隊調到杭州約幾千，在夜裏又開了回去。於是故出空氣，說調到軍隊幾萬，準備於□月□日進犯浙東。

二、敵人的鎗砲也頗缺乏，每日上午七時由試驗場用汽車運高射炮二架至艮山門外公墓備用，至下午四時仍運原處，並時用松樹斷頭上端雕一孔，並以白布紮孔口，偽裝大炮，用汽車每日在杭富路上行駛。

三、在西湖集合小艇千艘，舉行演習，及在錢江北面集合大批木筏小艇等若干艘，作準備渡江模樣。

同時則對城內外則加緊戒嚴，由敵軍及偽警十二名把守城門，嚴重檢查行人，並嗾使偽自治會漢奸，檢查人口，編制聯保，企圖肅清我遊擊隊之活動，並出佈告通告居民，如能檢舉我遊擊隊一名，或檢獲送案者，概賞洋一百元。但這懸賞我們同胞是並不注意的、同胞協助游擊隊仍然非常積極。

至於在城郊則建築防禦工事，多是三道，第一道是雜樹或桑樹築成，繫以鐵絲的搖鈴，第二道是土堆，第三道是沙袋，外面用稻草紮成穿黃制服的僞哨步等以虛張聲勢。

最近，杭州的敵人多將眷屬送到上海去，以防不測，同時，因爲敵人搬運東西，軍用汽車，橫衝直撞，碾死我同胞很多，敵人見碾死了人，並不回頭，依然從屍身上開了過去，敵人當我們是比鷄犬都還不如，你們想可恨不可恨。

杭州的敵人雖時有增減，但因受我遊擊隊的控制，始終不敢有所動作，其揚言幾日南犯，幾日轟炸紹蕭，都是恐嚇作用。

三十二、敵兵的怕死

敵人怕死的程度是很深的，簡直出乎我們意料之外，他們一方面怕我們的遊擊隊，一方面又怕我們的飛機，有一次我機飛杭轟炸筧橋敵機場，停在場裏的八架敵機，都被我們炸燬，這時附近的遊擊隊也配合着發動，用機關槍向機場裏逃出來航空兵掃射，結果死了一千多人，傷的也不少，自此對於我國的飛機怕得不得了。杭州現在沒有空襲警報的設備，祇要發現了我機在上空盤旋的時候，就非常恐慌，秩序混亂不堪，但它們並不像我們一般的避入屋中，它們反都一齊跑出，雜在許多中國老百姓的人羣中，亂竄亂躲，希圖朦混，更有逃不及的就蹲在牆角落抱頭掩耳，恰惶失措，更有些痛哭流涕和待決的囚犯一般，它們說，大半是正當商人，被騙出徵，滿以爲到了杭州，可以享受快樂，料不到還有這樣的危險，眞是意想不到的。

三十三、敵兵的厭戰

駐在杭州的敵人，大半是日本的正當商人，對於戰爭極爲厭倦，據一個由杭州逃出的難民談，日本兵因爲恐怕作戰時被我們遊擊隊殺死，他們的迷信，以爲身首異處，靈魂上不來天堂，要在地獄中吃苦的，有好幾十個倭兵在一天之內自己縊死了。那個逃出來的難民被派到萬松嶺去抬屍首，爲了好奇心發動，詢問監工的一個倭兵，它會操上海話，比較是和善的，——不想它眼圈紅紅，很悲傷樣子表示不願說，愈使他奇怪，那倭兵後來嗚咽的說：「我們是商人，這次総死的，是我們長官在內，都是有家的，我也懷念着家，我願意將來也如此！」從這件事可以看出倭兵的並無鬥志了。

本年七月間敵人又調到新兵一二千，是十六七歲到二十三四歲的青年，他們大部是正在求學的學生，被迫來華作戰，極不情願，故很多時常掩面哭泣者，其狀尤極悲慘。

三十四、我軍四月末的總攻

在四月三十日夜十一時，錢江南岸蕭西岸富陽一帶我軍，曾奉令向杭進攻，同時七堡一帶遊擊隊亦起而響應，時杭城駐敵軍僅七千五百人，倉皇應戰，並急調各部隊自杭州附近來援，雙方激戰甚烈，我軍砲隊異常奮勇，曾有數彈中鳳山門候潮門內城區，敵震動異常，盤踞衆安橋東南日報館內之敵軍，驟聞炮聲，倉皇搬取行李，裝入汽車，準備退却，敵無鬥志，於此可見，城內人民恐日軍退却時騷擾，故紅十字會曾準備設臨時收容所十二處，並將難民陸續運到上海，四月裏連日滬杭線一帶，迭有戰事，來往旅客，咸遭遇嚴重困難，由杭赴滬者，尚可勉强通行，但由滬返杭，敵限制暨檢查綦嚴，每日祇准五十人，並須有妥實保證及照相，否則不予通行，所以留在杭州的人民還有十幾萬。

三十五、難民遣送回籍

在敵人鐵蹄下的杭州同胞，被屠殺的當然已不知有多少，杭州一部份無力逃難的婦孺，比較能得到安全的，是不能不歸功於幾位友邦教士，他們本博愛精神，在救濟難民上，確盡了最大的努力，廣濟醫院蘇院長，在槍林彈雨中，還自己駕了汽車到留下一帶去援救了不少的婦孺，杭州的難民收容所，計有靈隱、蕙蘭中學、和青年會三處，此外仁慈醫院和廣濟醫院，則取收相當費用。最近日本的特務機關，爲了要想復興和繁榮市面，曾通知遣散難民收容所，曾有一部難民出了難民所回家，不過過了幾天，又逃了回來，都因爲不堪倭奴的蹂躪。後來蕙蘭中學的葛烈騰提出一個新的建議，他說一所收容的難民，並非完全是本地人，有一部份是蘇滬嘉一帶逃下來無力再逃的，假如就地遣散，必致流爲餓莩，未免太殘忍了，自不如分別遣送回籍，特務機關採納了他的意見，由維持會辦理客籍難民登記，分批由火車運往上海，於是杭人的逃離虎口的很多！

三六、滬杭車的通行

敵人佔據杭州後，即趕修滬杭鐵路，以求恢復滬杭間的交通，不過因頻受我沿鐵路的游擊隊的襲擊，時開時停。滬杭火車起初每日滬杭各開一班，時間均爲上午六時三十分，每班祇拖客車二節，餘均爲軍用車，沿途各站均停靠，每至一站，由站上駐守之敵軍，循鐵路西周查察一周，然後再開，因恐有危險發生，故停留時間較多，到達時間因此較遲，由杭至滬，由滬至杭，票價均爲二元一角，買票須用軍用票，由杭搭車，至站上即可購票登車，惟由滬赴杭，須預先向國際旅行社購票，票上蓋有規定日期，須依照票面上日期前往搭車，否則徒勞往返，後來因車輛甚少，改爲每日上下行對開一次，每次搭客二十名，須有保證人及僞自治會的通行證。最近因迭次發現僞造車票，所以辦法又變更了，由滬到杭，乘車旅客，除事前仍須覓具保證人及照相領得通行證外，俟有通行證後，須親自赴站驗證購票，車票購到，如不當時乘車，出站時須將車票交存憲兵檢查處，言定何日起程，再在通行證註明日期，否則經過大橋時，即須將車票沒收撕毀，幷取消了在租界內售票辦法，故一般旅客，因困難重重，非無萬急事情，都不願前往的了。

三十七、難行之滬杭道

滬杭火車雖經通行，但是乘客是極少的，這有兩種原因，一是敵人的限制太嚴，二是路上太危險，火車時有被我游擊隊襲擊之虞。現在不妨將乘車的情形詳細的說一說：由上海到杭州去，第一個難關，是沒有通行證，不能從公共租界越過外白渡橋，到上海北站，逃難者人地生疏，不比漢奸和敵交通人員親近，因此多至南京路國際旅行社委託代辦通行證，這手續非常麻煩，每人要照片二幀，登記手續費五元，國際旅行社轉請敵軍當局和附設於橫濱正金銀行的市民協會，假如，他們知道你是不肯出賣祖宗故鄉國家民族的血流還熱的人，那不僅照片和手續費沒收，不給你登錄簽准，接着更不允許你逗留在滬濱了，假如你願意暫時的忍辱含垢及一切非理行爲，還得再出十廿元運動費，靜心等待五天一禮拜向國際旅行社求得一紙通行證，像得到意外收獲的乘車駛到外白渡橋，可是很多旅客們，因爲敵軍認爲旅行社鑑別難民不認眞，表示不信任旅行社，因此費了九牛二虎之力，結果仍被敵人揮使退回的。旅客們忍氣的再向旅行社去交涉，旅行社往往敷衍了事，甚至不予接見的，用了錢，費了力，領了通行證，還是渡不過外白渡橋，吃虧的還是逃難的同胞們。幸而領到通行證越過外白渡橋到達北站，那就是渡過第二難關，但是第三個關口就擺在你面前，是購買火車票的難題，買車票，本來也可以委託國際旅行社代辦，雖需等待到半月二十天才買到，現在却爲了浪人漢奸們造僞票，於是代辦也被撤消了，所以必需自己到北站去買票，到了北站，眞是天曉得，購票處全爲放袖箭的佔滿了，旅客們欲購無從，常有渡外白渡橋到十次以上，還是買不到一票的，金錢損失，精神苦痛，非萬不得已，有誰願去搭車呢？所謂放袖箭的人，就是浪人漢奸之流，他們預向北站購得車票到租界，在一樂天等茶店，待善價而沽，大致杭州票售十七八元，嘉興票售十元或十一元，難民們那有這般多的錢去購買車票，而且時常雜有偽票，越過難關或須還會得罪，誰說行在滬杭道上沒有恐怖呢？

由上海到杭州既如此困難，由杭州到上海那當然一樣困難。

其次，是坐上了火車，也不是平安地可以到達目的地，無論由杭州到上海，由上海到杭州，路上不特有生命的危險，且必須躭擱許多時間，據杭州有一個曾做敵鷹犬的二等漢奸，他去上海，在偽「新浙江日報」自述其行徑：

「……九號晨曦中馳向杭州驛（車站稱驛）登車，約摸下午四點到硤石，因了王店附近的小橋軌道和枕木鬆動，深恐車行其上，發生危險，派工程隊在修理，等待修好開車，抵嘉興驛，遇下行車，時已十時又半，均因天色已晚，在嘉興停留一宵。可是車中乘客，俱因長日未進飲食，莫不飢腸轆轆，正當寒風砭骨朝陽初昇時際，上下行列車便分道揚鑣，各自向滬杭進發，在響午時分，到上海北驛。」

過去四小時就可由杭州到上海，他們却需二十一小時，晨曦中開車，到嘉興是夜裏十點半了，餓得飢腸轆轆，領受寒風砭骨的一夜，也够苦難了，次日響午到上海。由此可知滬杭道上實有行不得也哥哥之嘆！

三十八、水道的交通

滬杭間的交通另一路就是水道，一端是上海蘇州河，一端是杭州拱宸橋。由杭州到上海去比較手續簡單，就是祇要有僞自治會的通行證就可以，由上海到杭州，就要麻煩許多，乘的輪船大概是外商輪船公司的，外商輪船公司自然仍須仰承倭奴的鼻息，派一個「支那通」隨輪保護，最初掛的太陽旗，船過松江，改懸日本海軍用的鐵錨旗。從平望起，德商輪就要改懸德國的卐字旗了，船抵雙林，又改掛難民船的旗號，因爲此處一帶都是中國游擊隊，受太湖裏領袖的指揮，船主必須登岸與首領申訴，才能指出一條安全路線，而到杭州的拱宸橋。最近由滬到杭的輪船，祗有倭寇的江浙輪船公司的朝日丸，每隔二天，即開一班，由上海出發經過嘉興、新塍、烏鎮、新市、塘棲等處，但中途時受我游擊隊的襲擊，除運貨外，乘客極少，同胞到了杭州拱宸橋後，先要到日本憲兵司令部去登記，並且要覓保來證明是「良民」，然後再到太平坊省會公安局舊址的僞警察局裏去登記，到了那裏，先填了一張表，上面註明姓名年齡職業住址等等，再向附近店中每人去買了一塊做就的「良民證」的白布，仍舊將表上填的各項照式填寫了，還是要找個保，然後由僞警察局蓋章分發，才能在杭州住下，以後自然更要經過敵兵及僞組織的不斷監視與檢查，沒有一人能夠安靜的。

三十九、滬杭公路根本不通

滬杭公路的交通，當初祇供敵酋汽車往來，旋有留杭辦理救濟事業的外僑行駛，而僞組織的傀儡們也曾走過一二次，從三月份起，公路已成我流動軍底遊擊區域，路面三五十步一橫斷，闊大的橋樑都破壞了。就是敵人工程部隊邊在修理，我們底勇士邊在破壞，不但敵僞們都知道「此路不通」，就是敵酋敵兵們也都「視若畏途」，所以，滬杭公路根本不通了。

四十、逃生費

倭寇鐵蹄下的杭州，由於寇兵搶刦姦淫，漢奸的騷擾敲詐，以及軍用票的濫發，捐稅的繁重，受了重重壓迫與剝削的杭州同胞，眞如在水深火熱之中，於是多想脫離地獄，別謀生路，祕密向僞組織的漢奸納賄始混了入難民隊伍逃到上海，其無法逃出的，祇有叫苦連天。雖然敵寇規定的離境的手續甚嚴，但同胞陸續逃出杭州的數目却也不少，所以杭州的情形，一面是市面蕭條，一面是人口減少。

敵當局乃想出了一個補救的方法，由特務機關訓練了大批男女漢奸，潛入浙東，浙贛路沿線，造謠惑衆，不說杭州怎樣安定，就說杭州現在市面怎樣繁華，有的竟宣傳倭兵的紀律怎樣好，做亡國奴生活怎樣平安，誘引一般杭州人歸去。僞組織更在上海設了一個機關，專門放出杭州平安的空氣，那些流亡在上海的杭州人聽了，如信以爲眞，全家再還回杭州去，那麼去得後出來不得了。凌辱受不過，痛苦吃不過，要脫離苦海祇有一個方法，就是向僞組織的漢奸去送錢。漢奸就會替你佈置好了，約定了一個日子，祕密通知你好走了，才能再超脫地獄的生涯，重作自由的國民，漢奸收取這筆費叫作「逃生費」。

四十一、軍用票的濫發

敵人在杭州發出軍用票到現在總數當在六百萬。軍用票分一元五元拾元三種，是在西湖口口飯店裏印刷的。敵自佔據杭州後，寇兵卽强迫各商店開店，以軍用票購買物件，商人販子懾於淫威，不敢不收受，否則便有生命的危險。商人們以軍用票不過是一張廢紙，多不願保留，所以一切交易，你也將收受的軍用票移轉過去，他也以軍用票移轉過去，市面上祗見軍用票流行，法幣大部分給敵人吸收去了，一部分都被同胞珍藏了起來，因爲市面軍用票既流行，所以敵人便更大量的印刷，大量的使用，商人以他的貨物去掉換若干張等於廢紙的軍用票，自然極爲懊喪，叫苦不迭，沒法，祇有將商店收歇，情願生意不做。

敵人的軍用票票面一元，僅值法幣六七角，敵特務機關盡力想法將軍用票價值提高，但總是失敗，在四五月間，杭州盛傳我軍將總攻杭州，一時杭州空氣極爲緊張，杭州的同胞也一致拒絕使用軍用票，軍用票的價值又大跌，白米一石軍用票要二十七元五角，法幣僅須十七元，可見軍用票價值的低落。

四十二、糧食的恐慌

杭州糧食極爲缺乏，故常感嚴重的恐慌。並因奸商的暗中操縱，使軍軍用票時起風潮，所以白米竟貴到二十幾元一石，而且每人祇准買五升，後來又減到每人祇買三升，多數貧苦的同胞，沒有錢，當然不能去買，可是較可生活的同胞，沒有氣力和人家搶奪，多數是買不到。於是這些米，都給僞省政府，僞市政府等機關的「老爺」們買去了，因爲他們有錢——老百姓的汗血，有勢——日本人之勢，有力——奴僕們的力，大多數的同胞，祇是在飢餓中過活，他們想着，以前遇到饑荒，政府總會來賑濟，現在別說賑濟，就是規定可以購買的極少數的食糧，還會給「老爺」們搶買了去呢。

敵軍在閘口車站旁，是堆積了很多的米和麥，六月三日上午，江干一帶的婦女，因爲沒錢買米，實在挨餓不過，看到了這些堆積的米麥，就想討些來飽腹。當她們結伴前去的時候，駐守那兒「飽食終日」的敵軍，就不問情由，開鎗掃射。這些求生的挨餓多日的婦女，就有一三人中彈殞命了。其餘的，逃回去，依舊過着挨餓的生活。她們祇有哭泣，計算着還須要幾天，就會餓死了。

四十三、注射毒針與訓練壯丁

敵人想要滅亡我們的種族，就用許多毒化政策，來殺害同胞，除了鴉片的毒害以外，曾經在山西省被佔領的各縣，用一種啞針，給淪陷區域的同胞注射，凡是打了這支毒針以後，就都變了啞吧，或者都發了瘋，受害的民衆，有五六萬人之多，不料最近杭州的僞市府，也受了敵人的指使，也要強迫着民衆，每人連打三次毒針，否則就爽爽快快的給你一個「死」！聽說被注射後，是要永絕生育的，甚至患神經病，慢慢的至於死，流落在杭州的同胞，受了這種毒害的，已經有四萬多，這一種把戲，敵人在九一八以後的東三省，也曾使用過，到如今流亡在外的東北同胞，還是談虎變色，說當時逃不了而被迫着打這麼一針的，有的從此沒有生育，做了「絕祖宗嗣續」的大不孝子，有的在一二年內「無疾自亡」，幸而毒量輕微的，也免不了「神經病」的疾患，這是多麼殘酷的事。

中國漢奸的如是之多，至死不悟而爲虎作倀，認賊作父，背叛了祖國，給敵人盡忠效命，聽說也因爲中了這種毒。當敵人派一個漢奸來到我軍的後方做一種間諜和破壞工作的時候，臨出發時，就給你打一支針，這一支針，是蠱毒一類的毒質，和中國蠻荒之地使的金蠶蠱等差不多，漢奸們受了這種毒液的注射，假使你不竭忠盡力的去給他們幹所派的使命，而沒有成績報告上去，他就不給你打解毒針，在一定的時期內，就毒發身死，所以漢奸鑒於上前亦死，退後亦死的危機，不得不實行了叛國的勾當，因爲做了漢奸，僥倖不被發覺，倘能免去一死，並且可以拿到出賣良心的錢，否則就沒有不死的，這是漢奸多的因素，也是敵人毒計的一斑。

還有最可痛心的，是我們的同胞，被敵人驅上前綫，當省會淪落的時候，至少有三萬以上的適齡壯丁，因環境的關係，沒有離開杭州，到了敵軍佔據以後，就有萬惡的漢奸和走狗，倚着敵軍之勢，實行一個戶口調查以後，壯丁就休想移動或走避了，因爲敵軍每天來一個戶口抽查，今天這戶多了一個人，說是容納游擊隊，拿去把他砍了，明天那戶少一個人，說是跑去做遊擊隊了，就來一個全家駢戮，在這樣慘酷的淫威之下，住民就終日困守室中，不敢越雷池一步，等候敵軍的抽查，於是，敵軍的毒計是成功了，最近，敵軍就徵集杭市的壯丁，加以訓練後趨上前線去送死，「以華制華」，可憐流落在杭的我們的同胞，不爲「國死」，而爲「敵死」，這眞是「痛心」之極了！

四十四、僞省市府的成立

該死的周鳳岐，自從率領他所部的淛匪，叛離了黨國，去投順敵軍以後，敵方就答應他，一俟佔領浙江，浙江就給他，所以他對於侵犯浙西，很賣力，很起勁，犯杭的先頭部隊，就是他的部下，但杭州雖被佔領了，不久僞省政府也由僞自治會改組成立了，這僞省長的一席，當然有周鳳岐的份，可是官運欠通，或許是惡貫滿盈，在滬被刺身死以後，就落在汪逆瑞闓的身上，汪逆年紀已有六十多，在前清曾當過上海道尹，眞是老而無恥是爲「賊」。

杭州僞組織中最活躍的，要算謝逆虎丞和王逆五權，謝逆本來是杭州市商會會長，後來做偽維持會會長，現在做偽省府的財政廳長，王逆本來是杭市救火會的會長，後來也在維持會做偽科長，現在居然做起偽省府的民政廳長了，偽祕書長是馮逆孔懷，偽省府是六月十九日在敵卵翼下成立的。

至於偽市政府則成立的比較偽省府早十天，偽市長是何逆瓚，參事鍾逆璜等，社會局局長鄧逆孝可，公安局局長陳逆秉鈞（後改錢逆榮籙）財政局局長陳逆秉年，工務局局長許逆守忠，（現由何瓚暫兼）這一批漢奸多是鴉片鬼。

偽省府設興業銀行，十九日成立的，汪逆瑞闓袍笏登場，大小漢奸暨敵下級幹部均往致賀，各遊藝場開放，敵機飛市空投送小型報，但我民衆除報以消極的不加聞問外，並在鼓樓前發現「打倒汪逆瑞闓賣國賊」等標語，同時杭敵為博取民衆對偽省府之好感，除於偽省府成立日通令懸掛五色旗外，並將所以駐杭敵軍移至城外，城內由中國籍警察維持秩序，〃國警察約四百名，全係福建籍，沒有鎗枝。偽市府成立時也用懷柔政策，來過這麼一套鬼把戲。

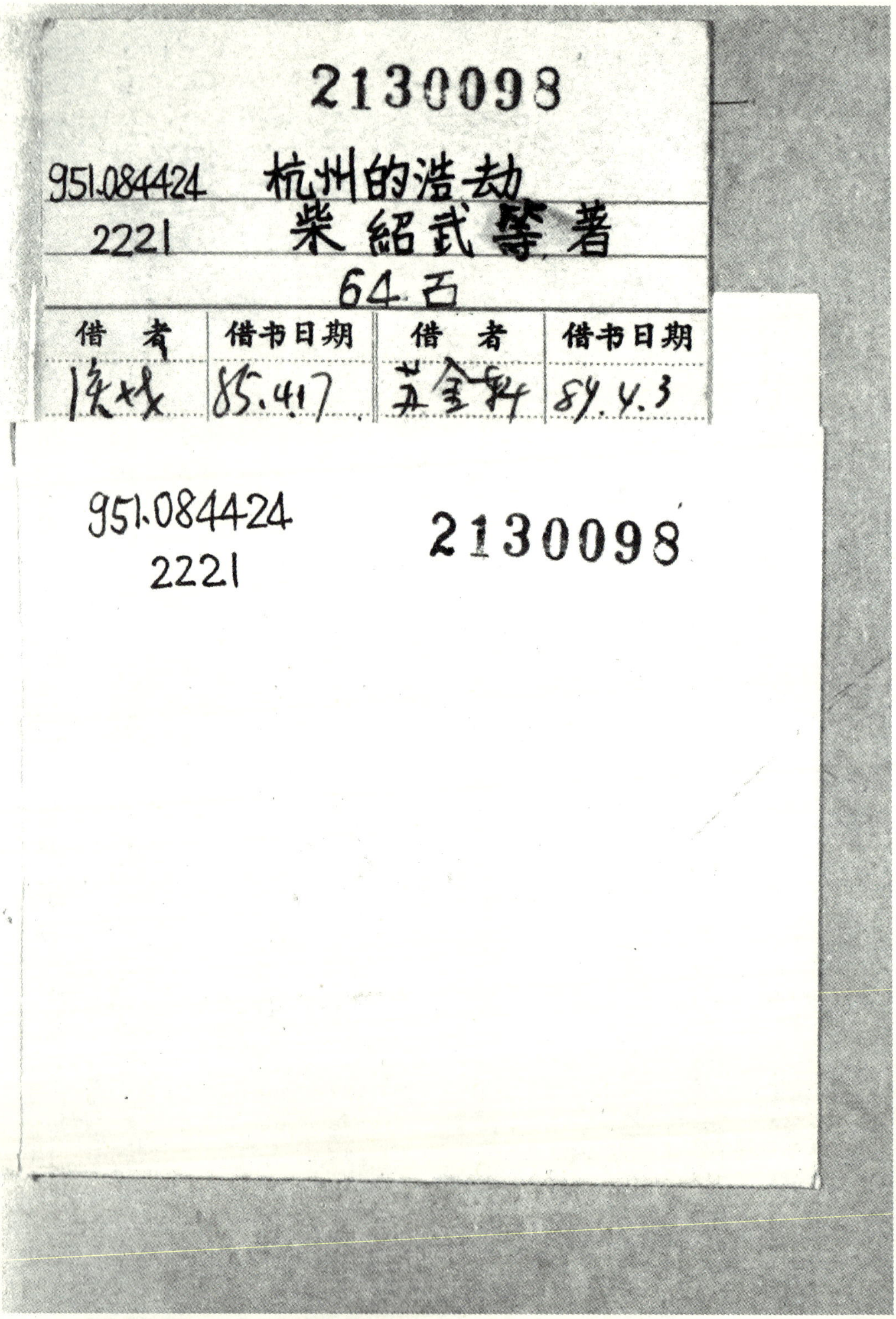
2130098
951.084424 杭州的浩劫
2221 柴紹武等著
64
借者 借书日期 借者 借书日期
85.4.17
84.4.3
951.084424
2221
2130098

杭州的浩劫

每冊實價國幣二角

著作者　柴紹武　朱允堅

發行者　抗戰建國社　古貢院紹興縣立圖書館內

印刷者　紹興民國日報印刷所

代售處　紹興各大書局

中華民國二十七年七月初版

(僞)杭州市政府秘書處　編

杭州市政府紀念特刊

杭州：(僞)杭州市政府秘書處，民国二十九年(1940)铅印本

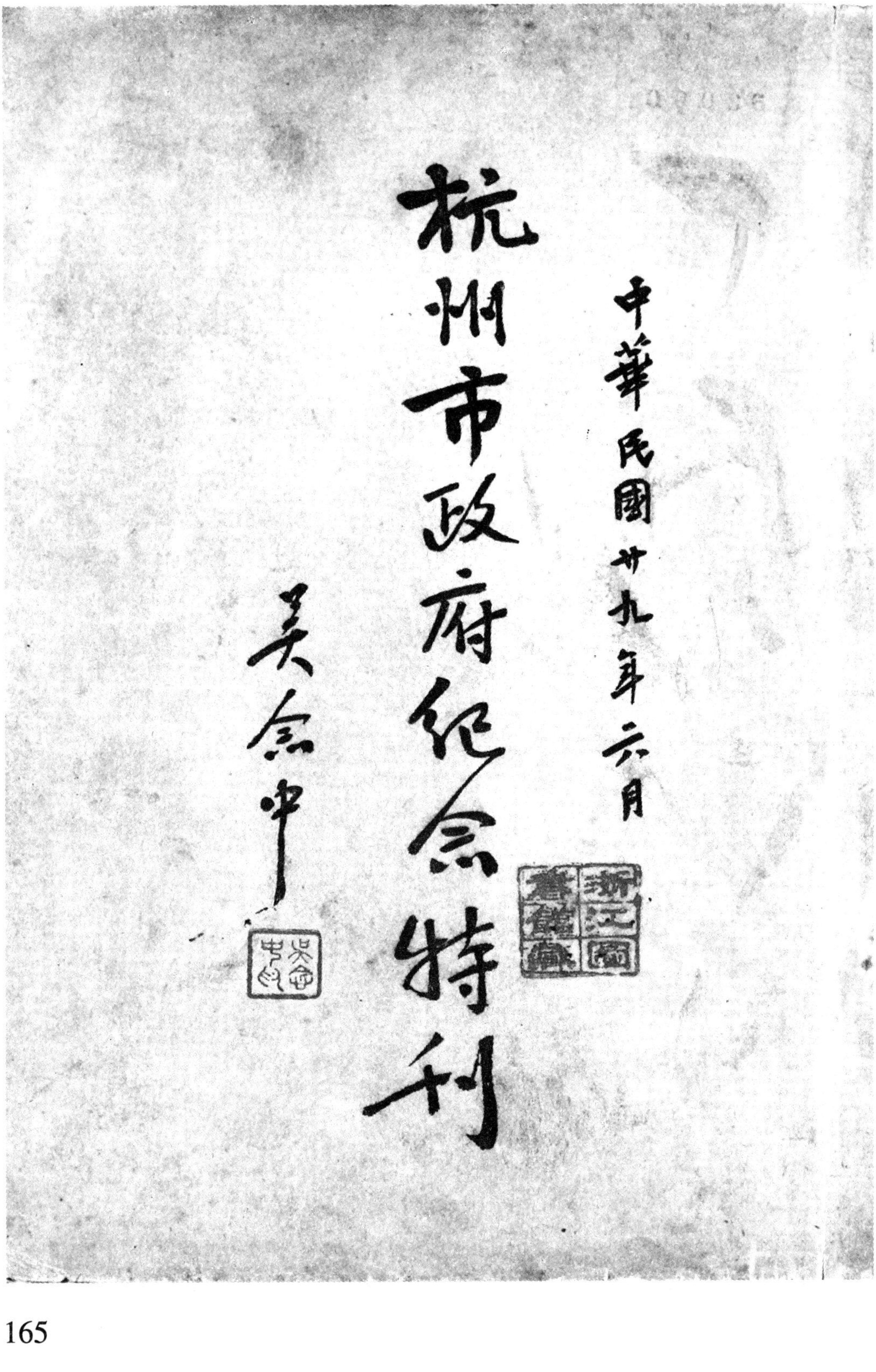
中華民國廿九年六月

杭州市政府紀念特刊

吳念中

杭州市政二週紀念特刊總目

市長吳念中

主任祕書祝傳鉞

参事陳　憲

参事吴希翰

社會局長翁鉌

工務局長許守忠

財政局長許達

弁言

吳念中

現在的杭州市政府，是事變後成立至今二週年。于國難中，在戰區裏，我們地方行政的目的，大部分在于救濟；一切的建設，事實上是有許多障礙的。

凡事起頭難，在這二年中，頭一年由何故市長以身殉職的擔當了許多的艱難；後一年，也剛好是本人繼任的滿一年，艱難雖然比較減少，而行事與心相違的却還很多。

這一年來由全府同仁，以『多難興邦』的決心，上下努力的結果，雖不能如願而償，而奉行政令，安撫閭閻，却相當達到以救濟為中心的行政目的。

這一年來，人口由二十二萬增加至三十八萬，學童由一萬零增至萬八千八，財政收入由二萬零增至五萬，修築公路約八十公里，而衛生行政的設施，尚可使兵燹之後不罹癘疫，如果時常不聞炮聲，交通能夠照常，我們或且于救濟之中，尚可多做一些建設的事。

這一本特刊，是把一年來的各種設施及統計彙集起來，用以檢討過去的得失，以策今後的努力，並不足言政績的。

杭州防疫之狀況

← 防疫移動隊之注射（一）

防疫移動隊之注射（二） →

← 防疫宣傳

水道檢查 →

← 清河

各商店清潔掃除 →

杭州市青年團檢閱攝影

市長杯市府排球隊優勝攝影

杭州市立中學校應化科化學實習
民國二十九年五月

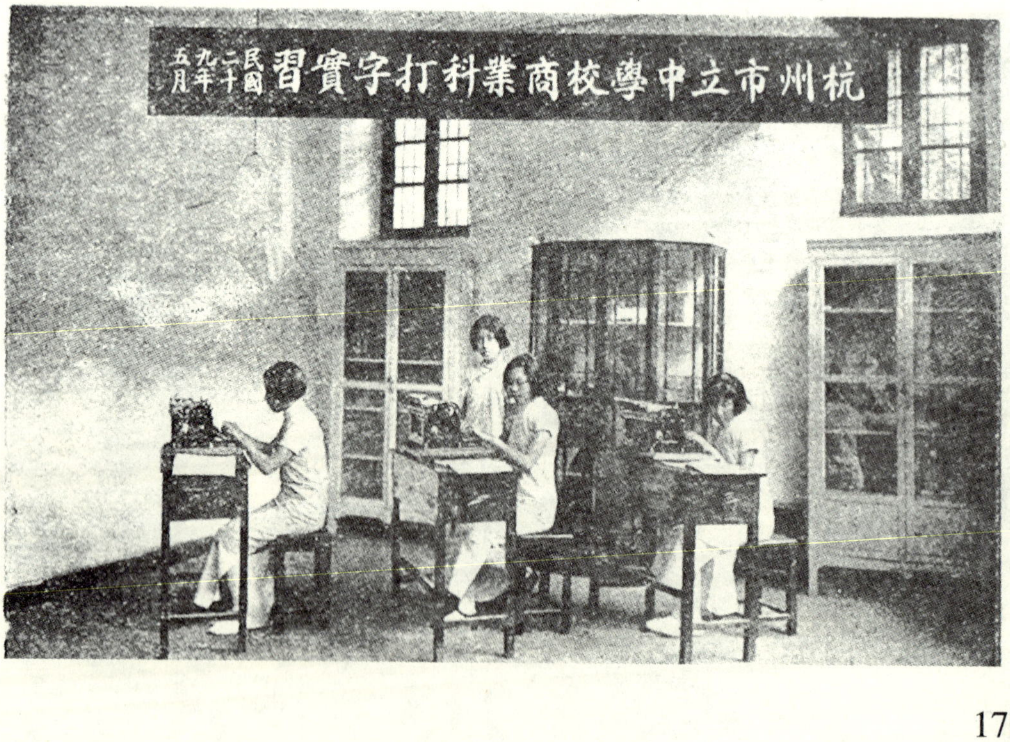
杭州市立中學校商業科打字實習
民國二十九年五月

杭州市立中學校蠶桑科採桑實習

杭州市立中學校蠶桑科春蠶實習

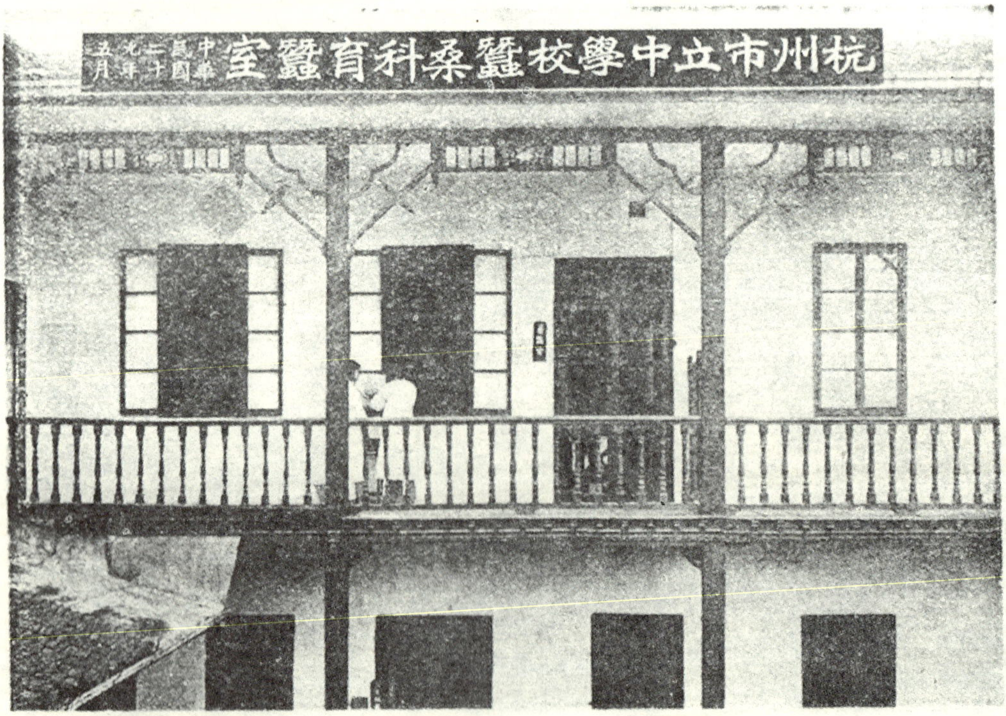
杭州市立中學校蠶桑科育蠶室

杭州市立中學校蠶桑科上簇室
民國二十九年五月

杭州市立中學校蠶桑科貯桑室

杭州市私立希甫中學校全體師生合影

杭州市第四屆小學聯合運動會全體得獎運動選手攝影 二十九年五月十七八日

杭州市工務局之工作

測量

工程隊

興亞紀念鐘

排椿

保護築路

拆除危险房屋(一)

拆除危险房屋(三)

挖土

拆除危险房屋(二)

填土

挑土

工作築路

池塘填土

→修理道路(二)

→修理道路(一)

→新建清覔路工程

→更生紀念碑

→苗圃工作

→挖泥機船

→花圃

→迴迂線滾壓

→運輸材料

→修砌城牆缺口(二)

→修砌城牆缺口(一)

涵洞

望江門城牆缺口

新造艮山門水城門河埠雨蓬

迂迴線完成初部

城牆缺口堵砌完成一部分

已完成之路面

艮山門水城門裝置木柵

修補中之清覓路

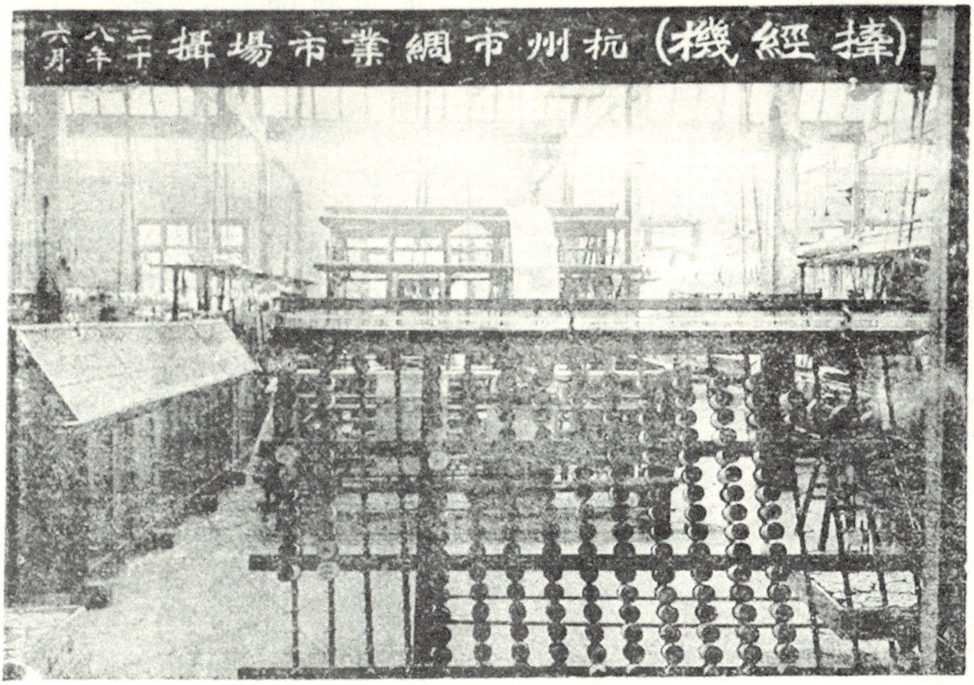
(撁經機)杭州市綢業市場攝 二十八年六月

(搖紆翻絲機)杭州市綢業市場攝 二十八年六月

打綫機
杭州市綢業市場攝
二十八年六月

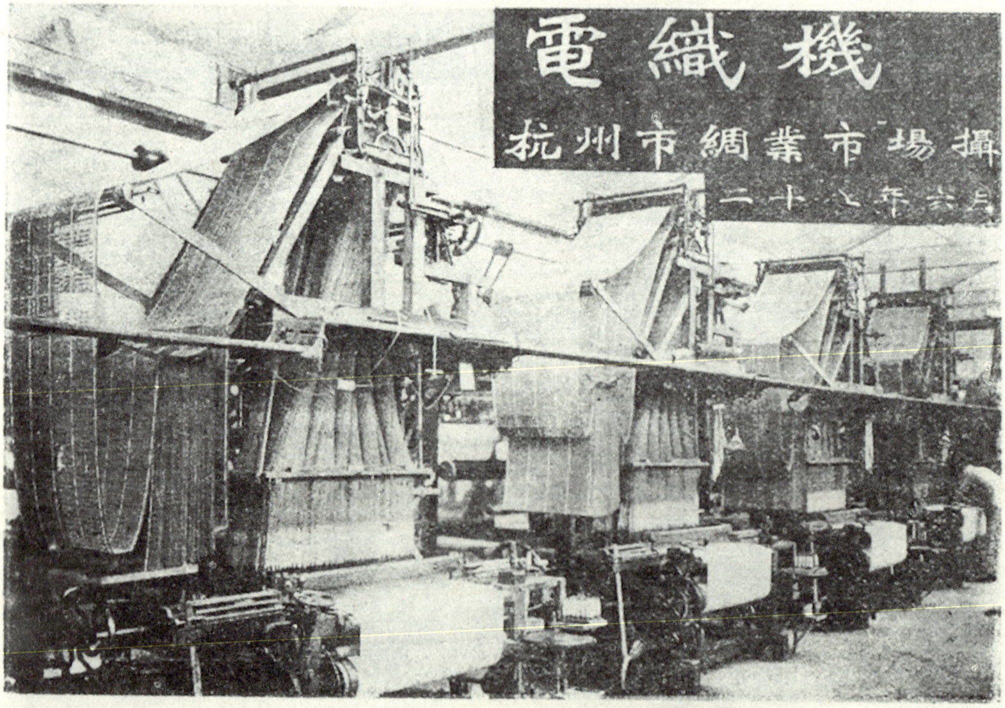
電織機
杭州市綢業市場攝
二十七年六月

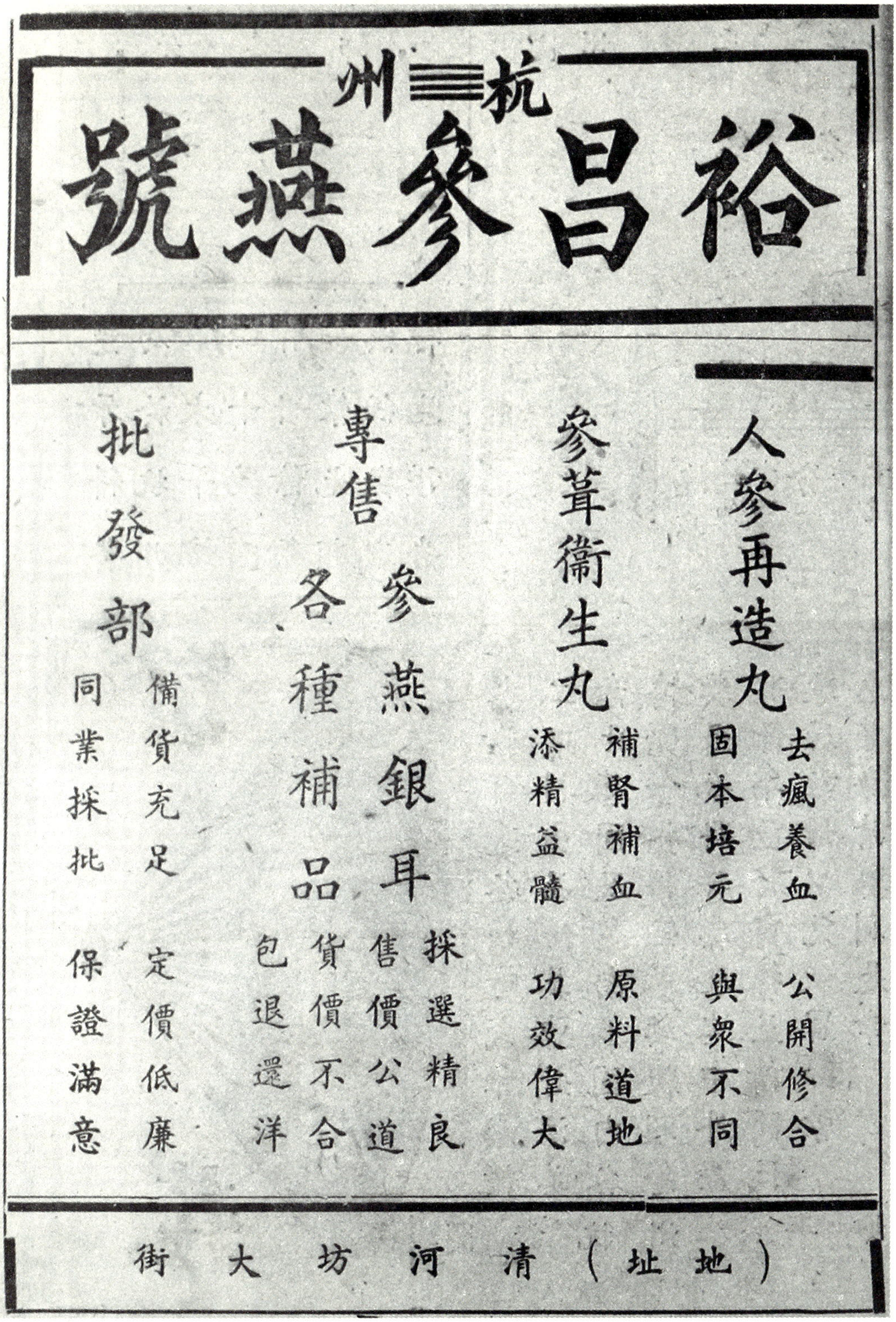
杭州
裕昌參燕號
人參再造丸
去瘋養血
固本培元
公開修合
與衆不同
參茸衛生丸
補腎補血
添精益髓
原料道地
功效偉大
專售
參燕銀耳
各種補品
採選精良
售價公道
貨價不合
包退還洋
批發部
備貨充足
同業採批
定價低廉
保證滿意
地址（清河坊大街）

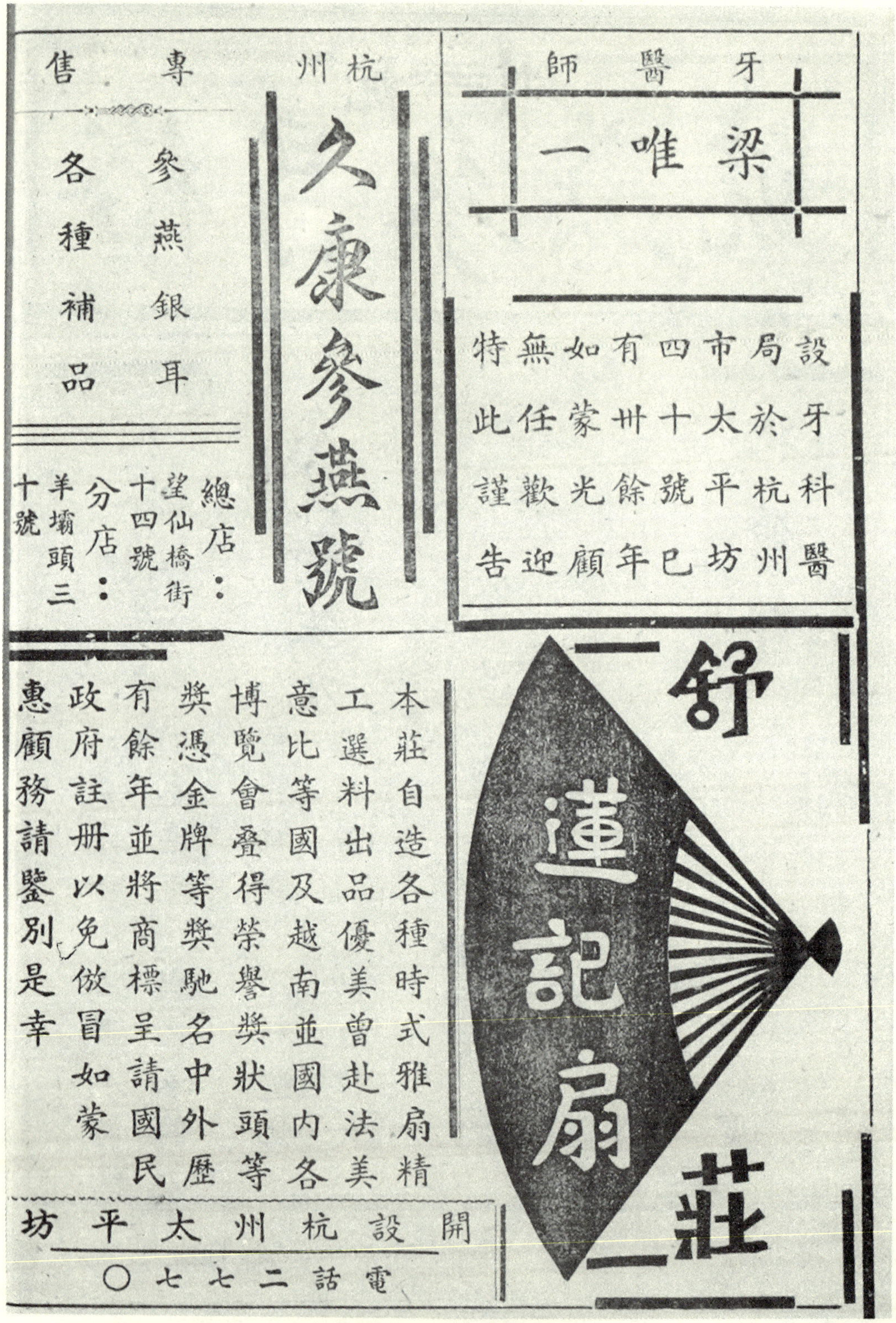
杭州
久康參燕號
專售
參燕銀耳
各種補品
總店：望仙橋街十四號
分店：羊壩頭三十號
牙醫師
梁唯一
設牙科醫局於杭州太平坊市四十號已有卅餘年如蒙光顧無任歡迎特此謹告
舒蓮記扇莊
本莊自造各種時式雅扇精工選料出品優美曾赴法美意比等國及越南並國內各博覽會疊得榮譽獎狀頭等獎憑金牌等獎馳名中外歷有餘年並將商標呈請國民政府註册以免假冒如蒙惠顧務請鑒別是幸
開設杭州太平坊
電話二七七〇

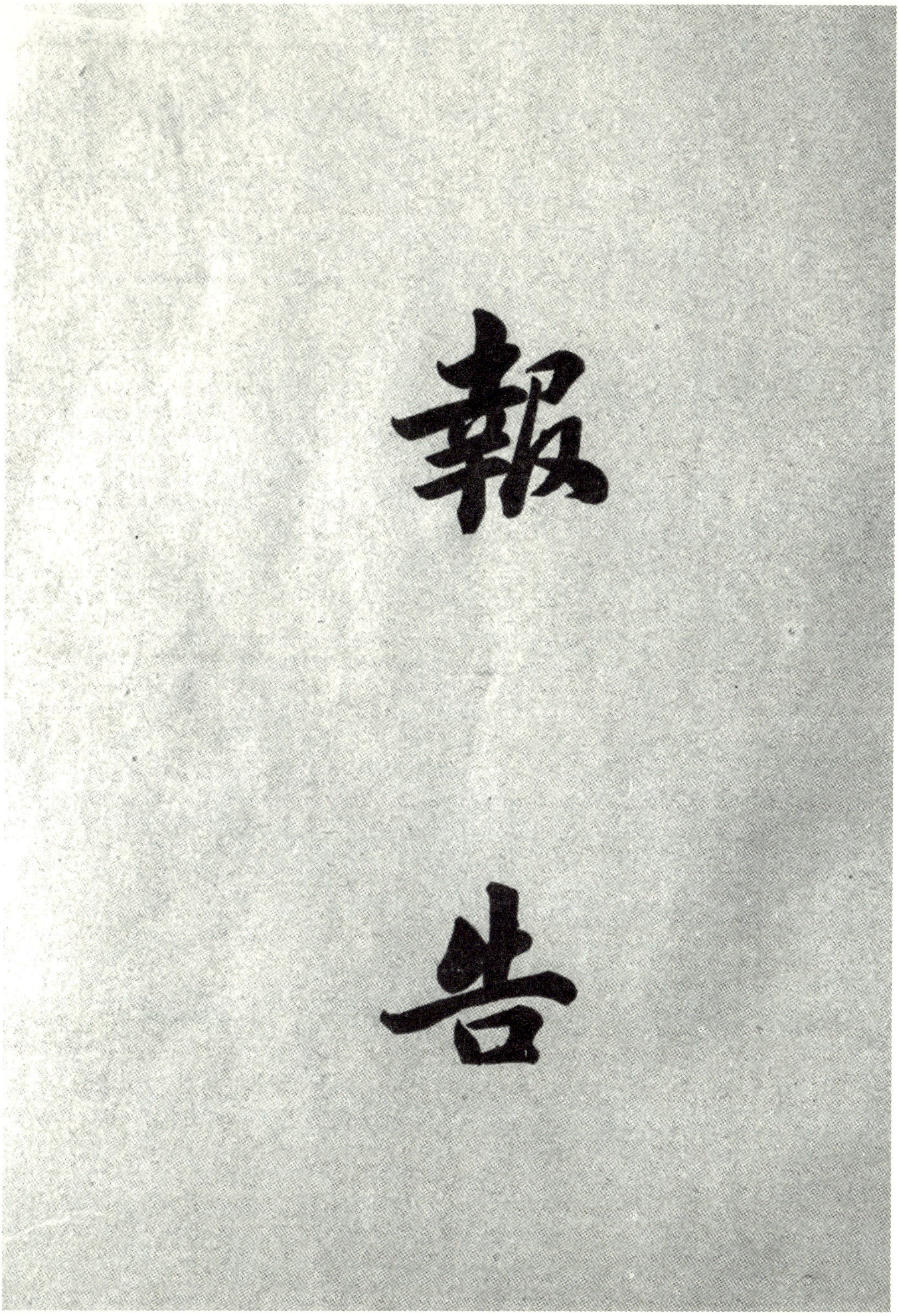

報告

報告

二年來杭市之社會

事變以還本市民衆蒙受流離失所之痛苦至深且鉅農輟於野商罷其市工廠停頓婦孺無依情景之慘無可言喻經先後舉辦維持自治等會秩序漸告恢復地方元氣賴以保全迨本府正式成立卽以復興工商救濟災黎二大端懸爲施政鵠的且鑒於戰亂初平元氣頹傷無取於空言復興無裨實際是以各項事業設施在在以便利民衆爲前提舉凡有益於民衆者莫不盡力以赴第以限於環境祇能先就治標着手至於治本辦法經緯萬端但能以次籌劃進行國利民福之希望固所不敢忘也今就二年來關於農工商及救濟事業之設施事項略陳如左

(一)關於農業之改良　杭市除一二三三區在城市內其餘四五六七區均爲城外農業區域所佔面積約佔全市三分之二以上故本市農村範圍既廣農業地位之重

要可想而知本府成立之初卽以復興農村改良蠶絲爲目標着手於蠶絲之改良設立蠶絲改進委員會專司其事農村得漸蘇復其他出產如棉茶菜蔬以及雜粮米穀之類茶爲本市主要名產龍井所產者爲珍貴年約出產十萬餘担棉多產於七堡一帶沙地質堅韌菜蔬則產於淸泰太平艮山門外以及城廂附近供給本市食用外輸出外埠爲數甚多至於米之產量爲數極微端賴各地接濟方免中斷之虞惟農業改良事關要政以我國農民知識之低落墨守陳法習爲固然不知改進今後當以研究種植方法並選取良種增加生產爲唯一標準茲擬籌設農事試驗塲表示範圍以牖農民使農村日有進步

（二）關於工業之振興　我國工業尚在萌芽時期本市亦非工業區域所足舉稱者僅絲綢一業而已査本市絲綢工業過往確佔社會經濟之重要地位事變後綢廠停頓以致工人失業者比比皆是影響市象實非淺鮮所以本府前年對於各廠商着手勸導復業不遺餘力幸一般廠商有應命者工業振興已有先兆其餘各重要大企業以損失過重一時難于恢復亦以金融阻滯籌集匪易又或避亂在外託詞時局未定未敢決

然回鄉致工業尚未盡量發展業經分別設法招致藉拓利源
（三）關於促進工商之組織　本府成立之初卽有規復工商同業公會之政策一面着手擬訂章則一面派員指導組織其最先成立者爲米業人力車業紹酒業三公會其後工商復業者日形衆多商人自覺亦有團結之必要故在本府嚴密督促之下絡續成立者有綢業織造業南貨業參燕業茶漆業柴炭業肉業蠶種業等三十九公會可謂逐漸發展已著成效此後仍當督促組織調整機構爲工商界發現一大規模惟杭州市商會目前尚在籌備中各同業公會總數比較戰事前相差若干一時未詳容再另佈

（四）關於工商營業之登記　本府爲謀各業便於統計及管理起見當擬定工商業暫行辦法及發給工商業營業執照手續二種公佈施行並分登記爲特種普通二種申請登記者計普通四九七三戶特種三九〇戶其資本額最高十萬元最低三〇元所有未經領照各戶隨時查察取締以符規定

（五）關於物價之評議　本府爲防止奸商高抬物價保持貿易平允起見特設物價評議會由省會警察局杭州市商會及其他財團社團暨各業代表組合藉以評定物

價以資公允市價凡紊亂物價者隨時嚴密取締

（六）關於絲綢原料之自給　本府接受絲綢織造業綢業二公會呈請力謀補救絲織原料缺乏實行合作製絲供給自用一案核其用意純正自應准其舉辦惟以茲事體大市政會議決議原則通過交社會局組織審查委員會核議具報審查結果認爲事屬可行經令知各該公會自行籌辦所有收繭繅絲諸問題籌備雖趕辦不及尚未實現然仍在積極進行

（七）關於度量衡制度之推行　本府奉令繼續推行度量衡制度如舉辦製造商登記核定標準用器實施烙印並查禁一切不合法之度量衡器事項進行過程均極得手

（八）關於絲綢業之貸款　絲綢爲本市主要出產已如上述直接間接賴以維持生計者不下十萬人事變後營此業者苦乏資金之週轉以致失業衆多本府爲求實施救濟扶助該業生計乃有貸款興業之舉通告各機戶照章登記貸給現款不計利息每機計貸自五十元至八十元不等貸款額最高爲四百元總計貸出七百另三戶貸額爲

法幣八萬六千一百五十元

（九）關於難民入境之登記　事變之前多數民衆恐罹戰禍避難外出現在秩序恢復平民亦日漸歸來每日約計二三百人不等均經派員接引按人登記並分別調查保證以憑發給臨時户籍證使居民重歸故土團聚家人各安其業俾免流浪此項工作本府辦理以來迄未間輟

（十）關於職業之介紹　本府鑒於失業市民衆多爲謀社會安定之計爰舉辦職業介紹凡遇有各處需用人才時卽就本府登記人員中按其有所擅長者分別介紹

（十一）關於民食之調劑　本市糧食自給不敷端賴外運接濟近以運輸不便來源時絕間以米商居奇操縱以致民食或感不穩本府除隨時嚴密防止外並經分向産米區域採辦食粮回杭均以平價發售用資調劑近且籌辦米業市場爲官督商辦制度舉凡糧食到杭不問客米自辦均須到場登記評價過斛然後依照全市人口總數以百分比例分别派售於各區米店各米店再行零星發售以期普周民食似此辦法米商既無法囤積居奇卽欲謀厚利出境亦不可能此計口給糧之制當無畛域之分

（十二）關於冬賑施米　二十八年度冬賑計畫原定施粥嗣因柴火暨分配處所問題未獲解決卽在賑款項下移撥應用八萬餘元改爲施給米石計大口每次給米二斗小口每次給米一斗共計施米二七〇六、〇七六石

（十三）關於旅行保證書之核發　事變初平爲便利行旅保障治安對於往來旅客規定應具保向本府請領旅行證約計每天近二百餘份現計共發出七八八七三份行旅稱便

（十四）保存名勝古蹟　本府爲保存地方名勝古蹟有保管委員會之設每月開會一次專以搜集地方文獻保存文化上有價值之古蹟古物等更以西湖名勝甲於天下爲中外人士瞻望隨時加以修葺整頓並於三潭印月平湖秋月中山公園花港觀魚等處派定管役專司看管

以上所述不過舉其大者撮要言之其他各種事業之舉辦凡有數字可統計者另有圖表逐一載明可查照

杭州市本屆防疫實施大綱

杭市入春後天時頗苦不佳夏令在卽實施防疫自應爲先務之急益以避難在外市民現已陸續歸里本年市民人數較之去年實有增加設不提前預防爲充分之準備萬一時疫發生深恐救濟不及爰訂二十九年份杭州市防疫實施大綱並經費概算尅日進行防疫實施大綱如下

甲、防疫期限

一、籌備期　杭州市政府衛生主管科於三月下旬卽開始防疫工作於四月一日起加緊防疫工作

二、防疫會期　以五月一日爲防疫正式開始日期本屆防疫會卽於五月一日宣告成立

三、結束期　本屆防疫主張辦十個月以三月份至四月份爲籌備時期五月份至十一月份終爲正式防疫時期十二月份爲會務結束日期

乙、防疫地域

一、杭州市區城中

二、江干區一帶

三、西湖區一帶

四、拱埠湖墅一帶

五、艮山門水道

六、滬杭路火車

丙、實施方法

一、衛生行政上之聯絡　由市府衛生主管科與友軍各方作切實之聯絡協力進行

二、恢復防疫會之活動　杭州市防疫委員會於五月一日召開會議討論本年度會務恢復其活動仍由市衛生主管科主管

三、各方協助　與各區長各坊長及省會警察局作切實之接洽互相聯絡合作進行

四、義務注射機關　本年援例請各公私立醫院醫師担任義務注射以普遍參加爲宗旨

五、患者救護　由市衛生科與防疫會及警察局共同組織救護隊必要時得担任救護工作

六、患者收容　原有市立病院傳染病部收容量甚小爲預擬收容時疫患者另設收容機關其組織及經費另擬

七、收買蚊蠅　以代價收買蚊蠅杜絶時疫病傳染之媒介其辦法及經費均行擬訂

丁、注射綱

一、常駐注射　由防疫委員會逐日派醫師看護書記各一員赴各區公所担任常駐注射

二、流動注射　在防疫中心時期由防疫同仁會及軍部防疫處市立病院組織流動注射班三組至十組担任市區流動注射

三、各城門口注射　各城門口於必要時由防疫會聯絡各注射機關赴各城門口施行注射

四、强迫注射　於必要時實行强迫注射視情形及環境依照違警法處罰

五、提倡注射　本屆防疫注射公務人員應首先實行以示提倡並以學校旅館妓院茶館爲注射之重心

戊、注射檢查

一、普通檢查　在注射期内隨時由防疫會派專員督同衛生警作注射檢查

二、嚴密檢查　必要時會同軍警作嚴密之注射檢查

三、團體檢查　在防疫中心時期會同友邦人士組織檢查隊先檢查各機關職員是否接受注射次及各學校各公共團體

已、檢查實施

一、檢疫所　防疫會檢疫所本屆定於四月二十日成立江干分所已於三月二十五日開始工作拱埠湖墅艮山門三分所均定於六月一日開始

二、檢疫班　由防疫會與省會警察局或會同友軍組織檢疫班實行檢疫

三、檢疫範圍　以公共團體及飲食商店旅社妓院爲檢疫中心點普通商店次之最後及於普通住户

四、火車上檢疫班　會同友軍連合組織之人數視環境而定在車上發現患者應立時勒令下車在就地醫治

五、病體檢查　必要時檢驗市民大便應會同友軍實施之

杭州市二十九年防疫業務表

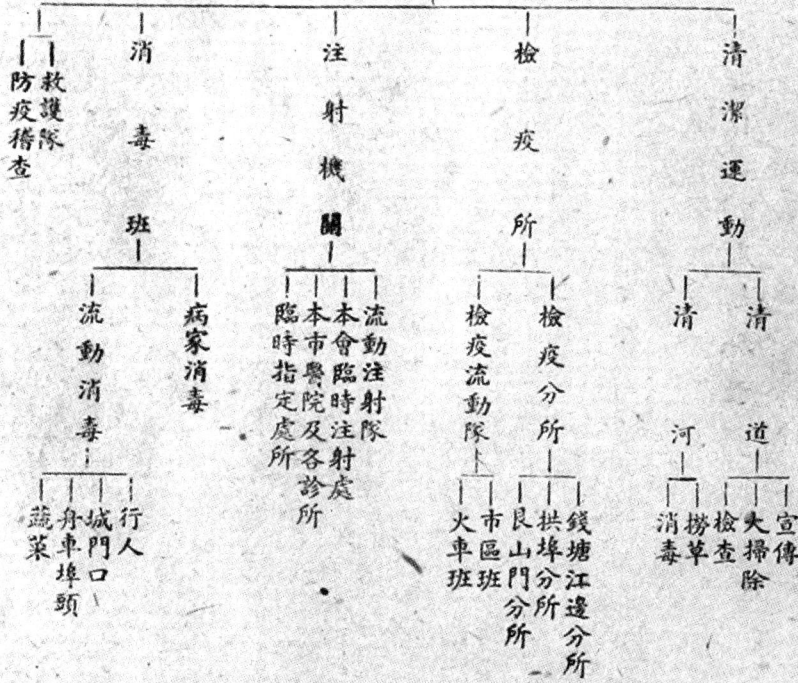

- 清潔運動
  - 清道
    - 宣傳
    - 大掃除
    - 檢查
  - 清河
    - 撈草
    - 消毒
- 檢疫所
  - 檢疫分所
    - 錢塘江邊分所
    - 拱埠分所
    - 良山門分所
  - 檢疫流動隊
    - 市區班
    - 火車班
- 注射機關
  - 流動注射隊
  - 本會臨時注射處
  - 本市醫院及各診所
  - 臨時指定處所
- 消毒班
  - 病家消毒
  - 流動消毒
    - 行人
    - 城門口
    - 舟車埠頭
    - 蔬菜
- 救護隊
- 防疫稽查

二十九年防疫注射網—防疫會

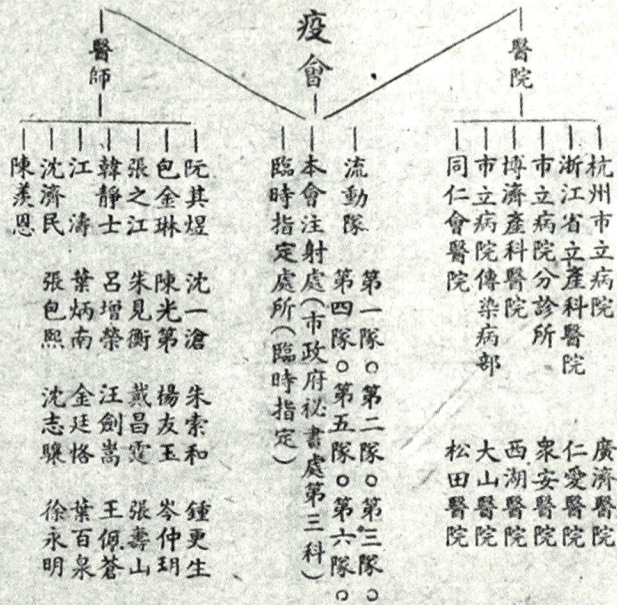

- 醫院
  - 杭州市立病院
  - 浙江省立產科醫院
  - 市立病院分診所
  - 博濟產科醫院
  - 市立病院傳染病部
  - 同仁會醫院
  - 廣濟醫院
  - 仁愛醫院
  - 泉安醫院
  - 西湖醫院
  - 大山醫院
  - 松田醫院
- 流動隊　第一隊。第二隊。第三隊。第四隊。第五隊。第六隊。
- 本會注射處（市政府秘書處第三科）
- 臨時指定處所（臨時指定）
- 醫師
  - 阮其煜　包金琳　張之江　韓靜士　江濤　沈濟民　陳羨恩
  - 沈一滄　陳光第　朱見衡　呂增榮　葉炳南　張包熙
  - 朱索和　楊友玉　戴昌霆　汪劍嵩　金廷恪　沈志驤
  - 鍾更生　岑仲玥　張壽山　王傾蒼　葉百泉　徐永明

杭州市夏季衛生宣傳紀實

一、時期　自五月一日起至五月七日止計舉行七天

二、範圍　杭州全市區以第一二三區爲宣傳中心點

三、實施　一、播音　由衛生科或委託放送局逐日廣播作衛生演講其講題爲一

、衛生行政之報告二、夏季衛生之重要三、種痘防天花四、衛生常識五、防疫六、公共衛生七、個人衛生八、家庭衛生

二、演講

由衛生科與大民會及省市宣傳委員會合作分兩種方式舉行一、團體演講假影戲院作化裝集團演講殿以餘興

二、露天演講(一)茶館酒樓(二)其他共公場所

三、露天演講組織演講隊每隊三人至六人分三隊至六隊分向市區各熱鬧地帶演講

四、各校演講請各中小學校各教員作衛生或防疫演講或召集學生開衛生座談會

三、遊行

由市府衛生科聯合大民會省市宣傳會工務局省會警察局及中小各學校等協力辨理分日夜與汽車等舉辦、

一、汽車遊行　參加之汽車爲工務局料車二輛祕書處垃

圾車車上滿懸紙彩燈牌前導軍樂隊散發宣傳品是項遊行限於日間

二、遊行隊分（一）普通衛生隊（二）防疫隊（三）保健隊（四）種痘隊（五）清道隊參加者爲各校學生市府職員大民會宣傳會協力進行遊行者手各持標語小旗並散發宣傳品

三、提燈以彩色紙製成關於衛生上各種彩燈於夜間舉行提燈會參加者爲衛生科全體職工省會警察各校學生及大民會宣傳會職員

四、衛生特刊

委託衛生週刊社發行衛生特刊專充本週之宣傳

五、電影

由衛生科向友邦租借關於衛生之電影片擇日放映或假電影院或擇曠地作露天放映並製燈片委託各電影院定期放映

一、電影片（一）委託各電影院代辦（二）在湖濱曠地舉行

二、燈片委託電影院放映

杭市青年團指導部籌辦之經過

本市青年團指導部於二十八年十一月成立開辦已逾半載今計成立青年團十七團團員人數增至四千數百餘人對於訓練宣傳工作均在加緊進行中茲將概況摘要分述于後

(一)組織經過　杭州市青年團指導部於二十八年十月間由內政部委林志白爲主任卽着手籌組靑年團指導部及青年團訓練工作於十一月一日市政府內設立指導部開始辦公并遵照中華靑年團章程在各區籌組區指導部及區團部各四所

(二)組織系統　本市靑年團之組織系統以區爲組織單位由各區長兼任區團長市長兼任總團長本年二月中華靑年團指導部頒佈市縣指導部組織條例本部卽行改組取消區指導部合併予區團部並於同年四月改以坊爲團之單位計城內爲十一團除城外第五六七區三團因特殊情形暫照原組織以區爲團外計新成立七堡團筧橋團湖墅團等三團茲將本部組織系統表列後(表另列)

(三)團員訓練　各區青年團團員訓練已至第三期歷次均由部派指導員曁浙青訓

所指導員分別担任訓練訓練科目分學術兩科每日各一小時學術講義防共常識保甲須知衛生常識青年自强救國之道青年團員服務須知宣傳要訣等七種術科分班教練排教練連教練戰鬥教練等四種

(四)宣傳工作　杭市青年團爲啓發民智擴大宣傳每週假杭州新報出版新青年週刊幷印製標語張貼市内同時每月至少必下鄉宣傳一次上年十一月二十四日爲杭市二週更生紀念本年三月卅日及四月二十六日爲慶祝國府還都紀念日本部亦派員參加幷率領全體團員參加講演大會及流動宣傳又於一二兩次愛市運動大會担任糾察治安工作

(五)治安工作　杭市青年團指導部奉令組織巡邏隊於本年五月間成立計分六隊每日下午七時至次日上午五時止協同省會警察局警士巡邏全市各城垣以固治安並防止宵小溷跡

(六)救濟工作　上年冬令本市吳市長因鑒於米價高漲升斗貧民飢苦不堪因此於各區公所設立施米所以資救濟幷派指導員及全體團員協助各區施賑事宜

（七）調查糧食工作　近來本市糧食時有運往城外市府因欲明瞭米糧出入各城門數量起見每日派青年團團員在各城門調查幷登記出入數量

（八）籌組各項要舉　杭市青年團除原有防共宣傳隊及演講會外所有講習會救護隊團員俱樂部團員識字衛生節約促進會出版青年月刊以及各項要舉俟經濟上之許可卽可漸次籌組

杭州市一年來財政收入報告

財政爲事業之母市政之推進如何須視財政豐嗇爲前提惟以杭市自遭劫變後百政待舉本局因職掌度支不得不就整理捐稅入手祇以居民已遭劫變輯撫不暇遑論稅收第以市政之推動必賴財力爲轉移顧念培養民力又不敢稍涉苛擾爲應付當時環境之需要故將原徵之筵席捐遊藝捐茶館捐人力車捐自由車捐雜項車捐營業捐等七種切實整頓藉資補助且舉辦救濟事業自治事業教育事業衛生事業等等在在需款而每月之收獲與支出相抵不敷頗距捉襟見肘殊感困難旋以市況稍見進展爲籌彌補苴計爰將從前原有之屠宰營業捐旅店營業捐分別開徵對於捐率或照原額計

徵或按營業收入課納藉期增强收入但以人口與市面關係收數無多仍不足以應付復將舊徵主要市收之店屋捐住屋捐次第恢復爲顧念商民艱困對於店屋租價在一元以內住屋租價在二元以內均免費納捐空屋不捐依據舊約課捐者特以七折計算其新訂租約從其新約課徵隨處均予市民便利然本市原有之大資本家大企業家及殷實住户迄今均尚未回歸且空閑之屋都係大户以致收數式微仍難供應乃對於事涉迷信之箔類營業捐酌收少額之捐款又就於奢侈性質之菸酒營業酌徵相當之牌照費同時專收佣金之牙行亦酌收少數之營業捐以期抵補短絀旋以各種救濟教育自治修建衛生等等事業亟待進行自不得不另闢税源以圖補救爰採近世先進諸國之單一税制對於一物一税爲原則徵收輸出入貨物登記費並呈部核准該項登記費自開徵後對於市政之推動上誠屬莫大之補助蓋以此項登記費所定費率輕微平允又係從價分類分等比例計徵不論輸出入貨物一經登記納費之後即可通行全市商民頗稱便利亦樂報繳且在杭州海關制度未恢復以前暫行對物徵收少額之輸出入登記費其屬代位徵收頗似適宜以七閱月計算登記費收入之總數已在二十萬元之

請若能寬假時月切實整理則每月收入五六萬元當在意中顧爲仰體　中央薄斂輕徭之德意免使誤會登記費含有苛雜性質特於二十八年二月間停止徵收因此每月驟減約四萬元之確定收入對於一切市政之推進受極大之影響而已辦之各種事業一時又礙難中輟雖勉事緊縮並將駢枝機關酌量裁併藉以節省歲出而每月支出仍需七萬餘元嗣蒙中央自二十八年三月份起按月撥補二萬八百元之交付金以資彌補短收稅額惟當時所徵之人力車捐自由車捐雜項車捐遊藝捐筵席捐茶館捐旅店捐屠宰捐營業捐牙行營業捐菸酒牌照費地價稅箔類捐房屋捐等共十四種捐稅每月徵數僅有二萬餘元行政事業各費尚屬不敷三萬元左右在茲顧念民力尚未昭蘇之候尤不願舉辦新稅以增重市民之負担嗣本局爲調整徵收機構增强人事效率起見於廿八年七月間將第二科內部組織分爲七組一處計營業稅組雜稅組車捐組地價稅組房屋捐組票照組箔類捐稽徵處各別分掌同時對於營業捐一項爲使市縣商民負担平衡並爲免除稅制紛岐遵照省頒章則同一辦理計將營業捐名稱改爲營業稅其稅率除綢緞業仍遵照院令暫征千分之二外餘均自千分之五起至千分之二十

止自改組分掌辦事後悉心整理市收稍獲涓埃復以箔類用紙一項向未徵捐故於二十九年一月份起將本市徵收箔類捐暫行章程第一條條文加以修正同時將箔類用紙另行設所徵捐以期分工合作增裕市收又於本年三月間鑒於本市出產品販運別處者頗多遵照省章及防杜一般臨時商賈匿漏稅捐及便利行商納稅起見當在本市區扼要地點設立臨時販賣業營業稅商品查驗所藉利市收而便行商嗣爲恪遵省令業將上項查驗所已於五月終分別撤銷至徵收狀況言自二十八年六月份起至二十九年五月份止共計徵獲捐稅四五一、四〇八、一二元以十二個月平均計算每月計徵獲三七六一七元另較諸上年份徵獲數遞增多多此固爲市容之進展要亦爲本局之人事調整有以致之惟其中旺收之月爲二十九年三月份四八五〇七四三元淡收之月爲二十八年六月份之二五六七一、七八元是爲徵收旺淡顯著之明證今後對於本市各項捐稅自當遵照國府還都後一切法令積極整理庶使稅源不致阻滯而達臻治之途徑

各項課稅帳簿之整備現況

查本府財政局第二科課稅帳簿有二、一爲經徵各項捐稅分類日記帳一爲各項捐

税總帳惟爲便利稽考起見對於經徵各項捐税分類日記帳分別科目逐日累計藉便查究該項帳簿在過去時用線裝訂成册嗣因科目有異户名有多寡之分户數寡者往往一册祇用數百頁倘税户多時甚至一册不敷爲免虚糜及便利計自上年七月起使各科目不致有雜混散佚之虞其内容分傳票號數摘要捐票號數應徵日期徵獲銀數連前累計等七項其科目計車牌捐（包括人力車捐自由車捐雜項車捐人力特許月捐汽車執照捐汽車號牌捐車輛牌照捐）奢侈品捐（包括遊藝捐筵席捐茶館捐旅店捐）營業税（包括牙行營業税菸酒營業税）地價税（包括上下期地價税）屠宰捐（包括屠宰查驗費）地方收入（包括營業執照費空屋登記費娛樂救濟費）租金及罰金（包括攤位租金公産租金菸酒牌照滯納金其他罰金）雜項收入（包括電料店開業執照費及工匠執照費等等）自改革登記以來尚覺順手至各項捐税總帳爲輔助分類帳所不足之點暫用中式簿記其每月之應徵數及每月已徵額均有詳細之登記期使一目瞭然對於分類徵入得能相互稽考藉免有遺漏之弊自本年份起擬將該項中式帳簿改用簿記式登記現正擬訂改革式樣積極籌劃進行中云

課稅帳簿今後整備進行之具體計劃及詳細內容

本府財政局第二科爲職掌課稅事宜該科共分二組一處計營業稅組雜捐組車捐組地價稅組房屋捐組票照組及箔類捐征收處以上六組一處除箔類捐徵收處所徵欵項直接解庫外其餘各組均繳由該科登帳並不另行立簿至該科現有之課稅帳簿一爲經徵各項捐稅分類日記帳一爲各項捐稅總帳茲將今後整備進行及具體計劃臚述於左

(一)更改各項課稅總帳式樣　查捐稅總帳係輔助分類帳之不足自本政府財政局成立以來對於該項總帳暫用中式簿記用線裝訂成冊詳載雖明惟以登記或查究時殊費手續故於本年份起擬改用簿記仍用分類分日藉便查攷現正擬定式樣積極辦理中云

(二)增列課稅帳簿科目名稱　本府財政局第二科經徵捐稅帳簿所用科目原分二十九種計人力車捐自由車捐雜項車捐汽車捐人力車捐特許月捐遊藝捐筵席捐茶館捐旅店捐店屋捐住屋捐屠宰捐營業稅牙行營業稅菸酒

營業牌照稅上期地價稅下期地價稅汽車執照費汽車號牌費車輛牌照費屠宰查驗費營業執照費空屋登記費娛樂救濟費小菜場攤位租金各項租金各項罰金菸酒牌照滯納金土地陳報註冊費現由社會工務兩局併入代徵者計有人力車開業執照費自由車開業執照費電料店開業執照費電業工匠執照費電業學徒執照費營造業執照費電業工匠考驗費建築請勘單費繪畫員登記費建築師登記費建築許可費路綫勘文費卡車租賃費逾限罰金建築違警罰金等增列科目計有十五種現已分別登載

(三)更改登記經徵各項捐稅分類帳方式　查捐稅分類帳係根據每日收入傳票分別科目逐項登記其內容分爲傳票號數摘要傳票號數應徵日期徵獲銀數連前累計等七欄施行以來雖尚明顯惟因耗時費力在事實上殊覺不正經濟故擬將摘要一項所記名稱依據傳票分戶記載以零爲整作一總數登記以求費簡事臻

以上各點爲本府財政局對於課稅帳簿今後改革之計劃一部份現正開始進行一部

分正在整備中一俟稍就端倪當可實現也

滯納金對策整理報告

查杭市現征各項捐稅除筵席捐遊藝捐茶館捐人力車捐自由車捐雜項車捐營業稅等七種係根據前杭州自治委員會賡續辦理外嗣以百政待舉亟不容緩且事業之進行在在需款故將舊徵之屠宰營業捐旅店捐店屋捐住屋捐箔類捐牙行營業稅菸酒營業牌照稅地價稅汽車捐等九種次第恢復呈准徵收惟上項捐稅開徵以來雖經力圖整頓迄未起色究其緣因厥爲杭市遭事變後民生凋敝以致滯納款項爲數尚鉅而尤以店屋捐住屋捐地價稅三項爲着故屬於整理者多屬於積極建設者少茲將本市各項滯納金對策整理爰誌于左

（一）車牌捐包括人力捐自由車捐雜項車捐汽車捐等關於該類滯納車捐除另因特殊情形免捐者外其餘未納捐者於每月開始十日後由本局飭派員警用沿途檢查方法檢查車照施行以來頗覺有效

（二）店住屋捐　自杭市事變後原有之大資本家大企業家及殷實住戶大都未

歸以致收數式微仍難供應爲整頓是項捐款計先從編查入手將租價分段估定並將空屋由官家代爲出租如施行得宜固爲整理市容之先聲而將來對于該項捐款及以往之滯納金亦得易解決也

（三）地價稅　查地價稅爲本市重要稅目之一于廿八年五月間開徵惟因一般大業主均未歸杭其餘中產業户劇遭事變後均告中落以致徵收殊感棘手爲適應環境需要及增裕稅收起見對于滯納者加處滯納罰金如在限期内預徵稅款者給予百分之四之奬金施行以來似較奏效也

至營業稅屠宰營業捐旅店捐牙行營業稅菸酒牌照稅箔類捐汽車捐等大都尚能足額即其中間有滯納者一經隨時派員嚴厲催徵後亦分別繳納

杭州市整理土地計劃

土地整理爲本市當務之急本府因鑒于杭市兵燹之後民間所執之不動產據大都焚燬或散佚無從憑考爲確保及明瞭產權起見曾于廿七年十月間設立「杭州市清理田地山蕩圖照陳報註冊辦事處」隸屬於市財政局時閱半載計陳報者二萬二千四

百三十戶約計面積十九萬五千二百七十一畝惟一般大地主均未在杭故進行時感棘手經一再宣傳及催促始稍見效旋于上年五月間設立地價稅征收處規定稅則呈准開徵地稅並將原有之陳報註冊處併入于該處兼辦一切暫仍其舊以求費簡事臻同時爲確保民間產權擬頒發土地執業證並提經第一次市政會議議決通過並呈報省府咨部備案各在案矧杭州爲浙省省垣現值復興建設伊始尤當力體斯旨勉策進行茲特擬具頒發土地執業證整個計劃以爲清理土地之準則

（一）繼續辦理田地山蕩陳報註冊　查土地陳報註冊爲解決人民間土地之糾紛首重之要義亦即爲頒發土地執業證之根據本府財政局于廿七年十月間設立田地山蕩圖照陳報註冊處辦理陳報註冊事宜後祗以杭市大地主均未回歸其餘中產業戶間有觀望以致進行以來未見踴躍旋經剴切之勸告並分發宣傳品通告各大地主之在杭管理人責令陳報始稍奏效嗣後擬將未陳報註冊之各業戶陸續調查飭令註冊以作初步發證之標準

（二）整理市區全圖及戶地分圖　在市政府時代爲整理土地曾編製市區全圖

及户地分圖以作劃分土地之基礎而免糾紛錯雜不可究詰之弊惟編繪圖型事必須測丈而測丈一項勢需鉅欵額經費本市復興方初庫藏未裕之際事實上尚難容許故就徵得原有之圖冊加以整理藉以確定私人產權而利須發執業證之進行

（三）土地測量　土地測量以全市而論需費浩繁已如上述本節所指係先就產權未曾確定發生糾葛之土地分段分家測量而言以杜黠者霸佔瞞隱藉免產權有所外錯而發生業主與業主間雙方之糾葛經業主申請勘丈酌收費用庶清界限而明產權

（四）證費之規定　本市征收證費當遵照中央所頒布之土地陳報暫行條例第十三條之規定以土地或權利價值爲根據每張應繳費額列下一、不滿一百元者一角二、貳百元以上者二角三、五百元以上者五角四、乙千元以上者一元五、五千元以上者貳元六、乙萬元以上者五元、此外以印製土地執業證現值紙價高漲時期擬每張酌收料價乙角以資彌補

（五）頒發土地執業證之重要性　凡民有土地經過陳報後應卽發給土地執業證此項執業證爲產權者唯一之保障自杭市事變後民間所執前政府頒發之土地圖照大都焚燬或散佚間雖有存惟其中未曾正確又不能不鄭重研究是以在未發證當以前頒圖照納稅證或田單等等爲根據發證證件並予以相當之期限因特殊情形經當地區坊鄉長書面證明者外逾期觀望之人民視爲放棄產權論政府當可收管並呈報上級機關備案

以上整理計劃擬以次第實施庶產權得以確定而地政之進行亦得能日臻也

關於地籍圖冊整理之經過

吾杭經事變後原有地稅户籍圖冊均多散佚從事進行殊感棘手雖經多方蒐集舊有圖冊未能完整自非先從清理不可故於民國二十七年十月間設立清理田地山蕩圖照陳報註冊辦事處自從辦理陳報註冊以後始得稍具端倪加以逐步整理故對於都圖坐落及業户姓名畝分雖未能認爲全部確定已稍具有相當證明隨時編列户籍依據造串始能徵收地稅此爲一年來整理地籍圖冊之經過亦卽爲徵收地稅之表績至

未明瞭部份一方面仍從事徵集一方面則實地分測務使圖冊較爲完整稅收得有起色也

述二十八年度本市之教育

本市教育受戰事影響損失殊重但兩年以來因教育同人不斷之努力教育事業已漸臻復興之象而最近一年間之進展狀況頗足顯示杭市教育前途之有望茲將一年來本市教育狀況作一概括之敍述如下

（一）組織——本市全市教育由社會局第三科主持之其下分爲二股第一股職掌學校教育行政及總務事項第二股職掌社會教育事項上列各股之職掌均有規定無庸詳述其職員之分配除科長外各股各設主任科員一人科員若干人督學二人

（二）行事——一年内興革的事項比較重大的有下列各項

1 調整本科組織系統及人事分配

2擬定市小學教育改進方案
3規定推廣私立小學辦法
4增設市立小學校
5擴充原有學校學級
6注重職業教育
7督促模範小學實施輔導
8辦理教師登記
9舉行校長會議
10改善教師待遇
11舉辦小學聯合運動會
12辦理小學教師暑期講習會
13籌辦杭市教範講習所

（三）經費　本市教育經費來源可分爲二（一）自籌（二）部撥歷年以來每一學

期均有增加本學期之收支概況如下，

收入部份

科目		數額	百分比	備考
第四種交付金	市中補助費	一二、〇〇〇、〇〇		六個月合計如上數
	學校教育補助費	九二、〇〇〇、〇〇		
	社會教育補助費	六〇〇〇、〇〇		
	普通小學特別補助費	八七九〇、〇〇		
	模小補助費	三四八〇、〇〇		
自籌		五一三四六、四〇		
總額		一七七六一六、四〇		

支出部份

科目	數額	百分比	備考
市立中學	四一五三二、〇〇		
市立小學	七四四三八、〇〇		

短期小學	一一二二六、○○
私立小學	一五○○、○○
教養所服務學員薪給	九五四○、○○
模小補助費	三四八○、○○
民教館	八○四○、○○
臨時費	八四二○、○○
預備費	五九四○、○○
總數	一七七六一六、四○

經費爲事業之母有幾分經費卽可辦幾分事業本市教育經費與戰前對照相差尚巨致教育事業不能按照預定計劃實施今後欲謀發展非立卽設法增加經費不可

（四）學校數及學級數

本市爲推廣本市教育計本年度對於中學部份擬於市中附設職業班並增設市立小學十一所一方面更竭力提倡私人設立學校惟後因經濟關係不能盡按預定計劃實行然並未完全停頓現在市中方面設有職業班一班市

小增加七堡小學一所其他各市小增加學級九級私小方面增加學校七所

茲將本市現有學校數列表於後

科目	學校計	學級計	備考
市立中學	一	一五	
市立小學	二三	一二二	
市立短期小學	三一	三一	
私立中學	一	二	
私立小學		一八六	

今學期將告結束下年度推進計劃正在起草擬設立師範講習所一所設模範小學以每一區一模小爲原則並增設市立小學短期小學若干所我們的目的乃是使杭市兒童都有入學的機會

(五)學生數

本市治安漸趨平穩故學齡兒童日有增多因之各學校皆有不能容納之患

茲將全市中小學學生數統計於後

類別	男性	女性	共計	備考
中學生	四三〇人	一八八人	六一八人	
小學生	一二四九七人	五七〇六人	一八二〇三人	短小學生一併列入
幼稚園	五一人	二七人	七八人	
總計	一二九七八人	五九二一人	一八八九九人	

現在全市學齡兒童共有多少無從統計約略估計在學的約佔全部百分之七十左右私塾所容學生數尚不在內惟以戰事未平避難在外尚未悉數歸來故與事變學生數相對照相差數字尚大此則不可不謂爲本市教育之一大缺憾

恢復本市師範教育之計劃

(甲)戰前師範教育概況

事變以前本市爲訓練師資起見設有市立師資訓練所一所茲將該所概況分述於後

校舍　借用地點適中的市立小學（每月津貼電燈茶水費）

經費　經常費八百元正式列入市教育經費

參觀費四百元在市教育經費節餘項下支付（第二期無）

入學資格　1初級中學畢業者

2曾任小學教員三年以上者（要現任的小學教師由原校具文證明方得參加入學考師）

學額　八十名　學費　收講義費二元

畢業後待遇　1作受過師範教育一年半以上論

2作修滿五個星期講習會論

修業期期　一年半計六百小時（實祇一年另一個星期）

功課編排　1每逢星期二四六下午七—九時授課二小時星期日上午四小時以三十六週論計授課三百六十小時（按每年共爲四十四週但因學期始終時學員忙碌故停課二週共四週出境參觀停課二週所長訓話名人演講停課約一週學員演示教學約停課一週故實際祇爲三六週

2一個暑期計授課八週每日上午授課四小時計一百九十二小時

3一個寒假每日授課六時作一週半計約合四十八小時共計六百小時

授業範圍及時分

教育概論　20小時

兒童心理學　20小時

小學學校行政　100小時（包括訓育　民衆教育　衛生設施等）

國語教學法　120小時　社會教學法　180小時

算術教學法　80小時　音樂教學法　20小時

勞作教育法　20小時　童子軍教學法20小時（第二學期改爲十小時餘爲遊唱教學法）

美術教學法　20小時　博物教學法　30小時

理化實驗　20小時　故事教學法　10小時（等二期改博物學）

複式教學法　20小時

考試辦法　一、由教師自行擬題以六十分為及格

二、凡學員脫課滿二百小時者不得畢業

學員修養　一、出境參觀

二、個人參加本市小學各種展覽會（常識展覽會）

三、演示教學

（乙）籌設杭州師範講習所計劃

（一）班級及年度

查師範講習所有三年期二年期一年期之區分本市適應社會現實之需要先行籌辦一年期擬自二十九年度第一學期招收初中畢業學生五十名一班三十年度第一學期續招一班三十一年度第一學期續招一班至三十一年度終了計畢業三屆學生一百五十名至三十二年度開始再行擬訂計劃擴充班級茲將各年度及班級列表於后

年度	二十九年度	三十年度	三十一年度	三十二年度	備註
學級	招收一班五十名	畢業續招一班	同上	畢業一班	三十二年度應否續招及改組擴充再行計劃

(二)經費(經臨概算書另訂)

臨時費

項目		金額
1	修繕	四〇〇元
2	設備	一一〇〇元
3	特別費	五〇〇元
共計		二〇〇〇元

經常費

項目		金額
每月支出	薪給	626元
	辦公費	70元
	購置費	60元
	特別費	263元
共計		1019元

(三)籌辦時期

在二十八年度終了開展籌備招生於暑期内辦理完竣二十九年度九月一日開學

(四)章程

杭州市立師範講習所章程

第一條　杭州市政府爲恢復師範教育速成初級小學師資依照師範法之規定設立杭州市師範講習所由社會局主管之

第二條　本所設所長一人綜理全所事務由社會局長兼任又設所務主任一人由社會局委任秉承所長主管全所事務

第三條　本所設專任教員二人兼任教員若干人教導員會計兼事務員各一人書記一人秉承所長主任辦理一切事務均由所長聘任

第四條　本所修業期限定爲一年除受課外應特別注重實際研究必要時得由教員率領分赴各地參觀並實習

第五條　本所所授課目時數如左

科目	第一學期	第二學期
修身	1	1
體育	2	2
國文	3	3
混合算術	3	3
歷史	3	
地理	3	
植物	2	
動物	2	
物理		2
化學		2
小學勞作	1	1
小學美術	1	1
小學音樂	1	1
日文	2	2
教育概論	3	
教育心理		3
鄉村民衆教育	3	
教育測驗		3
及統計		3
小學教材研究	3	
各科教學法	3	3
小學行政		9
實習		9
每週教學總時數	36	36小時
自習及課外活動時數	20	20
共計	56	56小時

第六條　本所學額暫定五十名由本所直接以考試方法錄取之

第七條　本所學生年齡須在十八歲以上二十四歲以下具有左列資格之一者爲限

甲、初級中學畢業者

乙、與初級中學畢業學力相等者

第八條　本所入學考試科目如左

甲、體格檢查　丙、算術　戊、口試

乙、國文　丁、常識（史地自然）

第九條　本所學生入學時應繳保證書及志願書

本所學生每月及每學期終了均舉行考試一次修業期滿舉行畢業考試不及格者得由本所斟酌情形准于補考一次至平時積分與考試積分之分配方法由本所自定之

第十條　本所學生每期不及格之科目佔所修科目四分之一以上者或學期缺課時數滿三星期以上者不得參與考試

第十一條　本所學生修業期滿考查成績及格者由本所給與畢業證書

第十二條　本所學生得免繳學雜等費并由所發給制服及書籍用品至膳宿等費由各該生自行繳納其繳費數目另定之

第十三條　本所學生入學時應繳保證金五元于畢業時發還之

第十四條　凡學生無故退學或因違反本所章則及其他過失由本所命令退學者由本所追償其學期內一切費用

第十五條　本所學生畢業後由社會局分派各小學服務期限至少三年如未滿期而改就他職者應追償其在本所修業期內一切費用

第十六條　本所寒暑假及平常例假依照規定辦理之

第十七條　本所各項辦事細則由所擬訂呈報市政府核轉教育部備案

第十八條　本章程由杭州市政府核准公佈施行

二十八年度第二學期籌復杭州市立師範講習所臨時費概算書

科目	金額：款	金額：項	金額：目	金額：節	說明
第一款　臨時費	二、〇〇〇元				
第一項　修繕		四〇〇元			
第一目　磚瓦石灰			六〇元		估計如上數

第二目 木料			八〇元	估計如上數
第三目 裝演			七〇元	估計如上數
第四目 油漆			八〇元	估計如上數
第五目 粉刷			六〇元	估計如上數
第六目 工資			五〇元	每工約計一元合五十工估計如上數
第二項 設備費		一、一〇〇元		
第一目 圖書			二〇〇元	各科參考圖書掛圖等約計如上數
第二目 課桌椅			二五〇元	單人課桌椅每件五元五十付合計如上數
第三目 臥具			四〇〇元	牀架椅墊每付八元五十付合計如上數
第四目 器具			二〇〇元	書架書廚寫字桌方桌椅等約如上數
第五目 運動用具			五〇元	估計如上數
第三項 特別費		五〇〇元		
第一目 學生制服費			五〇〇元	每人發給制服一套每套十元五十人合計如上數

杭州市立師範講習所二十九年度每月經常費支出概算書

科目	金額：款	項	目	節	說明
第一款 經常費	一、〇一九元				
第一項 薪給		六二六元			
第一目 職薪			三八〇元		
第一節 所長				八〇元	所長一人不支薪給月支公費八〇元如上數
第二節 主任				一二〇元	所務主任一人月支如上數
第三節 教導員				八〇元	教導員一人月支如上數
第四節 會計兼事務員				六〇元	會計員事務員一人月支如上數
第五節 書記				四〇元	書記一人月支如上數
第二目 教薪			二一六元		
第一節 教薪				三六元	每週課程三十六小時每月以四週計共一四四小時每小時以一元五角計合如上數
第三目 工餉			、三〇元		
第一節 校工				三〇元	校工三人每人每月工資十元合計如上數
第二項 辦公費		七〇元			

第一目　文具			二五元	
第一節　紙張筆墨				一五元
第二節　簿籍雜品				一〇元
第二目　郵電			五元	
第一節　郵電				五元
第三目　消耗			二五元	
第一節　燈火				一〇元
第二節　茶水				一〇元
第三節　柴炭				五元
第四目　雜費			一五元	
第一節　廣告報紙				五元
第三項　購置費		六〇元		
第一目　器具			二〇元	
第一節　傢具				一〇元
第二節　器皿				五元

第三節 雜件				五元	
第二目 圖書			一五元		
第一節 圖書				一五元	教師學生參考用書約計如上數
第三目 體育衛生費			二五元		
第一節 運動器具				一五元	
第二節 醫藥用品				一〇元	
第四項 特別費		二六三元			
第一目 學生書籍用品費			一二五元		
第一節 書籍				七五元	每人每月一元五角五十人合計如上數
第二節 講義費				二五元	每人每月以五角計合如上數
第三節 文具用品				二五元	每人每月以五角計合如上數
第二目 其他			一三八元		
第一節 膳食				八八元	教職員四人每人每月伙食以十六元計合六十四元工役三人每人每月伙食八元合二十四元共計如上數
第二節 房租				三〇元	租賃民房一所及場地一塊每月租金合計如上數

第三節　參觀旅行費	二〇元　約計如上數

杭州市立中學校一年來之報告 廿八年度

(一)引言

本校自創立迄今瞬經兩載上仰各教育行政長官輔導獎掖下賴全體教職員通力合作校務得以蒸蒸日上學生數亦年有增加現共五四七人一切依照預定計劃進行按步就班不懈不怠冀有以建樹優良成績而收實至名歸之效此爲本校辦學之一貫方針

去年六月　市政府成立一週紀念發行特刊本校曾將開辦後一年狀況製成報告送請刊登以就正於社會光陰石火又是一年在此一年中各項設施進展均以實際爲依歸譬如爲山第一年已覆一簣之基第二年續作進往之繼努力從事不患不成茲將二十八年度各項概況撮要分述如下

(二)編制及組織

本校分普通職業二部現設十五學級學生数共五四七人分別言之計如

普通部

男生春一年级	四四人
男生秋一年级甲组	五六人
男生秋一年级乙组	五五人
男生秋二年级甲组	四三人
男生秋二年级乙组	三九人
男生秋三年级	四八人
男生秋四年级	三七人
女生春一年级	三二人
女生秋一年级	六一人
女生秋二年级	二五人
女生秋三年级	一五人
女生秋四年级	一〇人

職業部

商業科二年級 三九人（男三三）（女六）

蠶桑科二年級 二三人（男五）（女一八）

應用化學預科二年級 一七人（男 ）

行政組織由校長綜理校務下設教務訓育事務職業部體育部主任各一人分掌各該部事項由全體教職員組織校務會議計劃校務進行事宜更分別組織教務訓育總務等會議以謀隨時改進之道而由校長總其成

（三）關于教務者

教務處各種事項與二十七年度報告者略同如確定教育目標編審各項教材研究教育效率厲行嚴格考試督促課外自修等一切注重實際以增高學生程度在此一年（廿八年度）中較重大之事項足資報告者有下列種種

學生演講會 十二次

又英語演講會 六次

又日語演講會　六次
學生辯論會　六次
又英語辯論會　三次
又日語辯論會　三次
又書法比賽　二次
又圖畫比賽　二次

（四）關于訓育者

一年來訓育方面根據本校訓育標準培養善良學風以樹立基礎國民道德嚴格督促管理工作要項約舉如左

1 訓練學生在上課及自修時嚴肅而守秩序
2 指導學生課內外各種活動養成自治互助之精神
3 指導學生日常生活與閑暇教育之實施
4 學生奬懲事項

5 管理學生之請假及缺課事項
6 調查及統計學生一般疾病之原因予以改善
7 調查訪問學生在家作業狀況及家庭狀況
8 個別指導
9 管理教室寢室等處之整潔狀況
10 關于禮貌之規定及執行事項
11 課外自修之督察
12 關于學生服裝之規定及管理事項
13 會同體育部辦理課外活動事項
14 督促校內一切規則命令之實施
15 集會之指導

（五）關于總務者

1 會計股 對于經濟之支配出納依照各種事務之性質實行分項預算決算而

以撙節應用款不虛糜為原則故一年以來逐月均有節餘解還社會局以符涓滴不浪費之意

年	月	節餘數		備註
二十八	八	三	四一	于二十八年九月十六日解還市社會局
	九	三	四七	于二十八年十月十二日仝上
	十	三	三三	于二十八年十一月九日仝上
	十一	三	二八	于二十八年十二月十一日仝上
	十二	三	五九	于二十九年一月六日仝上
二十九	一	三	三三	于二十九年二月四日仝上
	二	五一	四二	于二十九年四月二十九日仝上
	三	五一	九四	于二十九年五月一日仝上
	四	五一	四三	于二十九年五月十六日仝上
合計		一七五	二〇	

2 文書股

一應文書事項務求辦理迅速以增效率在此一年中收發公文函

件
共計

收文	一〇八件	收函	一二四件
發文	七七件	發函	九五件

3 庶務股　一年來添置應用物品（消耗者除外）均妥為保管

4 衛生股　一年來較重大之衛生事項計

種痘	二次	注射防疫針	二次
大掃除	十二次	校舍校地消毒	六次
治愈學生普通疾病	三一八次	急救	八次

（六）關于職業部者

本校職業部奉市政府之命於民國廿八年春季所設立計分蠶桑科應用化學科及商業科三班分別授以各科應有之技術及學科外並規定相當工場與實習時間茲將課程編製設備及實習等情形撮要記述如次

一　課程編製

已刊登杭州市政府一週紀念

二 設備一斑 本部係與普通部合併一處故教室實驗室運動場等設備完全與普通部合用他如物理化學生物衛生等各種掛圖儀器亦然至本部特有設備約如下述

甲 蠶桑科 特備就教室中修改合理化之蠶室及貯桑室調桑室上簇室多間並添置養蠶實習用具如催青箱蠶架蠶網給桑台消毒噴霧氣乾溼計切桑刀桑剪採桑挾桑鄀秤天平火爐等以資應用

乙 應用化學科 工場實習室一間備有實習台四項其他一切應用器具多種

(1)關於製墨水者如天秤量筒量杯漏斗分餾器滴管蒸發皿比重計等

(2)關於製肥皂者如小形鹼化釜磅秤凝結箱分割框乾溼器温度計等

(3)關於製粉等及化糖品者如粉筆模型調製釜分餾器比重表等(原料除一部份取自普通部者外其他臨時購置從略)

丙 商業科 本科設備除佈置小商店外備有西文打字機三架及簿記上用具

等

三　實習情形　本部廿八年度第一二學期係授以各科基本學識故第一學年中除物理化學生物等試驗由教師指導實驗外其他製作實習暫付缺如至本年春第三學期開始蠶桑科按照規定育蠶種拾伍公分依次實習種桑採桑調桑飼蠶上簇等工作結果成績尚佳計採繭壹百念餘斤商業科則在課間實習打字及簿記小商店營業收支清算等應用化學科試造小工業品如粉筆化粧用品油脂等惟各科因經濟有限不克大量製作擬自下學期起酌量擴充如蠶桑科增加製絲製種等工作應用化學科計劃製造教育用品等商業科則添設小銀行票據交換所改進消費合作社并分派學生赴各大公司工場商店等處實習以符養成中等職業人才之本旨茲將各科實習經過分述概要如下

甲　蠶桑科　本科實習一方面注重實地工作俾將來在社會服務之準備一方面兼顧學術試驗藉助平日教室中之不足故對於催青方法飼育標準以及調桑管理製簇等無不詳加練習茲將春蠶實施要項經過情形記錄如下（

一）給製坪紙規定蠶座之面積法（二）區組分配法（三）蠶種選擇法（四）蠶室佈置與消毒法（五）催青着手與收蟻日期之預算法（六）實施漸進法（七）收蟻與處理法（八）燒製焦糠及各種藁糠使用法（九）桑葉摘採與調理法（十）眠蠶與起蠶管理法（十一）蠶箔蠶架裝置法（十二）擴座除沙及蜕沙處理法（十三）蠶室內溫溼度之調節法（十四）各種蠶簇製造法（十五）上簇與採繭法（十六）各齡劃桑分配法（十七）簇中及採繭後之管理法及蠶病鑑別法等等是也

乙　應用化學科　本科實習注重製品成本之合宜及配製法簡捷爲宗旨且必使學生不經教師協助有自動製作能力故在實習時有下列三種辦法

（一）教師示範試驗　每種製造物先按所編講義公開試驗以作示範

（二）個別實習　指派學生個別輪流實習教師所示範者並將經過情形逐項記載報告簿呈繳教師評閱

（三）檢查製品成績　就個人所製物品由教師詳細檢驗分別指示缺點並評

定成績

丙　商業科　本科實習分打字及商店服務二種分述如下

（一）打字　每週規定二小時各生輪流練習惟因學生人數有四十餘人所備打字機僅西文者三台實際上支配時間過少故本學期除規定者外並在每日自修及例假時間內仍由指導教師指示分組練習

（二）商店服務　在本校闢室一間創立小商店專營文具書籍各種另件等項每週規定時間分派學生担任經理庶務會計營業各課事務實行試驗商踐薄記學科之實用並應全校消費者之需要每屆月終由指導教師檢點剩餘商品評價後練習決算一次移作小商店正式決算

（七）關于體育部者

溯杭市自事變以還各級學校類多停頓而負專責提倡體育之組織尤付缺如去年冬季杭州新報社鑒於提倡體育之不可或緩乃徵得浙江省長杭州市長之同意主辦省市長杯籃排球錦標比賽是役也除浙江省立日語專門學校及省會各中等學校外計

有民衆團體如浙江教育廳及市立民教館等計二十餘隊我校亦參加一隊累戰兩月結果榮獲亞軍今年二月杭州市立民教館爲提倡室内運動計發起杭州市乒乓比賽該館因鑒於民衆與學校隊有分組比賽之必要故定民衆與學校二組我校因乒乓選手較多故參加甲乙兩隊連戰十餘次結果學校組冠軍亞軍悉爲我校甲乙兩隊所得洵盛事也四月間浙江省立體育場主辦浙江省運動會參加團體除省會各團體暨各學校外有嘉興海甯崇德等各代表隊共計十餘單位男女運動員共計九十餘人我校男生參加二十人女生十六人其結果幸獲總分第一及男女生各單位錦標五月間杭市立民教館主辦杭州市普通女子及小學男女生藍球比賽我校女生參加普通女子組既敗省立助產隊再挫市立二模女教職員隊最後以十七比十二壓倒省立模中女生隊於是該館所贈光輝燦爛之銀盃遂爲我校所得矣回溯一年來關於體育上與外界之各種比賽雖無特殊之成績然要非冠軍卽屬亞軍顧全校師生決不敢以此自滿甚願百尺竿頭更進一步抑猶有言也吾校體育素以鍛鍊全體學生爲主旨非僅以少數選手以眩社會故除正課以外所有早操及課外運動等活動非經校醫診驗特准請

假者外餘皆一列强迫參加兹乘杭州市政府二週紀念印行特刊撮拾數語以爲關心我校體育概況者告

杭州市立學校二十八年度第一學期現任教職員一覽表

職別	姓名	性別	年齡	籍貫	現任職務	備考
校長	王宇澄	男	三七	山東	兼英文教員	
教務主任	郭濟	男	三一	江蘇	兼數學教員	
訓育主任	王文敏	男	四一	杭縣	兼英文教員	
總務主任	周哲中	男	三一	江蘇	兼數理教員	
職業部主任	吳子耕	男	四七	杭市	兼數理教員	
體育主任	王壽彭	男	四三	浙江	兼體育教員	
教務員	陳天民	男	五〇	杭縣	兼地理教員	
教務員	劉海平	男	四二	興化		
訓育員	虞開仕	男	四四	杭縣	兼數理教員	
文牘員	王儁	男	三九	上海	兼國文教員	

會計員	楊觀成	男	三六	杭	
事務員	楊仁甫	男	二七	浙江	
庶務員	余企順	男	四四	寧波	
	楊光輝	男	四五	杭市	
書記員	朱亦淡	男	三四	上海	
	林佑卿	男	五九	杭縣	
	王叔寬	男	三一	杭縣	
	陳文郁	男	二五	杭縣	
	陳鴻	男	四四	杭縣	
圖書管理員	鄭佑林	女	二五	浦江	兼國文教員
儀器管理員	韓學賢	女	一九	杭縣	
女生指導員	林信果	女	三一	杭縣	兼音樂教員
	倪一萍	女	二七	上海	兼女生勞作家政教員
校醫	張壽山	男	五二	平湖	兼衛生教員
護士	周遇時	女	二〇	杭縣	

教員

傅炳然	男	五二	杭市	國文修身
陳言如	男	四五	海甯	國文修身
柳介	女	四五	杭縣	國文修身
趙鴻恩	男	四七	杭縣	國文修身
耿亮	男	三九	湖北	英文
宋保祿	男	四八	甯波	英文
沈慕貞	女	二一	吳興	英文
高慧娟	女	二八	嘉興	商業概論簿記
增田貞子	女	三一	日本	日文
小山寅之助	男	三八	日本	日文
王世明	男	二七	河北	算術
林景之	男	六〇	揚州	數學
李華白	男	三八	武進	生物理化
錢規仁	女	三八	杭縣	美術
張季如	男	三三	湖南	體育暨課外活動指導

	范齊歐	男	六一	杭縣	高等化學	
	趙星孫	男	四九	鎮江	商業史地	
	張光瞿	男	四五	杭州	蠶桑土壤	
	錢沚清	女	二四	武進	女生體育教員	
	曹曦真	女	二八	吳縣	女生課外活動指導員	
	陸守孚	男	四九	江蘇	國文修身	

杭州市立學校二十八年度第二學期現任教職員一覽表

職別	姓名	姓別	年齡	籍貫	現任職務	備考
校長	王宇澄	男	三八	山東	兼英文教員	
教務主任	郭濟	男	三二	江蘇	兼數學教員	
訓育主任	王文敏	男	四二	杭縣	兼英文教員	
總務主任	周哲中	男	三二	江蘇	兼數理化教員	
職業部主任	吳子耕	男	四八	杭市	兼數理教員	
體育主任	王壽彭	男	四四	浙江	兼體育教員	
教務員	陳天民	男	五一	杭縣	兼地理教員	

教務員	劉海平	男	四三	興化	
訓育員	虞開仕	男	四五	杭縣	兼數理教員
文牘員	王雋	男	四〇	上海	兼國文教員
會計員	楊觀成	男	三七	杭市	
事務員	楊仁甫	男	二八	浙江	
庶務員	余企順	男	四五	寗波	
	楊光輝	男	四六	杭市	
書記員	朱亦淡	男	三五	上海	
	林佑卿	男	六〇	杭縣	
	王叔寬	男	三二	杭縣	
	陳文郁	男	二六	杭縣	
	陳鴻	男	四五	杭縣	
圖書管理員	鄭佑林	女	二六	浦江	
儀器管理員	韓學賢	女	二〇	杭縣	
女生指導員	林信果	女	三二	杭縣	兼音樂教員

	倪一萍	女	二八	上海	兼劳作家政教員	
校醫	張壽山	男	五三	平湖	兼衛生教員	
護士	周遇時	女	二一	杭縣		
教員	好並勝司	男	三六	日本	日文	
	增田貞子	女	三二	日本	日文	
	大津澗山	男	四六	日本	日文	
	陳言如	男	四六	海甯	國文	
	柳介	女	四六	杭縣	國文	
	張澄	男	三二	江陰	國文歷史	
	陸守乎	男	五〇	江蘇	國文	
	瀧野幸惠	男	四七	日本	日文	
	宋保祿	男	四九	甯波	英文	
	沈慕貞	女	二二	吳興	英文	
	高慧娟	女	二九	嘉興	英文打字	
	王世明	男	二八	河北	算術	

林景之	男	六一	揚州	數學
李華白	男	三九	武進	生物動植
錢規仁	女	三九	杭縣	美術
張季如	男	三四	湖南	體育
范齊歐	男	六二	杭縣	高化
趙星孫	男	五〇	鎮江	商業史地
張光瞿	男	四六	杭縣	蠶桑土壤
曹曦真	女	二九	江蘇	體育
陳賢信	男	三四	杭市	商業簿記概論
陳淑英	女	二一	杭市	音樂
徐優甫	男	六一	杭市	國文
洪庚孫	男	四六	杭縣	歷史

私立杭州希甫中學校一年來之概況

一、創辦緣起

故杭州市長何公希甫生前德澤在民仙逝後各界爲紀念何公德政起見因發起創辦中學校一所以垂永念當於去年八月六日籌辦招集學生定名爲「私立杭州希甫中學校」即於九月間開始上課經發起人何治平等同心協力慘淡經營仰承市長官指導贊助並蒙教部按月給予八百元補助一載以來幸而有成茲就概況詳述於後藉見一班

二、組織及編制

(1)本校行政組織殊爲簡單各部人員除教員外至多不過三人純粹職員祇有四人餘者皆兼任校内教科茲作組織系統圖如下

私立杭州希甫中學組織系統圖

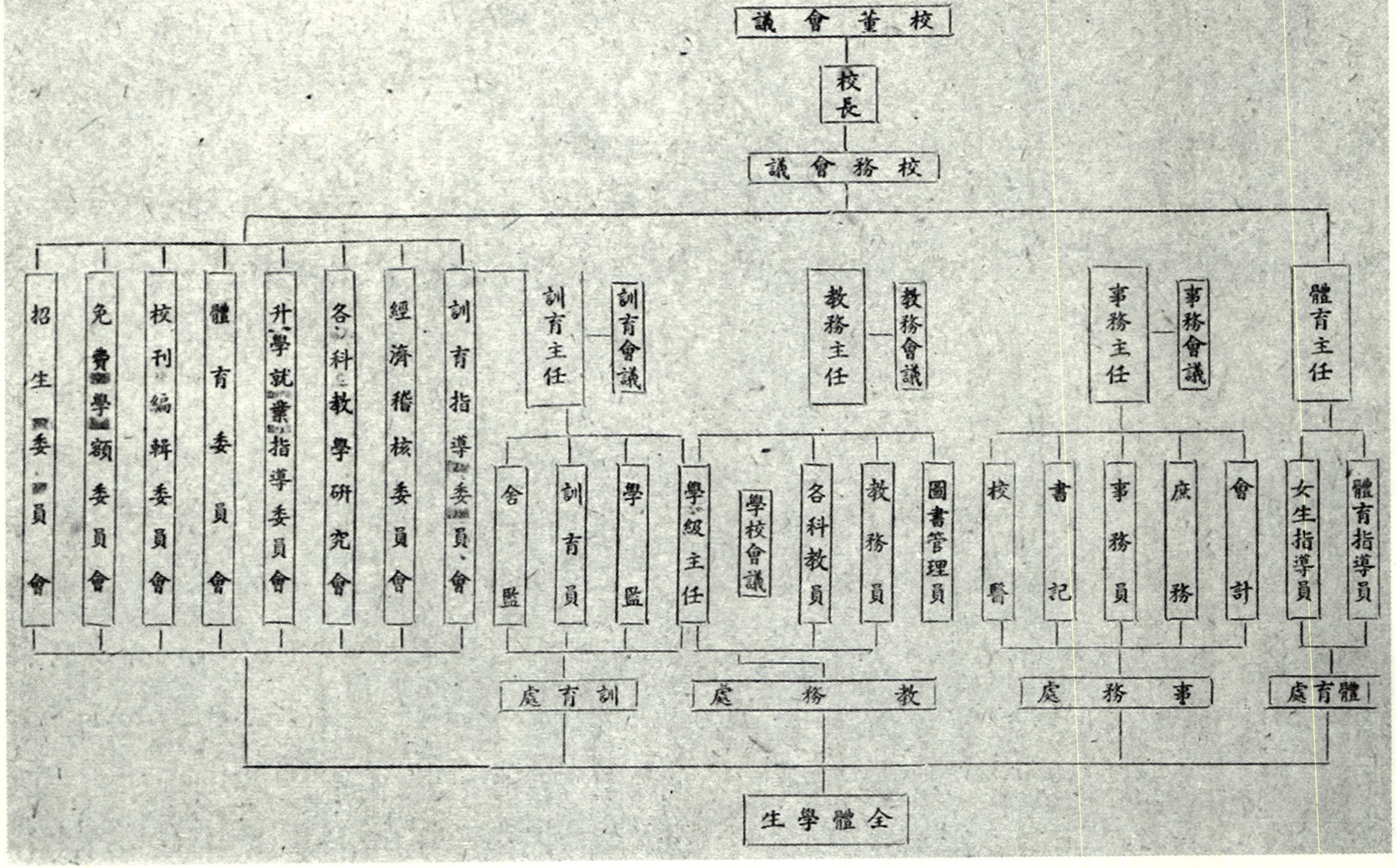
校董會議
校長
校務會議
招生委員會
免費學額委員會
校刊編輯委員會
體育委員會
升學就業指導委員會
各科教學研究會
經濟稽核委員會
訓育指導委員會
訓育主任
訓育會議
舍監
訓育員
學監
學級主任
學校會議
各科教員
教務員
圖書管理員
教務主任
教務會議
事務主任
事務會議
校醫
書記
事務員
庶務
會計
體育主任
女生指導員
體育指導員
訓育處
教務處
事務處
體育處
全體學生

（2）本校學級編制一遵部頒私立中學暫行規程辦理第一學期設普通科一、二年級生各一班共計男女生八十八人當本學期開始時奉部令男女生分班教授故分一年級生爲甲乙兩組男生編入甲組女生編入乙組學生數較上學期增三人茲將現有學生分別言之

一年級　秋始　甲組五十人

一年級　秋始　乙組二十五人

二年級　秋始　一班十六人

三、經費

本校開辦時所用臨時費總計五、三七〇〇〇元每月經常費上學期計月支一、一〇〇、〇〇〇元本學期月支一、六八八、〇〇〇元自去年十月份起由教部按月補助本校經常費八百元不敷之數概由校長暫行籌墊茲附開辦費概算書暨本年度上下學期經常費概算書於后

私立杭州市希甫中學校開辦費概算書

項目	預算數		附註
第一款 開辦費	五、三七〇	〇〇	
第一項 修理費	二、五〇〇	〇〇	
第一目 校舍修理	二、四〇〇	〇〇	
第一節 房屋	二、〇〇〇	〇〇	修理教室大禮堂辦公室寢室會客室廚房等
第二節 場地	四〇〇	〇〇	校內球場及雨操場校外大操場等
第二目 校具修理	一〇〇	〇〇	
第一節 課桌椅	六〇	〇〇	修理舊課桌椅費約計如上數
第二節 雜具	四〇	〇〇	修理各種桌椅床架等
第二項 設備費	二、六七〇	〇〇	
第一目 校具	一、三五〇	〇〇	
第一節 課桌椅	八五〇	〇〇	添置課桌椅黑板講台等
第二節 雜具	五〇〇	〇〇	添置辦公室桌椅寢室床架床板及衣架臉架校牌佈告牌等一切雜具
第二目 運動設備	一〇〇	〇〇	
第一節 運動器具	一〇〇	〇〇	購置運動器具約計如上數

第三目 圖書	三〇〇	〇〇	
第一節 圖書	三〇〇	〇〇	購置圖書約計如上數
第四目 儀器標本	五〇〇	〇〇	
第一節 儀器標本	五〇〇	〇〇	購置儀器標本等約計如上數
第五目 衛生設備	一〇〇	〇〇	
第一節 衛生設備	一〇〇	〇〇	
第六目 勞作設備	一〇〇	〇〇	
第一節 勞作設備	一〇〇	〇〇	
第七目 裝置	二二〇	〇〇	
第一節 電燈	一九〇	〇〇	裝置電燈（押表費二十元在內）
第二節 電話	三〇	〇〇	裝置電話（押租十元在內）
第三項 雜支	二〇〇	〇〇	
第一目 雜支	二〇〇	〇〇	
第一節 遷移費	二〇	〇〇	
第二節 廣告	一八〇	〇〇	招生及錄取新生廣告

第三節 印刷	六〇	〇〇	報名簡章入學證上課證等
第四節 其他	二〇	〇〇	入學試驗時點心茶水膳食等
第五節 雜支	二〇	〇〇	不屬以上四節之雜支

私立希甫中學經常費概算書（三十八年度上學期）

科目	一學期概算書		月份概算數		說明
第一款 本校經費	六、六〇〇	〇〇	一、一〇〇	〇〇	（一學期以六個月計算）
第一項 薪津工資	五、一六〇	〇〇	八六〇	〇〇	
第一目 薪給	三、九〇〇	〇〇	六五〇	〇〇	
第一節 教員薪	二、八二〇	〇〇	四七〇	〇〇	教務主任一人月支一〇〇、〇〇訓育主任一人月支一〇〇、〇〇體育主任一人月支六〇、〇〇訓育員兼教員一人月支五〇、〇〇教務員兼教員一人月支五〇、〇〇教員三人一人月支五〇、〇〇二人各月支三〇、〇〇一學期合計如上數
第二節 職員薪	一、〇八〇	〇〇	一八〇	〇〇	事務員兼教員一人月支三〇、〇〇文牘一人月支三〇、〇〇會計兼庶務一人月支三〇、〇〇書記一人月支三〇、〇〇管理員三人各月支二〇、〇〇一學期合計如上數
第二目 津貼	九六〇	〇〇	一六〇	〇〇	
第一節 夫馬費	九六〇	〇〇	一六〇	〇〇	校長一人事務主任一人教員四人均不支薪暫時津貼夫馬費校長四〇、〇〇事務主任四〇、〇

○教員四人各月支二〇、〇〇〇一學期合計如上數

第三目 工資	三〇〇	〇〇	五〇	〇〇	
第一節 校役工資	三〇〇	〇〇	五〇	〇〇	工役五人每人各月支十元一學期合計如上數
第二項 辦公費	一、二〇〇	〇〇	二〇〇	〇〇	
第一目 文具	二一〇	〇〇	三五	〇〇	
第一節 紙張筆墨 簿籍雜品	二一〇	〇〇	三五	〇〇	
第一目 郵電	三六	〇〇	六	〇〇	
第一節 郵電	三六	〇〇	六	〇〇	
第三目 印刷	二四〇	〇〇	四〇	〇〇	
第一節 刊物	一二〇	〇〇	二〇	〇〇	
第二節 雜物	一二〇	〇〇	二〇	〇〇	
第四目 消耗	三〇〇	〇〇	五〇	〇〇	
第一節 燈火茶水 薪炭油脂	三〇〇	〇〇	五〇	〇〇	
第五目 雜支	三〇〇	〇〇	五〇	〇〇	
第一節 雜費	三〇〇	〇〇	五〇	〇〇	

第六目 修繕	一一四〇〇	一九〇〇
第一節 房屋場圍	八四〇〇	一四〇〇
第二節 器具	三〇〇〇	五〇〇
第三項 購買費	一八〇〇〇	三〇〇〇
第一目 校具	一二〇〇〇	二〇〇〇
第一節 器具器皿	一二〇〇〇	二〇〇〇
第二目 圖書	三〇〇〇	五〇〇
第一節 雜誌書報	三〇〇〇	五〇〇
第三目 體育用具	三〇〇〇	五〇〇
第一節 體育用具	三〇〇〇	五〇〇
第四項 特別費	一六〇〇〇	一〇〇〇
第一目 體育費	三〇〇〇	五〇〇
第一節 體育費	三〇〇〇	五〇〇
第二目 醫藥費	三〇〇〇	五〇〇
第一節 醫藥費	三〇〇〇	五〇〇

私立杭州希甫中學校二十八年度第二學期（即二十九年二月至七月）經常費概算書

科目	每月概算數		六個月概算數		備考
第一款 經常費	一、六八八	二〇	一〇、一二八	〇〇	
第一項 薪津工資	一、四〇八	〇〇	八、四四八	〇〇	
第一目 薪給	一、二八一	〇〇	七、六八六	〇〇	
第一節 職員薪	八一〇	〇〇	四、八六〇	〇〇	教導主任一人事務主任一人月各支一三〇元教務員訓育員文牘兼收發會計兼庶務共四人月各支六〇元體育主任一人月支八〇元體育助教一人月支四〇元辦事員一人月支四〇元書記二人月支四〇元者一人月支三〇元者一人管理員二人月各支二五元校醫一人月支三〇元合如上數
第二節 教員薪	四七一	〇〇	二、八二六	〇〇	三班計甲種鐘點八四小時除二主任担任二〇小時外尚餘六四小時每小時一元四角計算以四週作一月共計三五八元四角乙種十二小時每小時以一元二角計月共五七元六角丙種十八小時除體育九小時不計外共九小時每小時以一元計月共三六元習字六小時每小時以八角每月共十九元二角合如上數
第二目 津貼	六〇	〇〇	三六〇	〇〇	
第一節 夫馬費	六〇	〇〇	三六〇	〇〇	校長一人不支薪暫時津貼夫馬費如上數
第三目 工資	六七	〇〇	四〇〇	〇〇	
第一節 校役工資	六七	〇〇	四〇〇	〇〇	工役五人月支十四元者二人餘三人各月支十三元合如上數

第二項　校務費	二五〇〇〇	一、五〇〇〇〇
第一目　辦公費	一三〇〇〇	七八〇〇〇
第一節　紙張筆墨	三〇〇〇	一八〇〇〇
第二節　郵電	五〇〇	三〇〇〇
第三節　燈火茶水薪炭油脂	三〇〇〇	一八〇〇〇
第四節　印刷刊物	一五〇〇	九〇〇〇
第五節　消耗	二〇〇〇	一二〇〇〇
第六節　川旅	一〇〇〇	六〇〇〇
第七節　雜支	二〇〇〇	二〇〇〇
第二目　設備	一二〇〇〇	七二〇〇〇
第一節　校具	五〇〇	九〇〇〇
第二節　儀器	二〇〇〇	一二〇〇〇
第三節　醫藥	一〇〇〇	六〇〇〇
第四節　圖書雜誌	一五〇〇	九〇〇〇
第五節　體育用具	一〇〇〇	六〇〇〇

第六節	標本	一五〇〇〇	九〇〇〇〇
第七節	修繕	一五〇〇〇	九〇〇〇〇
第八節	雜物	二〇〇〇〇	一二〇〇〇〇
第三項	特別費	三〇〇〇〇	一八〇〇〇〇
第一目	特別費	三〇〇〇〇	一八〇〇〇〇
第一節	特別費	三〇〇〇〇	一八〇〇〇〇

四、概況

(1)教務概況　本校遵照維新政府訂定教育宗旨以「恢復中國固有之道德文化廣收世界之科學智識養成理智精粹體力强健之國民」爲教育目標至學級之編制課程之組織教材之選擇及教法之應用教學之調查及視察教學之觀摩及研究教學之設備學業成績之考查及計核學習之指導學業之競賽及獎勵以及教務上一切設施悉由教務部主持之第以本校創辦伊始經濟困難凡所建設未能盡如理想惟經一載來之努力不無可紀爰將自創辦起所有按月工作事項暨各級學生用書及授課時間表分別列表如下

私立希甫中學校教務部工作表

年度學期	月份	事由
28年度1學期	9	辦理招考事宜
		擬訂全年度教務計劃
		辦理開學事宜
		辦理學生入學註册
		擬訂教務規程
		擬訂教務表册
		編排日課總表
		分發各科教員授課時間表
		訂定各科教學綱要
		印發各班教材預定表
		審定各科教本
		支配各班教室
		置備各班缺席册
		置備各班點名册
		置備學級日記簿
	10	召集第一次教務會議
		舉行各科教學研究會
		製訂學生學籍簿
		辦理教務上各項統計
	11	督促第一次小考
		分發教員記分簿
		舉辦成績低劣學生補習事項
		舉行各科教學研究會
	12	召集第二次教務會議
		舉行各科教學研究會
		籌劃下學期課程

	準備招生簡章
	督促第二次小考
1	召集本學期末次教務會議
	辦理學期考試
	辦理學期教務報告
	統計教員學生缺席時數
	填發學生家屬成績報告單
	登記及結算各科成績
	辦理招考下學期插班生事宜
下 2	辦理新生入學試驗
	辦理開學事宜
	辦理舊生補習事宜
	編分一年級男女生為二班
	編印本學期課程表
	分發各科教員授課時間表

	召集第一次教務會議
	協助本中學附小招生事宜
	支配各班教室
3	督促第一次小考
	舉行各科教學研究會
	召集第二次教務會議
	擬訂學生家庭訪問表
(4)	整理新生學籍簿
	率領學生參觀市青年團暨警士教練所教學狀況
	舉行各班各科學業競賽
	召集第三次教務會議
	舉行各科教學研究會
5	督促第二次小考
	召集第四次教務會議

私立杭州希甫中學校各級學生用書一覽表

年級	科目	書名	編纂者	發行者
一年級	國文	活頁文選 部頒教授稿本（第二冊）	開明書局 教育部頒發	開明書局 教育部編發
	日文	現代日語（上卷）	蔣君輝	中國科學公司
	英文	英文津逮（第一冊）	葛理佩	伊文思
	算術	開明算術上下冊	周為羣	開明書局
	動物	部頒教授稿本下冊	教育部編發	
	植物	部頒教授稿本下冊	教育部編發	
	歷史	同上 第二冊	同上	
	地理	同上	同上	
	修身	同上	同上	
	衛生	復興初中生理衛生學 （上下冊）	陳翰章	商務印書館
	音樂	教員自編		
	勞作	仝上		

圖畫	仝上		
體育	維新操		
二年級			
國文	活頁文選 部頒稿本第四冊	開明 教育部	開明書局 教育部
日文	現代日語上卷	蔣君輝	中國科學公司
英文	英文津逮二冊 初等英文典	葛理佩 神田乃武	伊文思 商務印書館
代數	薛氏代數	薛天遊	世界書局
化學	初中化學	韋錦權	商務書局
論語			仝上
歷史	部頒稿本第四冊	教育部	教育部
地理	仝上	仝上	仝上
修身	仝上	仝上	仝上
音樂	教員自編		
勞作	仝上		
圖畫	仝上		
體育	維新操		

私立希甫中學校各級每週授課時數表

科目＼學年＼時數	一年級上學期	一年級下學期	二年級上學期	二年級下學期
國文	六	六	六	六
日文	四	四	四	四
英文	六	六	六	六
算術	六	六	六	六
歷史	二	二	二	二
地理	二	二	二	二
動植物	三	三		
化學			四	四
圖畫	一	一	一	一
勞作	一	一	一	一
音樂	一	一	一	一
體育	三	三	三	三

生理衛生	一	一		
每週教學總時數	三七	三七	三七	三七

(2)訓育概況　本校以勇敢勤勞四字爲訓育之基本故訓育標準暫定下列十六項

(一)康樂　(二)整潔　(三)勇敢　(四)禮貌　(五)服從　(六)明恥　(七)公正

(八)紀律　(九)仁愛　(十)忠誠　(十一)勤勞　(十二)節儉　(十三)互助

(十四)謙讓　(十五)親仁睦鄰　(十六)奉公守法

根據上項訓育標準對於一年級測重「仁愛」兩字以養成愛國愛羣之觀念二年級測重「勤勞」兩字力戒倚賴敷衍養成自立能力以作升學就業之準備而以「勇敢」兩字爲貫澈全體學生一致之精神至於個人訓練一方對個人特別訓話一方則與家屬聯絡藉收挾持之效關於一部者則開一部之訓話會而指導之關於全體者則利用早操時間施行訓話或臨時特別召集之其他如訂定各項規則以期養成各種優良之習慣規定奬懲辦法教職員操行紀載簿以便隨時切實施行並規定每月訪問學生家庭狀況及學生在家之情形藉作個別指導之張本務

使各生知所遷善避惡施行結果學生尚能守規有恆努力從事也

(3)事務概況　查本校事務部因經費拮据祇設庶務兼會計一人書記一人事務員一人由事務主任經理之用人既少事務又煩故一切開支無不撙節辦理茲將一年來之各項設施分條撮要彙述於左藉知本校同人之努力而有以指正焉

(一)校舍修建

本中學借用前安定中學之一部爲校址惟該校自事變以後校舍多被摧殘幾無一間完整本校借用後卽鳩工修葺並另闢大門於橫河橋直街每日以百人工積極整理故能於短期內得以如期開學費用達二千四百元之鉅茲將最近校舍之分配列表於左

私立希甫中學校校舍場地分配表

室別	間數	備考	室別	間數	備考
普通課室	三		學生成績室	一	本學期起撥給附小用
特別及實驗教室	一		會堂	一	
圖書室	一		學生課外活動作業室	二	本學期起給附小用

辦公室	四		儲藏室	一	同上
職員寢室	一		傳達室	一	
學生寢室	一		校役寢室	一	
儀器標本藥品標本圖表室	二	本學期起撥給附小用	會客室	一	
體育器械室	一		厨房	二	
廁所	二		油印室	一	
自修室	三	本學期起撥給附小用	運動場	二	

（二）校具之修理及購置

本校課桌椅及一切雜具均付缺如向清波中學借用之件亦多破殘無整除借件雇工修繕外餘均自行購置惟限於經費祗能因陋就簡所有費用已見前開辦費欄內不再贅述

（三）衛生設施

本校空氣光線及運動場所均合衛生條件關於師生飲水則用自來水廁所則每日用臭藥水冲洗學生如臨時患恙或因課外活動以致擦傷肢體時則有簡單藥庫之設備

校醫即校中衛生教員每日必臨校一次遇有疾病即為之療治病情較重者則送杭州病院（即前市立病院）此即本校對於衛生設備及日常注意之大概也

（四）工作狀況

逐日例行事項

（1）檢查各處清潔 （2）檢查衛生 （3）注意電燈電話自來水 （4）注意時計之準確 （5）注意校工之勤惰 （6）查看廚房 （7）公文之收送及登記 （8）不屬他管事務之處理 （9）抄寫講義

按月例行事項

（1）開事務會議 （2）檢查校舍校具之應否修繕 （3）調查校具並登記 （4）檢查全校電燈電話綫路 （5）校工之進退及勤惰 （6）寄發家屬報告書 （7）處置不用品 （8）整理事務會議會 （9）整理往來文件及歸檔 （10）舉行大掃除 （11）辦理一月中關於事務應行結束事項 （12）預定關於下月內事務上應改進事項

私立希甫中學校現任教職員一覽表

職別	姓名	性別	年齡	籍貫	現任職務
校長	何治平	男	四〇	杭縣	兼修身教員
教導主任	趙鴻恩	男	四八	仝上	兼國文動植物教員
事務主任	陳壽林	男	四二	仝上	兼國文教員
教務員	黃振彝	男	四六	仝上	兼國文算術教員
訓育員	沈敦禮	男	五四	仝上	兼算術代數化學教員
體育主任	阮奉天	男	二七	仝上	兼日文教員
體育指導	俞希	女	二二	吳興	
校醫	韓靜士	男	四二	杭縣	兼衛生教員
教員	張貽綱	男	二九	海甯	英文
教員	陸成之	男	三〇	吳興	史地
教員	沈士亮	男	五二	杭縣	日文
教員	孫少棠	男	三九	仝上	勞作圖畫
庶務兼會計	洪炳榮	男	三八	仝上	

事務員	沈受英	女	二三	仝上	
管理員	辛之新	女	二二	仝上	
管理員	王振湘	女	二五	仝上	兼英文教員
書記	黃鑑泉	男	二三	仝上	
文牘員	俞英棠	男	三五	仝上	
事務員教員	王步瀛	男	五五	仝上	書法指導

杭州市第四屆小學聯合運動會詳誌

本市對於學校體育二年以來始終竭力提倡每學期必舉行一次小學聯合運動會此次舉行會場係借用省立運動場因爲有各學校的合作各體育專家的協助一切比以前進步得多不論佈置方面秩序方面設備方面皆使人很滿意尤以運動方面更覺難得各項成績較前都有進步女子急行跳遠成績爲四、一三公尺竟超過省紀錄按本市每屆運動會每次總比前進步些可見本市的體育是前進的那不能說不是一種好現象哩

杭市第四屆小學聯合運動會各校比賽成績

田　賽　　男甲急行跳高

（一）姚森林．二模　成績一、三六公尺　（二）高用熙　城頭巷

（三）李金華　寶極觀　（四）褚清源　新橋　（五）畢功德　德勝橋

女甲急行跳高

（一）陳秀珍　一模　成績一、二〇公尺　（二）孫肖梅　城頭巷

（三）金江英　一模　（四）孫祖英　西牌樓

男乙急行跳高

（一）陳乃庚　烏龍巷　成績一、二一公尺　（二）潘文榮　四牌樓

（三）葉本五　城頭巷　（四）茹寶鑫　二模　吳寶鑫　新橋

女乙急行跳高

（一）王禾芬　高銀巷　成績一、一四公尺　（二）張國蓉　一模

（三）朱子蘭　震旦

男甲急行跳遠

（一）高保松　二模　成績四、九五公尺　（二）周榮喜　一模

（三）楊善山　德勝橋　（四）許建桓　德勝橋

女甲急行跳遠

（一）唐月英　城頭巷　成績三、四六公尺　（二）洪月英　城頭巷

（三）沈雁書　一模　（四）楊玉荷　府前街

男乙急行跳遠

（一）葉本五　城頭巷　成績三、八六公尺　（二）何志根　一模

（三）來賢雲　一模　（四）蔡興忠　烏龍巷

女乙急行跳遠

（一）林舜英　一模　成績四、一三公尺　破省運動會紀錄

（二）張彩珍　四牌樓　（三）張國蓉　一模　（四）龔　華　西牌樓

男甲六磅鉛球

（一）姜鴻聲　一模　成績九、五三公尺　（二）高保松　二模
（三）夏文華　大同路　（四）沈祖根　一模
女甲壘球擲遠
（一）康芝英　城頭巷　成績二七、三二公尺　（二）張燕如　一模
（三）董義春　一模　（四）馮國芳　四牌樓
徑　賽
男甲一百公尺
（一）周榮喜　一模　成績四、十分之八秒　（二）方文龍　二模
（三）包志華　一模　（四）孫少英　一模
男甲二百公尺
（一）包志華　一模　成績二九、十分之四秒　（二）羅賢若　德勝橋
（三）陳漢民　一模　（四）金瑤璋　一模
男甲三百公尺

（一）楊善山　德勝橋　成績一、一二秒　（二）姜鴻聲　一模
（三）沈祖根　一模　（四）姚森林　二模
男乙五十公尺
（一）程硯福　寶極觀　成績八、十分之四秒　（二）張文傳　高銀巷
（三）鄭企鳳　飲馬井　（四）周雲龍　四牌樓
男乙一百公尺
（一）周寶山　飲馬井　成績十六秒　（二）魯潤興　二模
（三）張文傳　高銀巷　（四）錢寶源　培德
男乙二百公尺
（一）魯潤興　二模　成績三三、又十分之四秒　（二）蔣永祥　培德
（三）阮坤富　四牌樓　（四）楊雪彭　浣紗路
女甲五十公尺
（一）閒縵雲　城頭巷　成績八、十分之六秒　（二）金桂珍　寶極觀

（三）翁招弟　清波門　（四）康泰英　一模

女甲八十公尺

（一）聞綬雲　城頭巷　成績十三、十分之二秒　（二）陳文英　一模

（三）李鳳英　二模　（四）沈仁　飲馬井

女甲一百公尺

（一）陳秀珍　一模　成績十六秒　（二）馮國芳　四牌樓

（三）洪月英　城頭巷　（四）江靜　一模

女乙三十公尺

（一）莊水珠　二模　成績五、十分之八秒　（二）陳克明　一模

（三）范子文　城頭巷　（四）雷保英　二模

女乙五十公尺

（一）沈榴貞　二模　成績八、一分之二秒　（二）莊水珠　二模

（三）童杏英　樂英　（四）徐湘紅　烏龍巷

女乙一百公尺

（一）林舜英　一模　　成績十六、十分之二秒　（二）沈榴貞　二模

（三）董慎英　一模　　（四）周麗卿　二模

團體操得分

（一）一模　九四分　（二）西牌樓　九二分　（三）城頭巷　九一分

（四）二模　九〇分　（五）飲馬井　八八分　（六）寶極觀　惠興　八六分　（七）、百井坊　東平巷　八五分　（八）法雲衖　八三分　（九）高銀巷　浣紗路　新橋　八三分　（十）烏龍巷　八一分

杭州市立民衆教育館一覽

（一）職員表

職別	姓名	性別	年齡	籍貫	學歷	到職年月
館長	王壽彭	男	四四	紹興	浙江之江大學文科畢業	二十八年十一月七日
教導組主任	周覺先	男	六〇	諸暨	清附生浙江第四通俗講演傳習所畢業	二十八年十一月七日

健康組主任	丁本忠	男	三九	杭縣	浙江省社教養成所畢業浙江體育師範學校本科	二十八年十一月一日
游藝組主任	張亦軒	男	三六	杭州	浙江師範講習所畢業	二十九年四月二十四日
館員	王雲	男	二五	杭州	浙江省國術館畢業國立體專肄業	二十八年十一月一日
	華藻	男	四七	蕭山	浙江省立五中舊制畢業	二十八年十一月七日
	趙張揚	男	三三	紹興	紹興縣立第二高小畢業	二十八年十一月七日
	江琴	女	二〇	杭州	浙江省社教養成所畢業浙江省立女子中學畢業	二十八年十一月一日
	錢德明	男	一九	慈谿	海門中學高中部畢業	二十八年十一月十六日
	張湛源	男	三〇	杭州	浙江省社教養成所畢業杭州私立宗文中學畢業	二十八年十一月一日
	陳德齋	男	三二	杭縣	浙江省社教養成所畢業浙江省立鄉村師範畢業	二十八年十一月一日
	王宜庚	男	二三	紹興	紹興縣立第一高小畢業	二十八年十一月七日
	潘綺英	女	二四	餘杭	南京鍾南中學畢業	二十八年十一月十六日
	沈廷爍	男	二一	杭州	杭州思齊完全小學畢業	二十八年十一月七日
	錢景蓀	男	一八	金華	杭州市立德勝橋小學畢業	二十九年十一月一日

(二)組織系統表

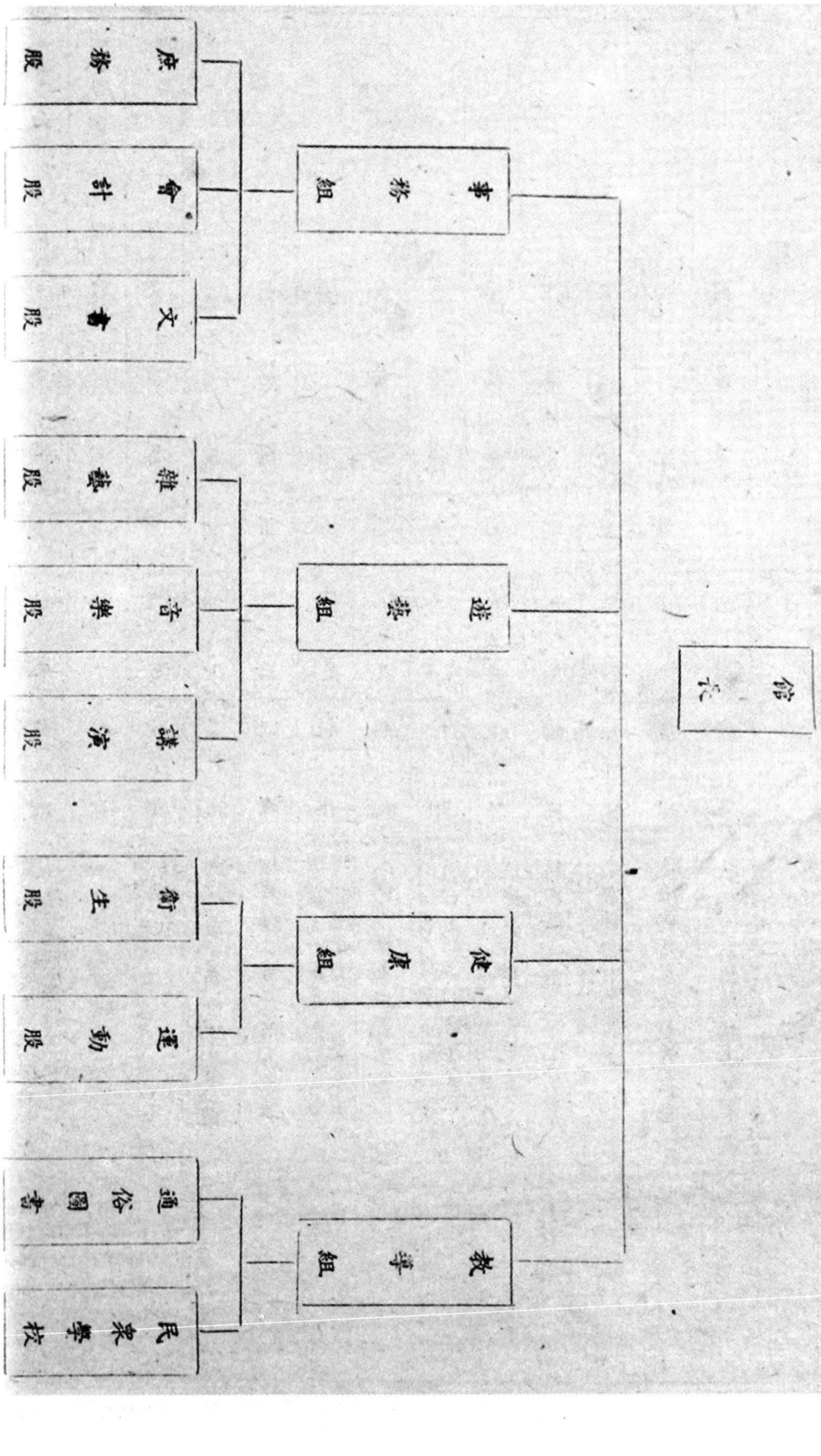

（三）行政表

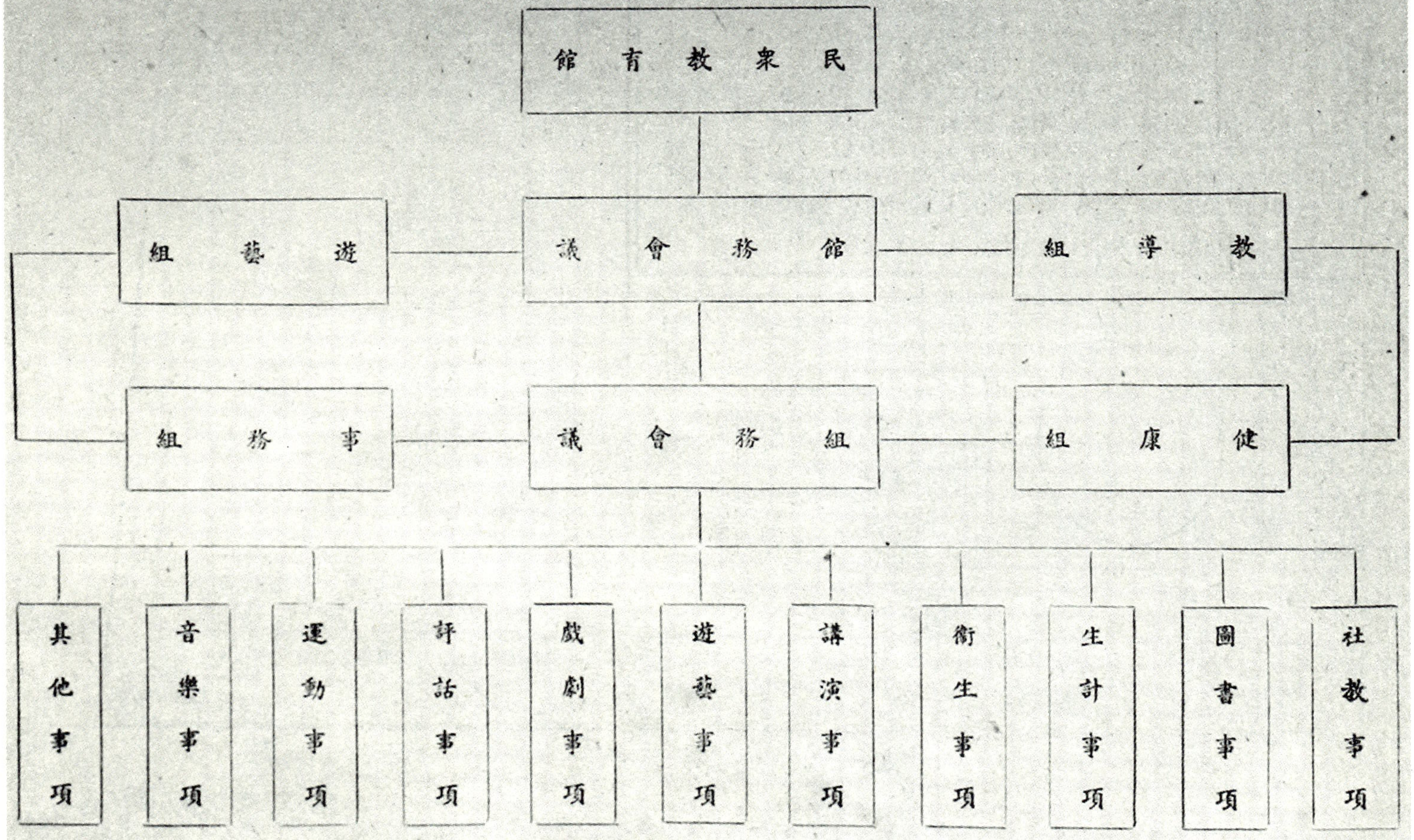
民衆教育館
館務會議
教導組
遊藝組
組務會議
健康組
事務組
社教事項
圖書事項
生計事項
衛生事項
講演事項
遊藝事項
戲劇事項
評話事項
運動事項
音樂事項
其他事項

(四)平面館址圖

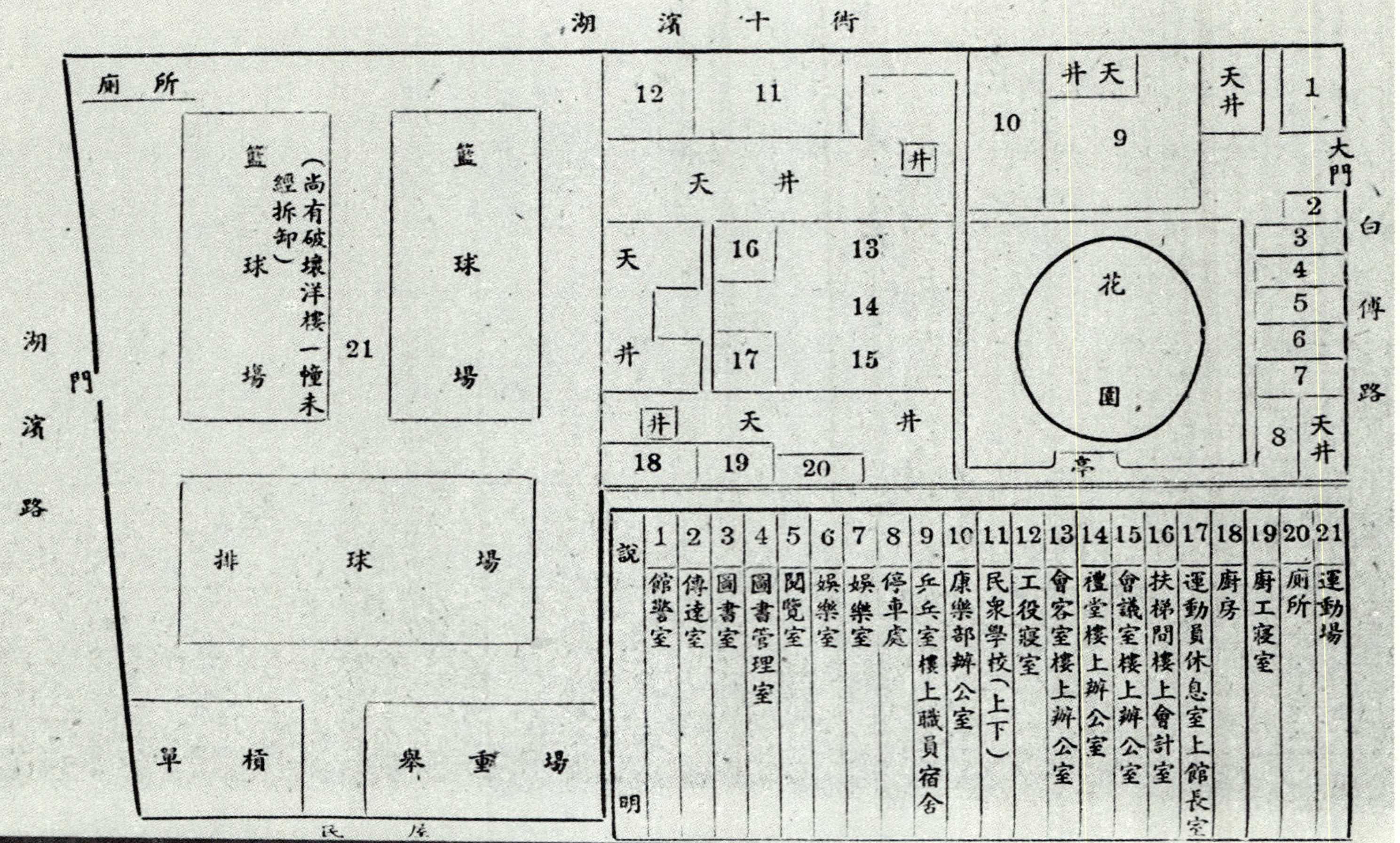

說明	
1	館警室
2	傳達室
3	圖書室
4	圖書管理室
5	閱覽室
6	娛樂室
7	娛樂室
8	停車處
9	乒乓室樓上職員宿舍
10	康樂部辦公室
11	民衆學校(上下)
12	工役寢室
13	會客室樓上辦公室
14	禮堂樓上辦公室
15	會議室樓上辦公室
16	扶梯間樓上會計室
17	運動員休息室上館長室
18	廚房
19	廚工寢室
20	廁所
21	運動場

（五）附設更生民校數

校名	校址	校長姓名	備註
第一校	白傅路七號本館内	錢德明	係本館館員
第二校	四牌樓小學内	俞大千	現任市立四牌樓小學校校長
第三校	華藏寺小學内	曹洵	現任市立華藏寺小學校校長
第四校	新橋小學内	孫士良	現任市立新橋小學校校長
第五校	湖墅長繼小學内	鍾秋俠	現任私立長繼小學校校長
第六校	湖墅思文小學内	周文煥	現任私立思文小學校校長

六 附設國術研究會簡章

一、名稱 定名爲杭州市立民衆教育館附設國術研究會

二、宗旨 本會爲提倡國術鍛錬體格造成技擊專門人材推行民衆健康教育爲宗旨

三、科目 暫設技擊一科（分刀槍劍拳四門）

四、年齡 十五歲以上不限性別

五、名額　無定額凡身家清白品性端正有志研究國術者均得加入

六、習藝時間　六個月期滿給予證書

七、報名手續　填寫志願書保證書各一份二寸半身照片兩張保證金叁元期滿發還

八、報名日期　自　月　日起至　月　日止

九、報名地點　白傅路七號本館健康組

杭州市工務局二十八年度工作報告

杭垣自二十八年市面日臻繁榮工務亦隨之繁賾對於興築整理各項工程積極推進日不暇給茲摘舉大綱分列於後

甲、關於修築城牆工程

1. 修築市區城牆　市區城牆年久失修多處塌圮為鞏固防務計對市區全部城牆逐加修理不稍間斷於修竣後復用水泥黃沙嵌縫以期格外鞏固而免莠民爬越本年冬大雪數次間有被壓坍陷復經施工加以整理俾防護益臻完固

2. 裝置城牆刺網　自萬松嶺至鳳山門一帶均屬山地舊有城牆折毀殆盡無從修理

因裝置木樁布以刺網並通電流於兩月中全部竣工以固防務

3• 裝置水關木柵　艮山門及望江門等處均有水城門以便船隻進出現時萑苻未靖恐宵小於此潛入特於各水城門裝置木柵按時啓閉並於艮山門水城門河埠建造雨蓬便利行人

乙、關於道路工程

1• 五要路趕修完工　武林門至拱宸橋清泰門至筧橋昭慶寺至古蕩清泰門至市界及湧金門經清波門至淨慈達閘口五公路爲交通主要幹綫自二十七年施工修理至本年均已次第完成四郊交通遂益稱便利

2 興築清筧段迂迴綫公路　清泰門至筧橋段公路路面狹窄而所經下菩薩與衖口兩鎮兩旁多民房不易展拓特設計另築迂迴線公路以利交通

3 修築閘口至清泰門汽車路　三廊廟至清泰門一段公路爲汽車來往要道久已失修由清泰門至徐家埠一段損壞尤甚爰經鳩工庀材積極施工現已工竣自三廊至閘口間向無道路茲爲便利交通計經已築建完成計長四、八〇公里於城區與閘口間

交通更見便利矣

4修築武林門至艮山門公路　武林門至艮山門環城本有公路因年久失修路面損壞本局鑒於該路關係城防甚爲重要爰派工修理既有裨於防務於行車更多便利

5計劃修理舊杭海自七堡至衕口段公路　七堡至衕口經彭家埠間昔爲舊杭海支路爲七堡至筧橋下菩薩衕口喬司各大鎮之要區路面久已失修行車頗多窒礙經擬具修理計劃呈請撥款卽可興工約六月底可以工竣

6計劃修理松木場至拱宸橋間公路　松木場至拱宸橋間公路亦關於市內防務惟路面損壞阻礙行車經擬具計劃加修業已呈准撥款不日卽可施工

7修理城內馬路　本市城內各柏油馬路依照工程慣例年必補澆柏油一二次因經費支絀致難照辦茲就其損壞尤甚者加以刷補現湖濱路一帶業已竣工仍繼續進行其他各路刷補工作計用柏油約三萬磅

8修補各巷衕石板路　市區巷各巷衕石板路每因重車行駛致石板斷裂行人殊多不便特飭工隨時加以修復

丙、關於溝渠工程

1修築三橋址路溝管工程　本市開元橋迤南三橋址河道經前市府填塞後並未設施排水工程僅開挖土溝以資洩水日久淤塞穢氣薰蒸於居民衛生大有妨礙經派員測勘詳爲規劃埋設溝管該管計四五公分徑並設置窨井現已竣工

2修濬淤塞井　市區吳山路布市巷打銅巷河坊街龍翔橋東街路所巷英士街和合橋聯橋慶春路太平坊等處陰溝阻塞每遇天雨積水四溢不便行人因飭工分別疏通修理並隨時查勘隨時修復

丁、關於橋樑工程

1新建迂迴線路橋樑工程　迂迴綫路跨越河道路面雖經築竣橋樑未築尚難通車經用鋼骨水泥建造橋樑兩座於三箇月內次第完工

2修理西冷橋　西冷橋爲西湖名勝之一且爲裏外湖溝通要道車輛往來頻繁因年久失修致橋身下陷爰經察勘估計鳩工興修現工程業已告竣

3修理博覽會橋樑　西湖博覽會橋前因樑柱橋面朽腐經加修復其未經修理之處

又遭腐蝕橋上欄干亦多損壞因派工勘修業已完工

戊、關於其他工程

1建築警察城牆哨舍　爲鞏固市區治安加强防衛起見特於沿城各要隘築造硝舍六處業已開始興工

2建築城牆上巡邏道　爲便利警察巡邏計將全城道路加以平治闊一公尺半並於上下城牆均加做石板踏步俾行動便捷以固城防

3建造興亞紀念鐘樓　值茲國府還都中日兩大民族共向興亞之途邁進爰於湖濱第四碼頭就原有陣亡將士紀念塔改建爲興亞之鐘樓並嵌樹大理石紀念碑文雕棟丹楹氣象輝煌可爲湖山生色

4興造市區公共廁所　市區公共廁所向甚寥寥對於人民衛生殊有妨礙經選擇需要地點建築公共廁所計凡十有四處現已全部完工湖濱公園原有標準新式廁所一所亦予以澈底修理同時竣事

5製備水泥井蓋　市區舊有窨井蓋均屬鐵質近被宵小陸續偷竊於夜間行人頗

多危險因改製鋼骨水泥窨井蓋以補充之業已開始澆製並已派工裝置多處矣

己、關於樹藝工作

1整理各名勝樹木　本局自成立樹藝隊後對於市區行人道及各名勝樹木不時加以整理並於湖濱路各樹架設圍欄以資衛護環湖名勝如湖濱公園中山公園三潭印月湖心亭等處樹木均各加以整理

2培植苗木　自將苗圃恢復後將原有各種苗木十五萬七千餘株僱用工人勤加培植以備佈置各風景區之用

庚、關於公用交通事業

1恢復路燈　本市路燈在事變前原有四千餘盞嗣以時局關係停止放光本局經積極恢復至二十八年放光路燈已有一千盞本年復設法開放已達三千盞現正繼續推進期復舊觀

2各種車輛登記增加　本市工商業日臻繁盛戶口增加各種車輛之需要自屬趨勢茲將本年度各種車輛登記給證數目列表如下

杭州市工務局各種車輛登記給證統計表

車輛名稱	車行家數	車輛量數	備考
營業人力車	二八三	二、二八三	
自用人力車		一七二	
營業小貨車	二三五	七八四	
自用小貨車		八九	
營業自由車	七六	五一五	
自用自由車		一、八三七	
營業汽車	二	五	
自用汽車		二八	
人力糞車		三	
三輪脚踏車		三	

3 計劃修整人力車　本市人力車現雖恢復至二千餘輛惟自事變以後各車行均就原有車輛因陋就簡略事修飾以致外容仍多損壞殊礙觀瞻茲經飭車業公會分期修理以整市容一面從事總檢驗以便着手整理

4 考驗汽車司機　本市汽車司機類多未領駕駛人執照其技術是否優長無從考察殊與交通安全有關經訂定考驗辦法定期試驗如能及格發給駕駛人執照以防濫竽充數而免行車肇生事端

5 整理西湖遊船　西湖爲名勝之區遊屐如雲承平時大小遊船計達七八百艘事變後均多損失現存不過二百餘隻且均殘敗不堪經與各船户計劃修理以便遊人

辛、關於行政事項

1 擬訂電料店及電匠暫行管理規則　本局鑒於市面日見繁榮民間需用電氣甚爲殷切各電料店亦多復業其材料之優劣及技術之巧拙有關裝置工程安全甚鉅理應嚴密考驗管理經擬訂杭州市電料店及電匠暫行管理規則呈請公布施行以便執行取締電氣事業有所依據

2 修正汽車及各種貨車管理規則　關於公路及汽車各項規章業由部省先後頒布但以本市汽車管理規則及各種貨車暫行管理規則屬於本市單行法規應加以修正而不應廢止爰就不抵觸省章切合本市情形範圍以内分别修正呈府公布以期適用

3擬訂考驗汽車駕駛人等辦法　本市各汽車駕駛人類多未領有駕駛人執照理應加以考驗及格後發給執照以資識別經擬訂杭州市考驗汽車駕駛人暫行辦法取締汽車主駕駛暫行辦法取締學習汽車駕駛人暫行辦法三種呈府公布施行

4會勘艮山門外五堡至九堡坍沙　本市六區區長呈報艮山門外至堡五九五坍沙日甚有礙農田經派員會同塘工水利局派員實地查勘坍陷情形轉請塘工水利局辦理

5組織養路隊　各警備道路修治後以軍運頻繁路面不免時有損壞崎嶇之處有礙行車爲保養各路起見爰組織養路隊俾得隨時修理現已成立者爲武拱清三三閘三隊其淨閘昭古清筧清市舊杭海松拱武艮等路亦將次第成立

6新製本市地形詳圖　本市地形夙無詳細圖樣可資稽考爲適應需要計經蒐集現有各種圖籍放大修正實測校對費時數月製成萬分之一杭州市全圖一大幅

壬、關於計劃事項

1計劃建築中央市場　本市擬建中央市場以興市面經勘擇英士街蘄王路迎紫路

等處施行測量設計建築三層樓屋

2計劃疏濬本市河流　全國水利局轉飭擬具徵工浚河計劃經調查市區應浚上塘河自東新橋至李王橋段約長五、二公里擬具疏浚計劃並造列經費概算送核

3計劃填塞城區小河　查本市北區境內西小河自鍾公橋至北倉橋一帶河道淤塞水流不通附近居民傾棄垃圾以致穢氣四溢蚊蚋叢生經派員履勘據復該河並非水路交通要道無存在之必要應予以填塞闢爲街道業已繪具圖表估計經費呈核一俟奉准卽可着手辦理

杭州市各區公所本年度進行事項

第一區報告

一、職員表

職別	姓名	年齡	籍貫	略歷
區長	陳樹聲	四八	杭縣	
助理員	李基	四九	仝	

	錢鴻賓	六〇	仝
雇員	吳佩吉	五二	仝
	詹南壽	五一	仝
事務員	夏智甫	五四	仝
	黃君穀	三五	仝
	雍學甫	二四	江蘇
	葉茂榮	五四	杭縣
	范文瑾	二一	仝
	朱定遠	二〇	仝
	黃嘯琴	五七	仝
	李仙明	三一	安徽
	蔣子恒	三六	紹興
	曹少雲	六四	杭縣
	朱廷齡	五三	仝
	朱銘昌	一八	仝

二、户數門牌號

1、本區户數據最近四月終編查計普通户一萬一千一百一十户寺廟户一百六十八户公共户八十一户

2、門牌號數除寺廟公共各户外計發普通户門牌一萬一千一百一十號

三、丁口老幼現數

1、全區丁口計男二萬五千七百七十三女二萬〇二百六十口寺廟人口男二百四十九口女二百口公共男二千三百十八女七百五十八口壯丁四千一百六十一人

四、地方狀況

甲教育　本區轄内各級公私學校原有二十餘處現已次第規復計市立小學六所私立小學五所短期小學七所學生人數共三千七百餘人

乙實業　本區工商業近以市況日趨繁榮各業均逐漸恢復其中以茶米煙紙等業比較事變前發展爲尤盛

丙經濟　本區住民職業以工商小販居最多數平日經濟能力尚稱平穩近以米價日昂影響生活較見困難

五、工作經過

今將本區二十八年度一載以來經辦事項略分類別具報如後

一、關於社會事項

辦理市民失業登記　發給市民身份證　承辦市民小額貸款　辦理土地陳報註冊並挑埠登記　調整租賃房屋　勸募救濟難胞經費及衣物　監盤典當刼餘質物禁止盜砍寺廟古木　徵集農工商出產樣品　監督慈善團體登記　經辦公糶及平糶　辦理市民證　按戶分發市民購米證　募集冬賑捐款各項

二、關於交通事項

監視及保護鐵道沿綫通訊網　警備公路　修復街巷失明路燈

三、關於衛生事項

清潔道路　整理市容清除蕪雜廣告　勸導市民注射防疫針　舉行全區大掃除　引種牛痘　檢查住戶清潔

四、關於調查事項

調查公益慈善事業　調查樟樹數量　調查本區土地面積　調查社會風俗習慣情形　調查農民需要棉花種子數量　調查度量衡商店　調查市民職業　調查宗教團體　調查工廠及產銷狀況　調查工廠種類及處所　調查保甲制度確立戶口狀況　調查文獻古物　調查文廟建築及保存狀況　調查游匪縱火情形　調查赤貧住戶

六、其他事項

一、二十八年度出席各機關會議共計九十四次

二、參加各法團集會二十七次

第二區報告

一職員表

職別	姓名	年齡	籍貫	略歷
區長	謝月溪	六五	杭縣	
助理員	汪志圜	四七	杭縣	
	徐靜瀾	三二	杭縣	
雇員	湯韻珊	五六	杭縣	
	徐介棠	二八	吳興	
一坊坊長	鄔思皋	四七	紹興	
事務員	邱寶榮	三八	甯波	
	鄔世珂	二五	紹興	
	高有林	二〇	杭州	
	戚寶坤			
二坊坊長	陳烈初	五五	杭州	
事務員	葉振陵	二一	杭州	
	朱鴻章	三四	杭州	
	曹敬鏞	二八	甯波	

三坊坊長	徐錫榮	六七	杭縣
事務員	吳養吾	五四	杭縣
	王靜龕	四二	杭縣
	費慶生	四六	杭州

二、戶數共計壹萬壹千貳百叁拾七戶

三、丁口數男女老幼共計五萬壹千八百玖拾玖名

四、地方狀況

(甲)教育

學校名稱	教員人數	學生人數	校址	備考
杏市中學	十七人	七十七人	裏橫河橋直街	
希市附小	十人	一百八十人	仝上	
葵巷短期小學	一人	四十六人	葵巷	
實業中學	十二人	七十八人	銀洞橋	
市立中學	五十人	五百四十七人	皮市巷	

模範中學	三十人	二百六十七人	新民路
市立模範小學	三十二人	八百三十九人	馬市街
岳王短期小學	一人	一百十七人	岳王路
惠興小學校	十人	三百十八人	惠興路
樂英小學	八人	一百六十四人	下興忠巷
省立實驗中學	二十人	六十一人	新民路
紫陽小學	三十人	八十九人	珠寶巷
市立飲馬井巷小學	十九人	四百六十八人	機神廟
私立公仰小學	十人	一百十人	奎垣巷
私立公仰二部	一人	五十一人	青年路
市立東平小學	十三人	二百七十人	東平巷
私立惠興小學	十二人	三百〇七人	惠興路
市立青年會附小	三人	一百三十四人	青年路
私立普成小學	八人	一百六十四人	開元路
私立勤文小學	八人	一百九十五人	延齡六弄

青年會中等補習班 九 人 六 十 人 青 年 路

（乙）實業

本區地屬中心商業向稱熕盛凡值新茶上市茶行設立不下數十家惟近來資本充實範圍較大者多屬外僑鄉人秪受聘爲經理自受歐戰影響輸量亦大減至顏料綢布西藥五金等商在外貨稀少求源日缺之日其存貨較多者尚多獲利此外如收買碎布破絮廢紙及爛舊五金一類各商號不過間接取利而已

（丙）經濟

一週年來本區人口激增市廛櫛比繁榮現象似復舊觀但事變後地方元氣斲傷金融阻塞社會經濟隨以緊縮勢所必然故一般商號咸其外强中乾之態加以歐戰爆發百貨狂漲物價幾開數十年未有之紀元除數十家投機商舖尚告流動足以支持外餘均不能應付周轉

五、工作經過

自二十八年七月至二十九年五月止經辦事件分別刊報

1 復查全區户口

2 奉令調查赤貧市民施放平米寒衣
3 辦理五户聯保切結保甲規約及市民請領市民證事宜
4 按週派員追索小額貸款逾期各欠户
5 派員參加市宣傳委員會
6 按旬調查户口填報確定調查表
7 按旬派員分別視察警備公路狀況
8 辦理市民遺失户籍證事宜
9 派員分坊勸導市民布種牛痘
10 發放土橋等地方被火災民賑款施米事項
11 參加慶祝國府還都大會遊行提燈並演講
12 派員參加清潔大掃除
13 參加和平反共大會
14 參加警保會議

15派員監視保護鐵道沿綫通訊網
16填送全區坊保分界圖
17籌復新市場商辦太平社救火義龍事宜
18遵令飭屬辦理主要河道愛護團
19分坊派員徵收保甲費
20按旬派員偵查各保有無留存及裁發市民證情事
21飭屬强制市民注射防疫針
22分坊辦理人事登記
六、其他事項
1保送青年赴幹部訓練所受訓
2成立青年團區團部
3徵集第一二兩期青年團員訓練
4中日親善週分坊演講

第三區報告

(一)現任職員表

職別	姓名	年齡	籍貫	略歷
區長	徐友富	六〇	杭市	
助理員	張谷馨	三七	仝上	
助理員	沈達安	三二	仝上	
雇員	戚國華	三二	仝上	
雇員	徐乃熊	三九	仝上	
第一坊坊長	姚潤青	四一	仝上	
事務員	王忠	四〇	仝上	
事務員	沈榮國	三一	仝上	
事務員	錢子湘	三四	仝上	
第二坊坊長	周鶴雲	五四	仝上	
事務員	沈如傳	四三	仝上	
事務員	葉鵬	四五	仝上	

事務員	周文榮	一九	仝上
第三坊坊長	朱少臣	五五	仝上
事務員	王定國	二四	仝上
事務員	朱也農	五三	仝上
事務員	羅連患	三二	紹興
第四坊坊長	邵子厚	五九	餘杭
事務員	徐栩山	四一	紹興
事務員	徐堯臣	三八	杭州
事務員	余子安	三二	仝上

(二)戶數

本區戶數計普通戶一七三六九戶寺廟戶一四一戶公共戶四一戶船戶二一戶

(三)人口數

本區人口依據四月底統計(普通)男四六三八一口女二八八一三口(寺廟)男三三九口女二六七口(公共)男一八六〇口女八六〇口(船戶)男七一口女三

七口

（四）地方狀況

（1）教育

本區學校事變後除高中暨務女中醫藥專門等校尚未恢復外所有市私立各小學均次第繼續辦理並設有短期小學六所

（2）實業

本區素爲絲綢業薈萃區域如鐵工廠箔坊等亦頗居多數最在絲綢興盛時代市面爲繁榮獲利甚鉅事變後綢市雖見起色然絲價昂貴商人獲利因之不易致一般廠家機户復業者不過前之半數鐵工廠情形亦復如是箔業尚算不悪至緯成天章兩絲廠由某得政府合力經營尚有蒸蒸日上之勢

（3）經濟

本區民衆大多爲機業工人以前絲綢興盛工廠林立民間經濟裕如且市上物價低廉日常辛勤得維安適生活二十八年入秋以來米糧柴薪來源稀少價格飛漲兼諸幣制

降落日用物品無不逐漸昂貴一般失業人民生活爲難不免救苦自應設法救濟

（五）工作經過摘要

1 辦理户籍證登記

2 辦理公糶平糶

3 辦理市民連坐切結暨保甲規約

4 調解區民租賃房屋糾紛

5 按期保送青訓學員

6 覆查全區户口

7 遴選青年團團員

8 辦理發給施米

9 辦理換發市民證

10 調查貧户請發寒衣

11 催繳逾期小額貸款

12 造送災民赤貧名冊

第四區報告

一、現任職員表

職別	姓名	年齡	籍貫	略歷
區長	魏峻宗	四〇	杭市	
助理員	于乃玉	五四	仝上	
助理員	王福祥	三六	仝上	
雇員	張梓焙	三一	仝上	
雇員	羅鼎樑	二三	仝上	
第一坊坊長	袁義彬	四九	仝上	
事務員	杜聯璋	五四	仝上	
事務員	錢熊卿	四一	嵊縣	
事務員	金啓雲	三五	杭市	
事務員	陳季清	三八	仝上	

第二坊坊長	于乃玉	五四	仝上
事務員	戚光璇	五一	仝上
事務員	羅文龍	二五	仝上
事務員	鄭任民	二七	仝上
事務員	邵志賢	二〇	仝上
第三坊坊長	孫明一	三〇	仝上
事務員	朱　義	二六	仝上
事務員	孫秉昌	三〇	仝上
事務員	胡光照	四〇	仝上
事務員	郁正祥	二二	仝上

二、戶數門牌號（四一八三）戶　門牌三五二三方

三、丁口老幼男（一二四七九）女（八二七二）共（二〇七五一）口

四、地方狀況

甲教育

本區在事變前有國立藝專市立中學暨蠶桑學校完全小學與私立小學校之設立事變均已停辦現在市立小學祇三處短期小學三處其餘私立小學校共有八所學生人數約計六百餘人

乙實業

本區位於附郭山地最多人民大半業農出產茶葉爲大宗耕種以外尚有蠶絲蒓菜荷葉魚蝦之類惟事變後缺乏營養培植產量微細

丙經濟

本區以農作物產量不多商店迄未復恢居民往往難以自給經濟殊感困難

五、工作經過

本區自成立迄於二十八年七月以來辦理市民換領户籍證調查農村災情舉辦平糶接收五區第一坊梅家塢徐梵村等處劃入本區編爲第三坊並保送青年團員勸募綏恤寒衣捐調查赤貧市民施放寒衣米票至保護風景森林謹送過境難民增設保事務員清查户口組織青年團區團部添任坊事務員辦理聯

坐切結保甲規約徵收保甲經費被焚災戶等工作上亦次第進行

第五區報告

一、職員表

職別	姓名	年齡	籍貫	略歷
區長	葉祖德	三七	慈谿	
助理員	趙亞棨	四六	杭縣	
助理員	來桂芳	六〇	杭縣	
雇員	朱吉生	三九	杭縣	
雇員	潘伯瑾	四一	紹興	
第一坊坊長	來九皋	六一	蕭山	
第一坊事務員	孫和甫	五三	杭縣	
第一坊事務員	李夢梅	四六	杭縣	
第一坊事務員	陳啓復	四九	海甯	
第一坊事務員	馮炳衍	四五	杭縣	

第二坊坊長	孫振寰	四二	杭縣	
第二坊事務員	胡槿鋆	四七	杭縣	
第二坊事務員	阮公垣	一九	杭縣	
第二坊事務員	田紹龍	四八	紹興	
第二坊事務員	蔣廷昌	三〇	紹興	
第三坊坊長	顧壽生	四一	杭縣	
第三坊事務員	梁西泉	五九	杭縣	
第三坊事務員	許寶康	三〇	杭縣	
第三坊事務員	張樹森	三三	杭縣	
第三坊事務員	徐光斗	四〇	杭縣	
第四坊坊長	江忠興	三七	杭縣	
第四坊事務員	汪受綱	四二	杭縣	
第四坊事務員	江聞富	三三	杭縣	
第四坊事務員	陳秋帆	四〇	杭縣	
第四坊事務員	許玉英	二五	杭縣	

第五坊坊長	馬利賓	四四	杭縣
第五坊事務員	孫厚高	三九	杭縣
第五坊事務員	張悅淥	三九	杭縣
第五坊事務員	孫錫鏞	一九	杭縣
第五坊事務員	陸傳友	二二	杭縣

二、戶數　五五七七戶

普通戶　五五〇三戶

寺廟戶　六二戶

公共戶　一二戶

三、人口數　四四二八九口

男　九〇八七口

女　七六一五口

男孩　二一四九口

女孩　三四三八口

四、地方狀況

甲教育

本區在原有各級公私學校二十一所民衆教育館一所以事變閉歇現在恢復後者祇市立望江門外小學一所短期小學三所私立方面本年設立者計第一坊一處第二坊一處第三坊一處第四坊一處第五坊一處學生數合七百七十餘人近第一坊坊保甲長鑒於地方失學兒童衆多正擬籌增私立學校以資補救

乙實業

本區江干一帶原爲工商會萃重要之區市面極爲繁榮自事變時市屋被燬商人星散又以錢江上游交通未復以故工商各業迄未不能恢復原狀工廠方面現復業者只光華火柴廠一家

丙經濟

住民以農工小販爲多數在去年前生活尚堪勉强維持近因米珠薪桂百物價昂生活

程度尚須設法支持

五、工作經過

茲將本區一年來工作簡略報告於后

1、關於社會方面

調查住民狀况及各坊名勝古蹟　請領食米搬運證　呈請設立江干隅粥廠　查填赤貧住民及災民數目　承辦平糶　施發貧米及寒衣　代募冬賑捐款　請給赤貧病故住民棺　救濟赤貧難民送入慈善機關收容　勸導寺廟各户登記　舉辦市民户籍證　查復户口統計調解佃業糾紛　查報城廂房屋間數並估價　辦理錢江南岸來杭人數登記　籌備市立青年團

2、關於交通方面

辦理道路監護警備公路及鐵道沿綫交通電線剷除警備公路兩傍樹木籌組鐵路愛護團等事宜

3、關於衛生方面

勸導住民注意衛生整潔街道住屋注射防疫針引種牛痘舉行大掃除

4、關於保甲方面

清查戶口辦理聯保切結擬訂保甲規約徵收保甲經費

第六區報告

一、職員表

職別	姓名	年齡	籍貫	住址	略歷
區長	蔡良欽	四五	杭市	崔家巷一〇號	
助理員	陳霖	四〇	仝上	東街路一二八五號	
	濮鉅才	三三	仝上	草塘上四〇號	
雇員	孫學芬	四〇	仝上	章家橋二〇號	
、	沈慰堂	五〇	仝上	頭營巷一一號	
第一坊坊長	張丙南	三七	仝上	會安壩	
事務員	周康年	四一	杭縣	流水橋	
	汪維城	四八	杭市	太廟巷	

	陳馥貞	二一	仝上	東街路
	張偉東	二〇	仝上	會安壩
第二坊坊長	李悅泉	五〇	杭縣	草塘上七〇號
事務員	嚴芹香	四六	仝上	三里亭
	李華椿	二一	仝上	草塘上
	濮鉅有	二五	仝上	仝上
	錢建章	二九	仝上	新塘鎮
第三坊坊長	黃學澄	四五	仝上	彭家埠
事務員	許廣森	二九	仝上	草塘上
	黃全元	二二	仝上	葉家塘
	方福衡	二四	杭市	新塘
	華菊山	三二	仝上	興隆橋
第四坊坊長	陳茂釗	五〇	杭縣	七堡鎮
事務員	祝少卿	四五	仝上	三堡
	徐德培	四七	仝上	徐家牆

	李增海	二五	仝上	七堡
	阮頌奕	三○	紹興縣	七堡
第五坊坊長	徐振	四一	仝上	長瀛村
事務員	姜筱福	四○	仝上	東楊家廟
	陳仁傑	三二	仝上	仝上
	姜金椿	二一	杭市	仝上
	吳奕	三五	仝上	仝上
第六坊坊長	周錦松	七二	杭縣	于家橋
事務員	周壽慶	四七	仝上	仝上
	華寶龍	四○	仝上	仝上
	俞宏根	二○	杭市	宣家埠
	周潤康	二一	仝上	沈家跨
分辦事處主任	徐兆祥	三五	仝上	七堡大王廟
事務員	繆振聲	四五	仝上	仝上
雇員	孫斌	四○	仝上	仝上

二、户數門牌調查表

坊別	坊址	保數	甲數	户數	門牌數	備考
第一坊	會安墻	六	一二九	二三二六	二〇九三	
第二坊	草塘上	九	一五七	二七八九	二五一〇	
第三坊	彭家埠	九	一八三	四〇六五	三六五八	
第四坊	七堡鎮	六	一四二	三〇四〇	二七三六	
第五坊	楊家廟	四	八九	一六〇〇	一四四〇	
第六坊	于家橋	三	六二	一三六六	一二二九	
合計	六坊	三七	七六二	一五一八六	一三六六六	

（說明）1.船户九寺廟九〇公共處所二四户
2.新編合興坊計壹十保七十六甲一六五〇户四三〇四口

三、丁口統計表

坊別	人口 男	人口 女	現住	他往	壯丁	職業 有	職業 無	非家屬同居者	統計
第一坊	六二〇一	四五八〇	一〇三七〇	三二一	一〇二八	九八四一	八四〇	三五三	一〇六八一
第二坊	六五三三	五五一二	一一九六八	七七	一二三六	一一〇六〇	九八五	二七六	一二〇四五
第三坊	九〇六〇	七四二八	一六三四五	一四三	一三四二	一四六五四	一八三四	四四五	一六四八八

第四坊	七九四八	六〇七〇	一三九八〇	三八	一一四六	一二六六〇	一三五八	二三三	一四〇一八
第五坊	三八八六	二九七〇	六八四〇	一六	五七九	六〇一九	八三七	一五九	六八五六
第六坊	三二四〇	二九七八	五六九六	二	三七二	四七二四	九九四	一五九	五七一八
合計	三六七六八	二九〇三八	六五一九九	六一七	五七〇二	五八九五八	六八四八	一六二七	六五八〇六

（說明）查皋筧區二十八年所報男女人數僅有四萬六千五百八十一口茲以時局粗定居民日有歸來至本年四月底核各坊確報人口六萬五千八百〇六口

四、地方概況

甲、教育

市第六區公私學校調查表

校名類別	地址	校長姓名	級數	學生總數 男	學生總數 女	備考
杭州市私立光華小學	艮山上楊墅廟	朱錦堯	四	八六	三八	
太平門私立小學	太平門直街	高忠英	二	三四	二八	
新塘中新廟市立短期小學	新塘鎮	孫逸安	二	三八	二三	
杭州市立下菩薩小學	下菩薩閘王廠	濮乃漢	四	九二	三五	
枸桔弄私立小學	枸桔弄曹氏橋牧場	陳鑑清	四	八七	三二	

彭家埠小學	彭家埠	馮爾為	二	四三	二三
白石廟市立短期小學	白石廟	馮爾為	三	七三	二一
杭州市立七堡小學	七堡鎮	何楚玉	四	一七五	四二

（說明）查本區小學事變前計有十餘處之多較現有者不過半數現查各坊失學兒童衆多擬請市府酌量添設市小以資提倡教育

乙、實業調查表

牌號	地點
元和蔴行	閘弄口
安利蔴行	彭家埠
正大蔴行	嚴家弄
都錦生絲織廠	艮山站
杭州製革廠	流水橋
王萬春藍種場	機神廟後
壽子龍牛奶廠	教場路

曹氏樹牧場　　枸桔弄
協慎興棉花行　　七堡鎮
杭州艮山門發電廠　閘弄口
德隆油坊　　堯典橋

說明　本區行廠時設時閉類多時間性但受環境影響停辦者約計半數

丙、經濟

本區轄境以農作物生產爲大宗近以百物昂漲農村經濟受環境影響一蹶不振以致市面蕭條各業經濟均難充裕次之附郭一帶均屬機戶向以出產絲綢推銷外埠近以原料飛漲機業相繼停歇生活堪虞亟待當局予以救濟

五、工作經過

一、辦理自衛團　本區前辦各戶冬防保衛團自奉令結束後一般團警驟告失業咸請設法維持經前區長選擇優良團警二十名設班長二人呈請市府成立第六區自衛團經准備案

二、轉理户籍證登記　自二十八年七月一日開始至二十八年九月底止共計發證五萬另八百四十號

三、辦理寺廟登記　計凡登記寺十六廟二十三庵八所填表兩份呈送市府存轉

四、辦理平糶　先調查區内貧户造册呈報於二十八年九月十二日開辦至二十日停止計售平米一百六十名

五、成立分辦事處

六、組織杭東道路愛護會　連合組織公路愛護村選推分辦事處主任爲支會長坊保長爲愛護村村長管理清泰門至九堡一帶公路

七、發給赤貧施米券

八、奉令砍伐公路鐵道沿線兩旁樹木　遵飭各坊通知沿線公路之保甲長轉知業主地户砍伐沿路兩側樹木各五百咪於十二月十五日斫除完竣

九、奉令管理鐵道　令飭各坊保每一公里蓋搭草蓬一座每蓬派三人日夜輪流管理遇有匪警飭卽報告就近鐵道警備隊確保治安

十、發給艮山門外城壁側折屋搬場費　二十八年十二月二十三日奉令通知艮山門城壁側房屋折移給費共計發洋九百九十九元於二十九年三月終發給完竣

十一、請准設立枸桔弄小學校　查本區失學兒童衆多經據枸桔弄公民屈掌文呈請設立小學據卽轉請市府預發開辦費二百元課桌椅二百套並委陳鑑清爲該校校長於本年五月正式開學經費暫由地方籌募

十二、函請工務局修理五堡至九堡塘外坍陷沙地及清泰門至七堡一帶汽車路

十三、辦理保甲規約連保切結

十四、徵收保甲經費　督促各坊加緊徵收彙解財局

十五、成立青年團區團部　區長爲區團長坊長爲副團長並飭每保抽派三人趕造團員名冊定期開始訓練

十六、成立河道愛護團

第七區報告

一、現任職員表

職別	姓名	年齡	籍貫	略歷
區長	徐寄禪	四六	杭市	
助理員	馬承祖	三四	仝上	
	林志仁	五四	仝上	
雇員	黃士雄	二〇	仝上	
	姚蓀暢	五九	仝上	
第一坊坊長	杜叔堂	五一	仝上	
事務員	杜海春	二〇	仝上	
	張信元	三二	紹興	
第二坊坊長	王松年	五四	杭市	
事務員	姜敦義	四四	仝上	
	刁鳳祥	二二	仝上	
第三坊坊長	蔡占宏	四五	仝上	
事務員	汪大猷	四五	仝上	
	沈篤山	六六	仝上	

第四坊坊長	邵增高	六五	仝上
事務員	駱炳文	三二	仝上
	傳清泉	五三	仝上

二、戶數　全區普通計九千零六十戶寺廟七十二戶船戶六十四戶公共十八戶

三、丁口　男二萬零五百六十一人女一萬七千三百三十人共計三萬七千八百九十一人

四、地方狀況

甲、教育

本區各級學校原有公私立學校及私塾七十六所現設祇有市立小學二所短小二所私立小學八所較諸原有相差甚鉅已由區呈請市府增設以利兒童失學之弊

乙、實業

查本區地居附郭向稱湖墅爲杭市水陸便利之商埠產物以紙類糧食錫箔三種爲大宗在昔營業年額可數百萬元事變以還人口雖月有增加而商鋪不通勉力開張寥若

晨星地方金融阻塞交通障礙振興之期尚屬有待在相繼開設及復業者

丙、經濟

查本區居民農商各半素稱富庶比年以事變發生殷商富户避外者有之損失無遺者有之有產而不能生產者有之以致地方經濟緊縮枯窘殆不足言

五、工作經過

1、辦理平糶

本區奉　令辦理平糶經於上年九月十一日在武林門外開始糶米至九月二十九日止結束計售米捌拾貳石五斗五升

2、照料難民過境

本區難民均由對江蕭紹繞道而來除派員將姓名年籍等登錄簿冊外即時送由警署報告社會局派員分別安插統計已達壹萬有餘人

3、經辦發放冬賑施粥米

本區無户籍證之窮黎甚衆去歲冬賑奉發放計施米二十石有餘本區貧民

受惠非淺

4、重行編查户口

查本區全部户口底冊焚燬殆盡經派員重行編查完竣裝訂成冊計二十七本業已呈送　市府備查

5、辦理徵收保甲費

本區奉令開始徵收四月份保甲費經派員赴各坊會同坊事務員暨各保長調查户口等次第造具清冊挨户徵收所徵之款逕解財政局驗收

6、按週召集坊保甲長討論推進保甲事宜

本區爲推進行政效率起見經按週召集各坊保甲長會議討論應辦事項以策進行

杭州綢業市場最近之狀況

杭州綢業市場成立於事變之前歷有年所是時絲綢爲杭市產品大宗藉此謀生者不下十數萬人地方一切繁榮極賴乎此事變後業機綢者散避各方業務遂因之停頓二

十七年十月間市府籌劃開市並舉辦機户貸款以便商民機户陸續歸來復業產銷始逐漸進展正期恢復舊觀無如去秋以後各種絲價漲增無已數倍於前綢價雖亦有相當提高究其實際與絲價猛漲相比所差尚鉅以致機户難於維持紛紛另圖他業亦或有之所存者計不及去春十之四五市場成交卽不免隨之減色若不亟謀補救本市絲綢前途深恐不堪設想市場鑒於種種危機曾擬具絲織物設計供應各項意見書呈府核辦(一)疏通原料來源並抑低其價值使成本不致過高一切易於維持以便產量增加(二)由政府指導改良紋工以圖貨物美觀而暢銷路(三)繼續舉辦機户貸款俾無力者得經濟通融可以復業以上救濟辦法均經　市府採納現正在極力設法進行中

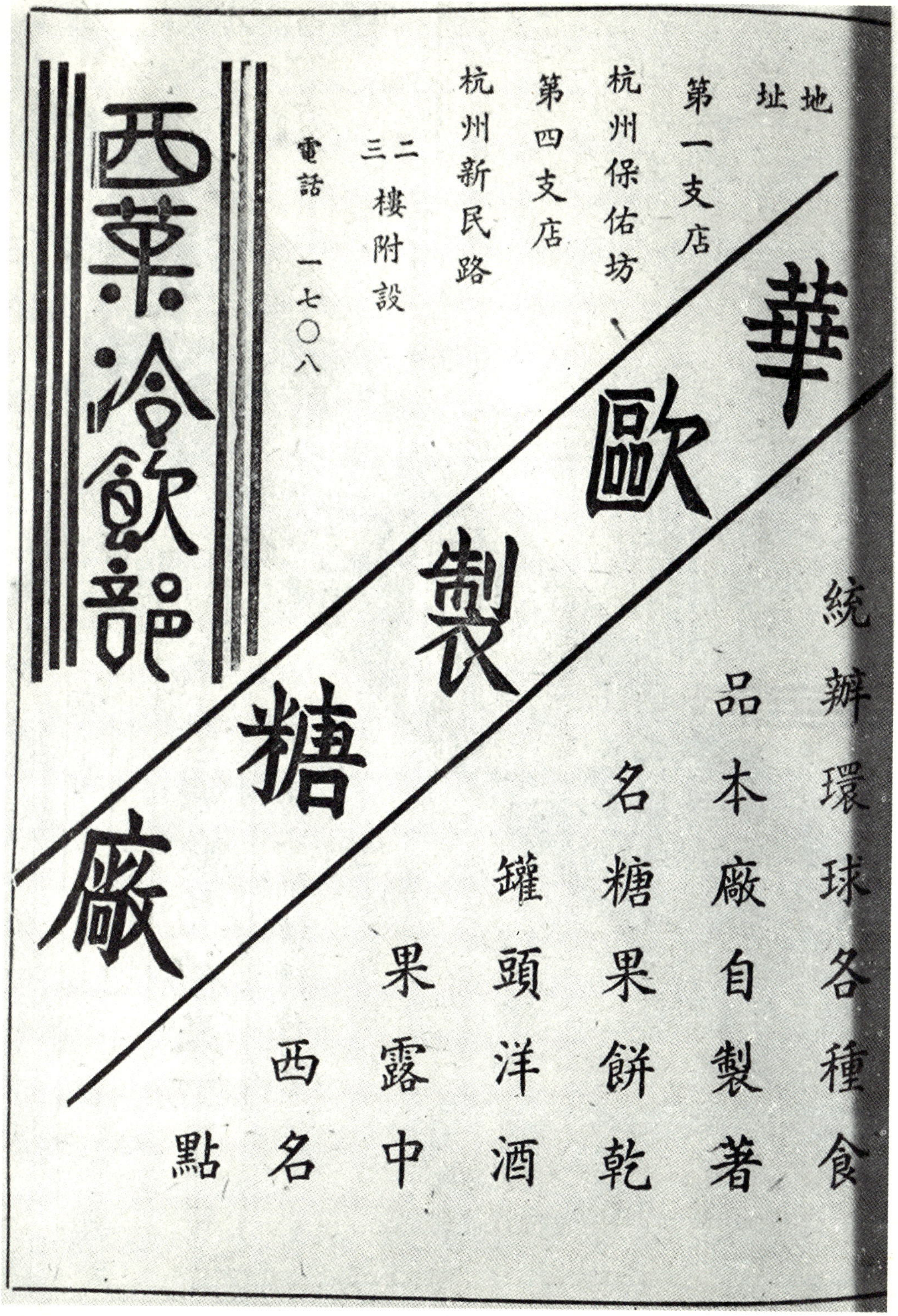
華歐製糖廠
統辦環球各種食品本廠自製著名糖果餅乾罐頭洋酒果露中西名點
地址
第一支店 杭州保佑坊
第四支店 杭州新民路
二三樓附設
電話一七〇八
西菜冷飲部

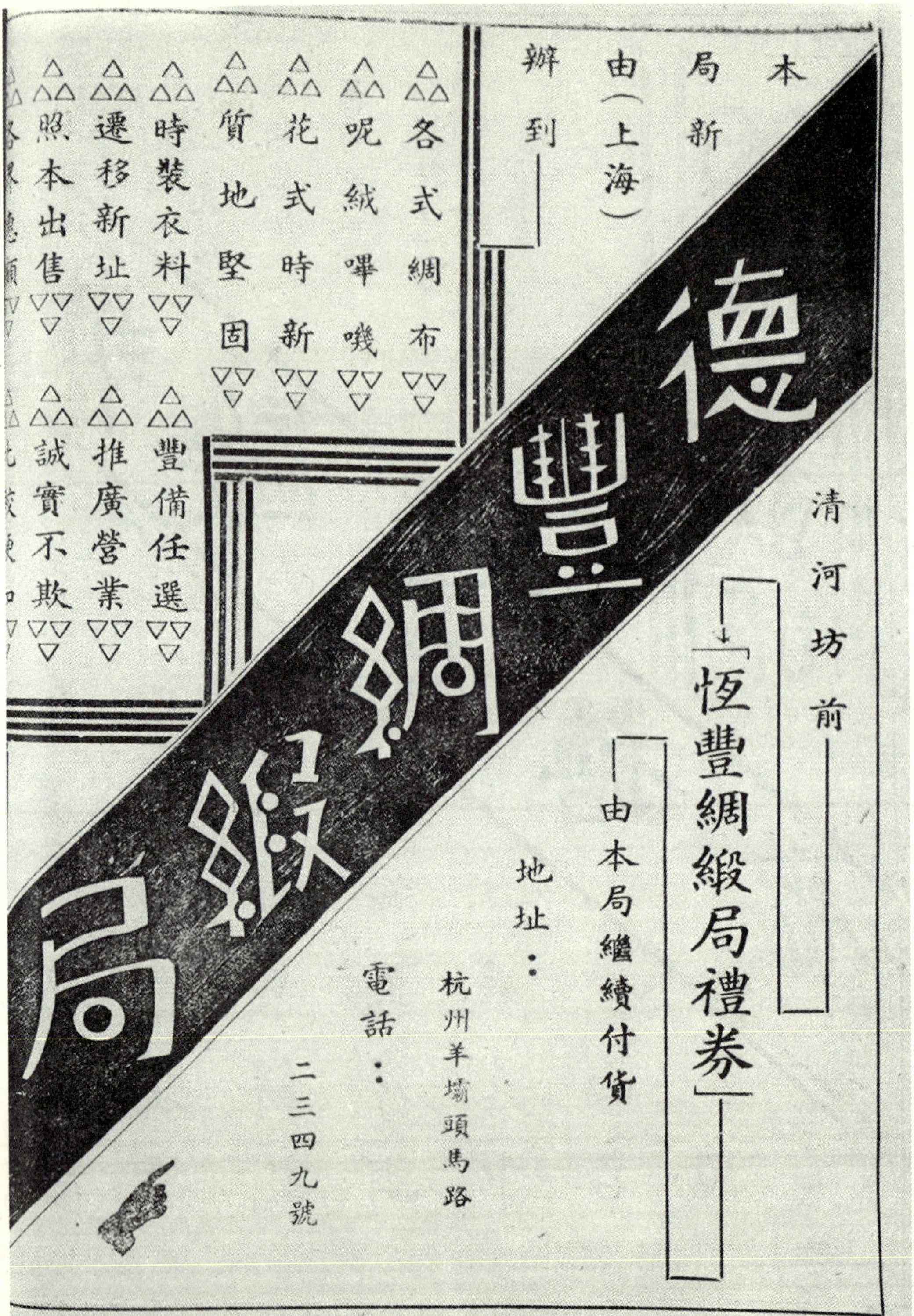
本局新由（上海）辦到
各式綢布
呢絨嗶嘰
花式時新
質地堅固
時裝衣料
遷移新址
照本出售
豐備任選
推廣營業
誠實不欺
德豐綢緞局
清河坊前
「恆豐綢緞局禮券」
由本局繼續付貨
地址：杭州羊壩頭馬路
電話：二三四九號

調查統計

統計

五月份杭市户口調查表

一、調查户口總數表

（本月與上月比較 户增一一六五口增五三八六）

類別 / 區別	普通户口 鋪户	普通户口 住户	普通户口 男	普通户口 女	寺廟户口 户	寺廟户口 男	寺廟户口 女	公共處所 户	公共處所 男	公共處所 女	外國籍 户	外國籍 男	外國籍 女	共計 户	共計 男	共計 女	共計 男女合計
南區警察署	一三七五	一〇六三三	二六九四二	一九三七三	一〇五	一九八	九三	七五	四七九	四〇六	二	一	三	一二一八〇	二七六二〇	一九八七五	四七四九五
中區警察署	一八八八	一一四八九	四八二四三	二四二六八	八九	二〇〇	一四七	八二	一六四五	四六四	四三	一〇三	九六	一三五九〇	五〇一九一	二四九七五	七五一六六
北區警察署	九三三	一六九四八	四二一一〇	三〇四三八	一三三	二三九	二九九	三九	九八六	一四四	三	六	六	一八〇五六	四三三四一	三〇八八七	七四二二八
西湖區警察署	一一二	三四〇二	七四一七	六三六〇	一七七	五〇九	九一	二五	一一一四	二六九	二	一	一	三七一八	九〇四一	六六二一	一五六六二
江會區警察署	三〇六	五三九四	一三一一三	一一一一九	六九	一一三	五九	一六	四二	二	一	一	〇	五七八六	一三二六九	一一一八〇	二四四四九
皋覺區警察署	二二四	一〇五〇八	二五六五八	二一〇〇三	九〇	一三九	六二	二五	二三七	二	〇	〇	〇	一〇八四七	二六〇三四	二一〇六六	四七一〇〇
拱墅區警察署	一一一六	七三二二	一九一四九	一六二四三	六一	一四三	六四	三九	三三二	五九	二	二	二	八五四〇	一九六二六	一六三六八	三五九九四
總計	五九五四	六五六八六	一八二六三二	一二八七〇三	七二四	一五四一	八一五	三〇一	四八三五	一三四六	五二	一一四	一〇八	七二七一七	一八九一二二	一三〇九七二	三二〇〇九四

二、户口統計表

區別	增進 户數	增進 口數 男	增進 口數 女	增進 事項	減除 户數	減除 口數 男	減除 口數 女	減除 事項	比較增減 增 户	比較增減 增 男	比較增減 增 女	比較增減 減 户	比較增減 減 男	比較增減 減 女
南區警察署	三七五	九九六	七三七	遷入 男婚 開張 來住 生育 雇用	二四二	五二〇	四七〇	徙出 他往 女嫁 辭退 死亡	一三三	四七六	二六七			
中區警察署	五二五	一八七二	一三九〇	遷入 男婚 開張 雇用 生育 來住	三〇二	一〇一三	七六二	徙出 閉歇 女嫁 辭退 他往	二二四	八五八	六二八			
北區警察署	四七〇	一二九〇	八二七	遷入 生育 開張 來住 男婚 雇用	一六一	六八六	四二三	徙出 辭退 閉歇 死亡 女嫁 他往	三〇九	六〇四	四〇五			
西湖區警察署	六三	三七九	一五九	遷入 生育 開張 來住 男婚 雇用	五〇	三三五	一五三	徙出 死亡 閉歇 他往 女嫁 辭退	一三	四四	六			
江會區警察署	四六	一九〇	二〇九	遷入 男婚 開張 來住 生育 雇用	二八	一八〇	七四	徙出 他往 女嫁 辭退 死亡	一八	八三	一三五			
皋覓區警察署	七八	二四八	一九七	遷入 雇用 生育 來住	七一	二二六	一八三	徙出 他往 死亡 辭退 女嫁	七	二二	一四			
拱墅區警察署	五二三	一一九四	九五三	遷入 雇用 開張 男婚 來住 生育	六一	一八六	一一六	徙出 女嫁 閉歇 死亡 辭退	四六一	一〇〇八	八三七			
合計	二〇七九	六一六八	四四七二		九一四	三〇七四	二一八〇		一一六五	三〇九四	二二九二			

三、户口變動月報表

類別		區別	南區警察署	中區警察署	北區警察署	西湖區警察署	江會區警察署	皋覓區警察署	拱墅區警察署	合計	前月合計	比較 增	比較 減
遷入		户	361	492	462	58	45	78	512	2008	1218	790	
		男	736	994	693	105	98	216	1123	3965	2429	1536	
		女	617	875	369	91	122	164	925	3163	2239	924	
遷出		户	242	293	160	49	28	71	53	896	824	72	
		男	443	653	331	85	54	196	103	1865	1683	182	
		女	430	555	279	83	39	151	87	1624	1603	21	
營業開張		户	14	33	8	5	1		10	71	68	3	
		男	148	143	13	71	4		32	411	306	105	
		女	5	23			2		11	41	29	12	
營業歇業		户		8	1	1			8	18	9	9	
		男		38	1	9			28	76	33	43	
		女		8					3	11	7	4	
分居		户											
		男											
		女											
絕户		户											
		男											
		女											
婚嫁		男	24	20	34	9	2	3	2	94	89	5	
		女	13	20	32	1	2	3	2	73	71	2	
生育		男	14	26	56	13	13	5		127	163		36
		女	16	29	33	11	15	4	1	109	86	23	
死亡		男	23	41	68	22	4	3	2	163	232		69
		女	9	26	42	12	2	3	3	97	124		27
收養		男				1				1	1		
		女				1				1	4		3
來往		男	69	462	391	141	49	16	21	1149	888	261	
		女	62	396	350	42	53	14	13	930	713	217	
他往		男	33	193	151	176	32	11	34	630	565	65	
		女	14	134	63	57	25	12	21	326	204	122	
雇用		男	29	246	137	48	26	11	18	515	514	1	
		女	13	47	41	5	15	12	1	134	70	64	
辭退		男	21	88	135	43	18	16	19	340	285	55	
		女	4	19	6		6	14		49	44	5	
繼承	繼入	男									1		1
		女											
	繼出	男											
		女											

四、調查外僑戶口表

區別 ＼ 國別	日本			美國			英國			法國			俄國			荷蘭			朝鮮						共計				附記
戶口數	戶	男	女	戶	男	女	戶	男	女	戶	男	女	戶	男	女	戶	男	女	戶	男	女	戶	男	女	戶	男	女	男女合計	
南區警察署				二	一	三																			二	一	三	四	
中區警察署	三〇	九〇	八三	四	二	三	七	七	一〇										一	四					四二	一〇三	九六	一九九	
北區警察署				一		二	一		一	一	五	三					一								三	六	六	一二	
西湖區警察署							一		一				一	一											二	一	一	二	
江會區警察署				一	一																				一	一	〇	一	
皋覺區警察署																													無
拱墅區警察署	二	二	二																						二	二	二	四	
總計	三二	九二	八五	八	四	八	九	七	一二	一	四	三	一	一			一		一	四					五二	一一四	一〇八	二二二	

杭州市事變前與現在户口之比較

二十九年五月填造

	户數	口數 男	口數 女	口數 合計	備考
本市事變前户口數	一二四六八二	三五四六五二	二四一五五三	五九六二〇五	以二十六年三月份調查為準
本市最近户口數	七四七七一	一九三四二〇	一四一二九二	三三四七一二	以二十九年四月份調查為準

杭州市新入境市民逐月人數之統計

二十八年六月份起至二十九年五月份止

年月別		男	女	小孩	共計
二十八年	六月	779人	414人	132人	1325人
	七月	457人	196人	40人	693人
	八月	620人	196人	98人	914人
	九月	523人	282人	52人	857人
	十月	1360人	779人	141人	2280人
	十一月	977人	571人	119人	1667人
	十二月	1030人	582人	142人	1754人
二十九年	一月	995人	598人	124人	1717人
	二月	908人	506人	83人	1497人
	三月	1400人	859人	185人	2444人
	四月	1365人	838人	198人	2401人
	五月	1782人	1246人	353人	3381人
共計		12196人	7067人	1667人	20930人

杭州市社會局工商業登記特種營業與普通營業逐月比較表

二十七年七月份起至二十九年五月份

年別	月別	特種營業戶數	普通營業戶數
二十七年	七月	28户	230户
	八月	103户	1571户
	九月	36户	705户
	十月	26户	290户
	十一月	30户	261户
	十二月	19户	260户
二十八年	一月	14户	199户
	二月	19户	70户
	三月	10户	128户
	四月	13户	129户
	五月	8户	151户
	六月	18户	86户
	七月	16户	101户
	八月	8户	161户
	九月	13户	79户
	十月	5户	59户
	十一月	6户	38户
	十二月	3户	109户
二十九年	一月	7户	62户
	二月	3户	34户
	三月	2户	52户
	四月	2户	108户
	五月	1户	91户
合計		390户	4973户

杭州市救濟絲綢機織業貸户逐月還款統計表

二十七年九月份起至二十九年五月

年別	月別	還款銀數
二十七年	九月	685元
	十月	2800元
	十一月	4100元
	十二月	4295元
二十八年	一月	4485元
	二月	2040元
	三月	2395元
	四月	1055元
	五月	1320元
	六月	530元
	七月	300元
	八月	100元
	九月	290元
	十月	225元
	十一月	80元
	十二月	160元
二十九年	一月	285元
	二月	20元
	三月	25元
	四月	65元
	五月	25元
合計		25280元

杭州市核發旅行保證書逐月統計表

二十七年五月份起至二十九年五月份

年別	月別	申請核發	核准發給	手續不合
二十七年	五月	599份	470份	192份
	六月	1425份	1303份	122份
	七月	1396份	1302份	94份
	八月	1567份	1462份	105份
	九月	2234份	2124份	110份
	十月	3038份	2938份	100份
	十一月	3347份	3240份	107份
	十二月	3374份	3272份	102份
二十八年	一月	3497份	3403份	94份
	二月	3239份	3136份	103份
	三月	4977份	4862份	115份
	四月	3562份	3475份	87份
	五月	3350份	3259份	91份
	六月	3052份	2978份	74份
	七月	3431份	3335份	96份
	八月	3913份	3808份	105份
	九月	4196份	4079份	117份
	十月	3521份	3433份	88份
	十一月	3430份	3346份	84份
	十二月	2942份	2864份	78份
二十九年	一月	3278份	3187份	91份
	二月	3085份	3000份	85份
	三月	3776份	3670份	106份
	四月	5937份	5487份	450份
	五月	5644份	5440份	204份
合計		81810份	78873份	2937份

杭州市社會局二十八年秋季經辦公平糶報告

類別	給發米石數量	實斛米石數量	原付米價款	售得米款	盈虧比較 盈虧	盈虧比較 金額
公糶	一一六一、二五石	一一五七、六九六石	一八五八〇元	一九三〇三、二四四元	盈	七二三、二四四元
平糶	三九五六、六五石	三八四七、二一六石	六二八八〇、八元	六一七三一、七五六元	虧	一一四九、〇四四元
合計	五一一七、九〇石	五〇〇四、九一二石	八一四六〇、八元	八一〇三五、〇〇〇元	虧	四二五、八〇〇元

附註

公糶給發米石數係九二九袋以一石二斗五升計算合計一一六一石、二五、實斛米石數內有七六袋係原袋售出未斛按每袋一石二斗五升計算

平糶米石損耗較多原因以嘉興之斛較杭市之斛每石約差二升及延途漏袋所致

杭州市社會局二十八年秋季經辦公平糶虧蝕統計表

類別	售得米款與原價比較盈虧：盈虧	售得米款與原價比較盈虧：金額	計付開支	盈虧總計：盈虧	盈虧總計：金額
公糶	盈	七二三、二四四元	六〇六、八九〇元	盈	一一六、三五四元
平糶	虧	一一四九、〇四四元	二四三四、一六〇元	虧	三五八三、二〇四元
合計	虧	四二五、八〇〇元	三〇四一、〇五〇元	虧	三四六六、八五〇元

杭州市政府廿八年份發給衛生業務執照統計

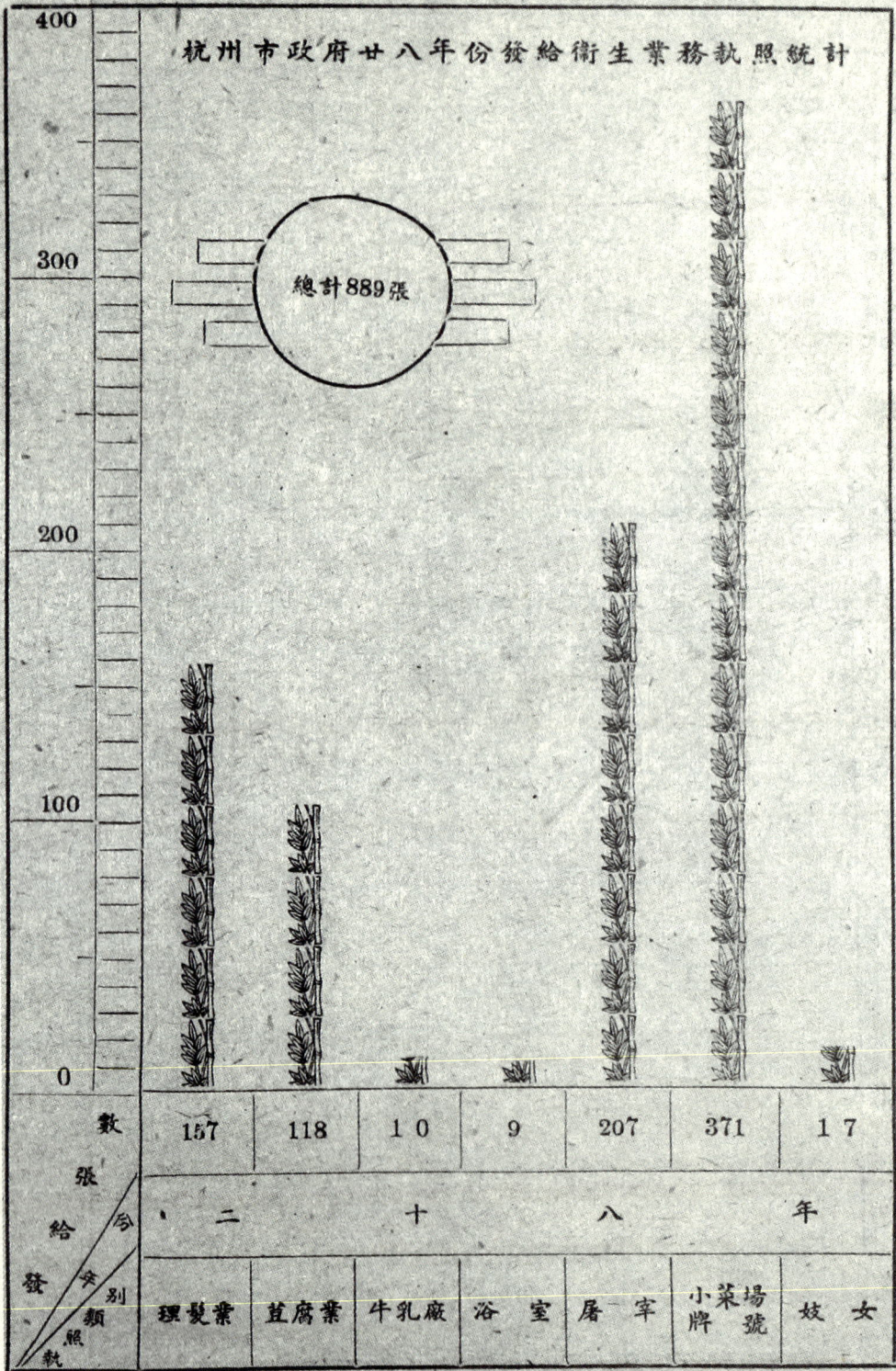

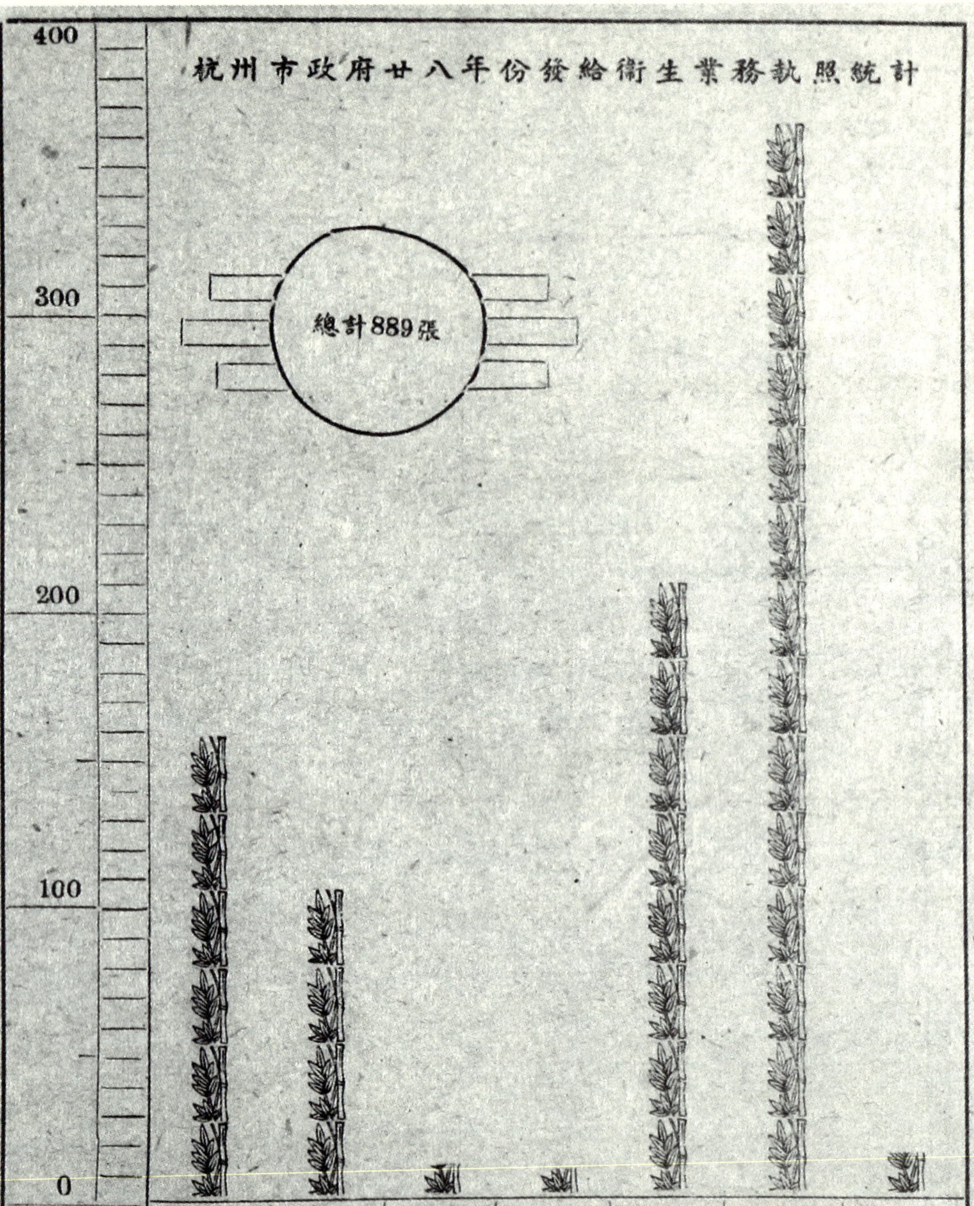

執照類別	理髮業	荳腐業	牛乳廠	浴室	屠宰	小菜場牌號	妓女
年份	二十八年						
發給張數	157	118	10	9	207	371	17

杭州市公私立醫院二十八年度各科病人統計表

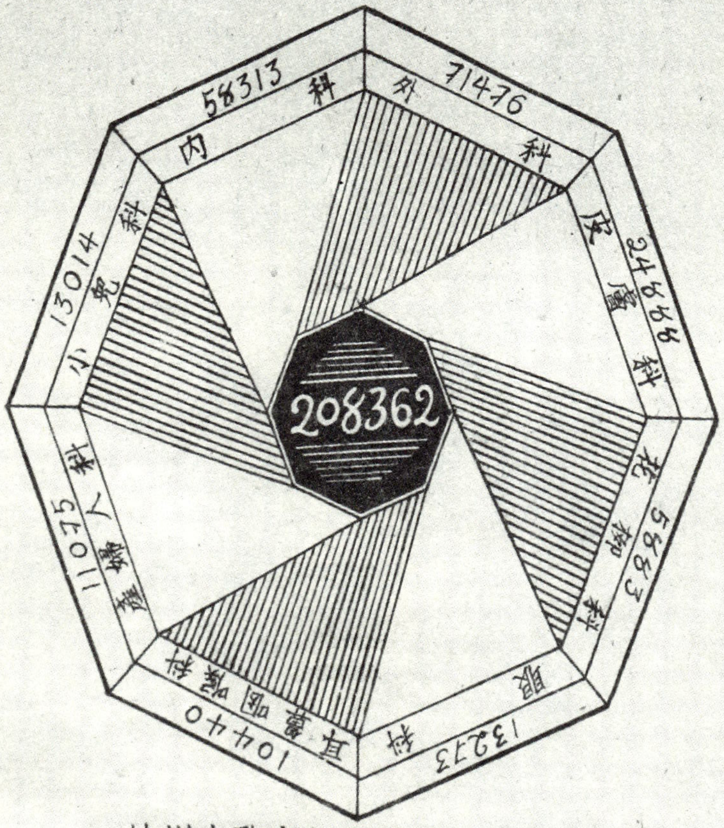

杭州市政府秘書處第三科纂製

杭州市公私立各醫院二十八年度病人統計表

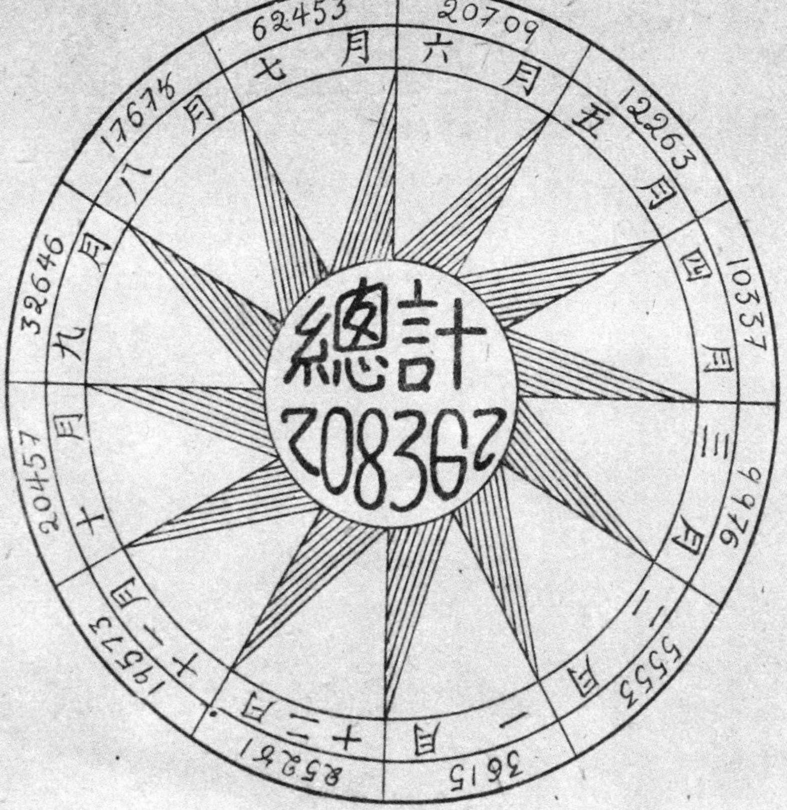

杭州市政府秘書處第二科(衛生)製

杭州市醫藥人員統計

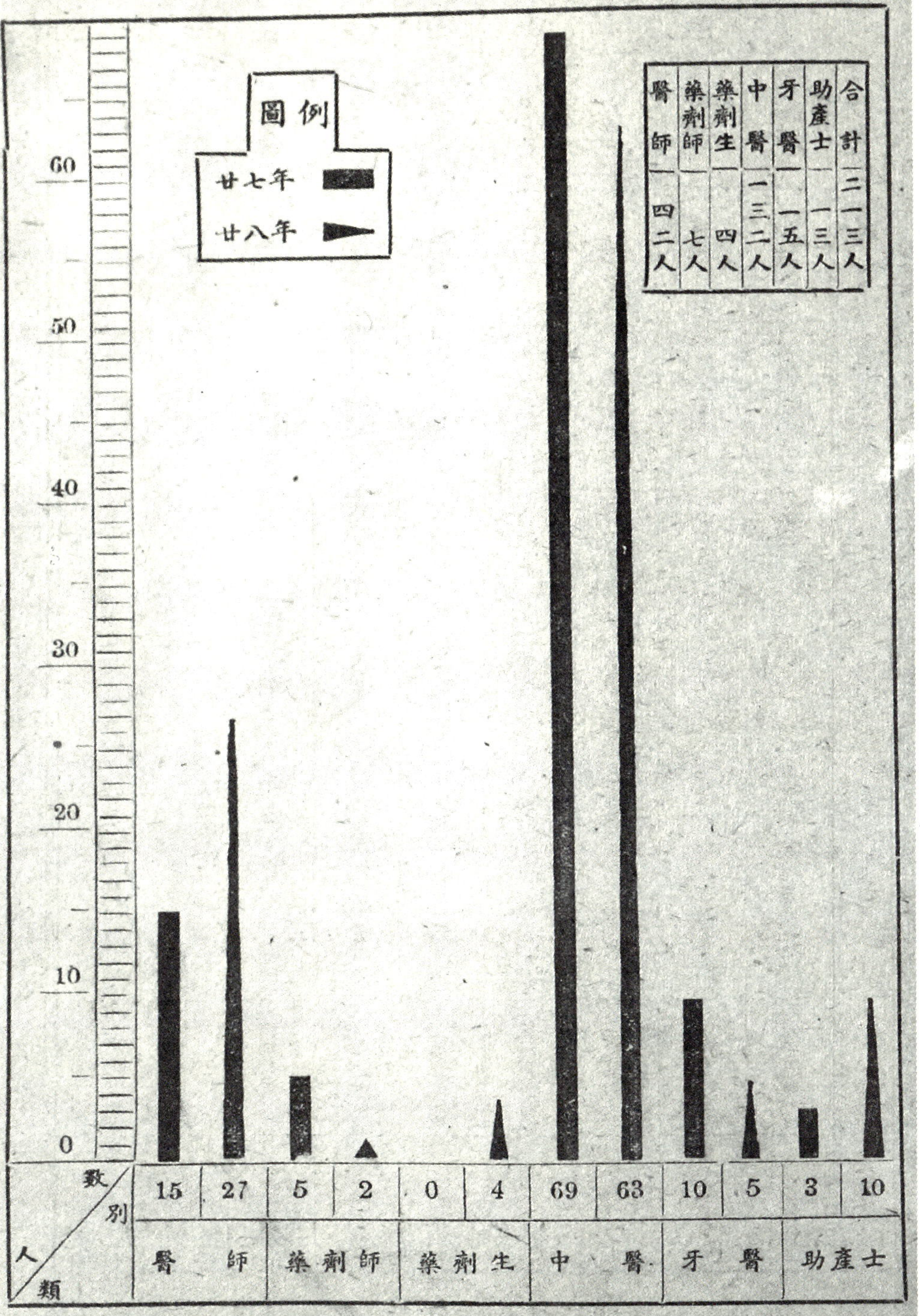
圖例
廿七年
廿八年
醫師 四二人
藥劑師 七人
藥劑生 四人
中醫 一三二人
牙醫 一五人
助產士 一三人
合計 二一三人
60
50
40
30
20
10
0
數別
人類
15 27 5 2 0 4 69 63 10 5 3 10
醫師
藥劑師
藥劑生
中醫
牙醫
助產士

杭州市公私立各醫院診所二十八年半年就診各科病人統計表（下半年）

科別／人數／月別	內科	小兒科	產婦人科	外科	皮膚科	花柳科	眼科	耳鼻咽喉科	總計
七月	5232	2274	0928	4894	2109	0500	0942	0799	17678
八月	11105	1305	1211	12053	3398	0533	2449	0392	32646
九月	4769	1047	1028	8526	2761	0453	1132	0741	20457
十月	8963	0774	2677	10246	2497	1434	2215	1468	30274
十一月	6036	1112	1187	6510	2482	0296	1163	0787	19573
十二月	6779	0670	1775	7645	4659	0911	0425	2417	25281
共計	42884	07182	08806	49874	18106	04127	08326	06604	145909
附註	本表依據各醫院各診所月報統計								

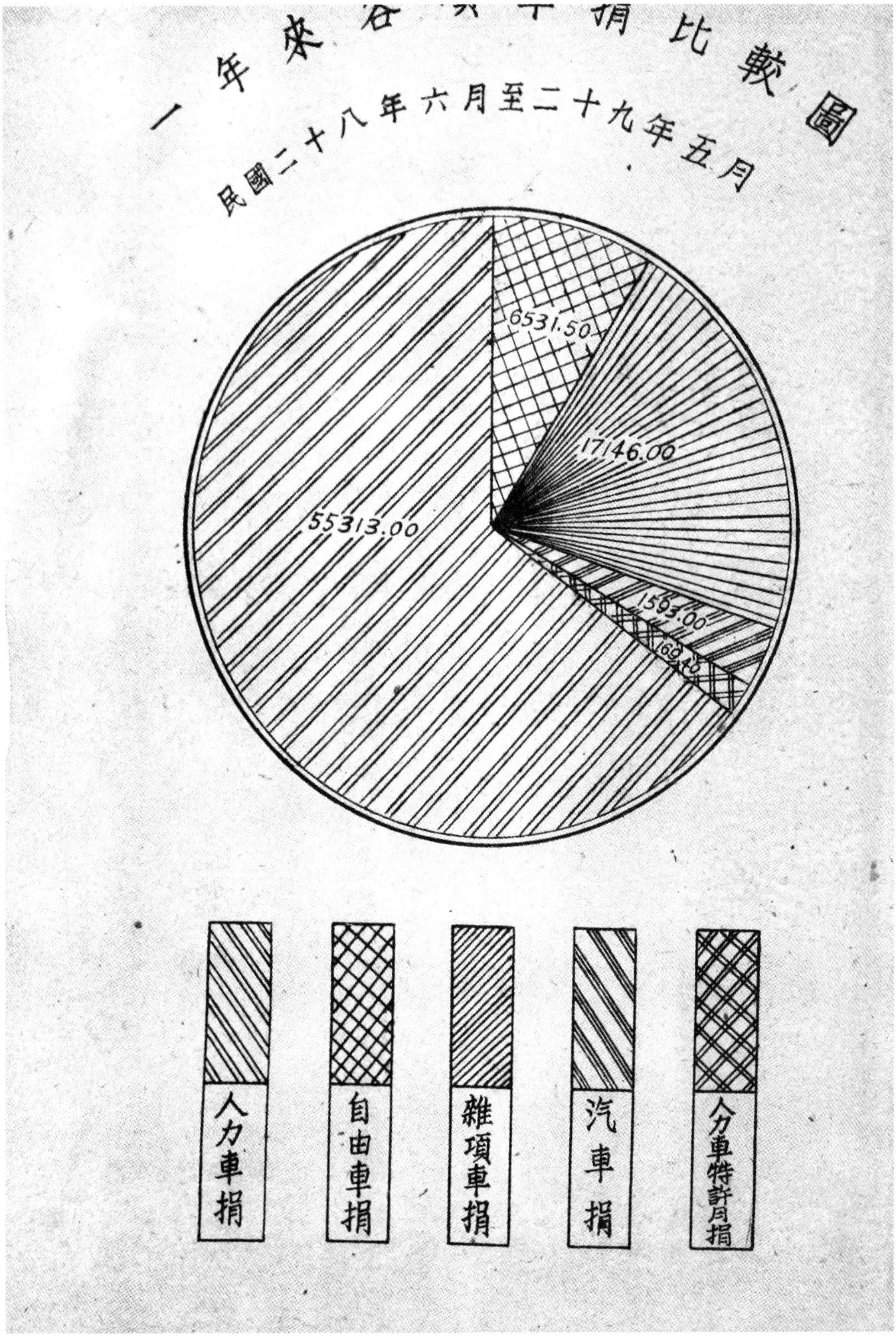
一年來各項車捐比較圖
民國二十八年六月至二十九年五月
6531.50
17146.00
55313.00
1593.00
169.40
人力車捐
自由車捐
雜項車捐
汽車捐
人力車特許月捐

一年來各項奢侈品捐比較圖

民國二十八年六月至二十九年五月

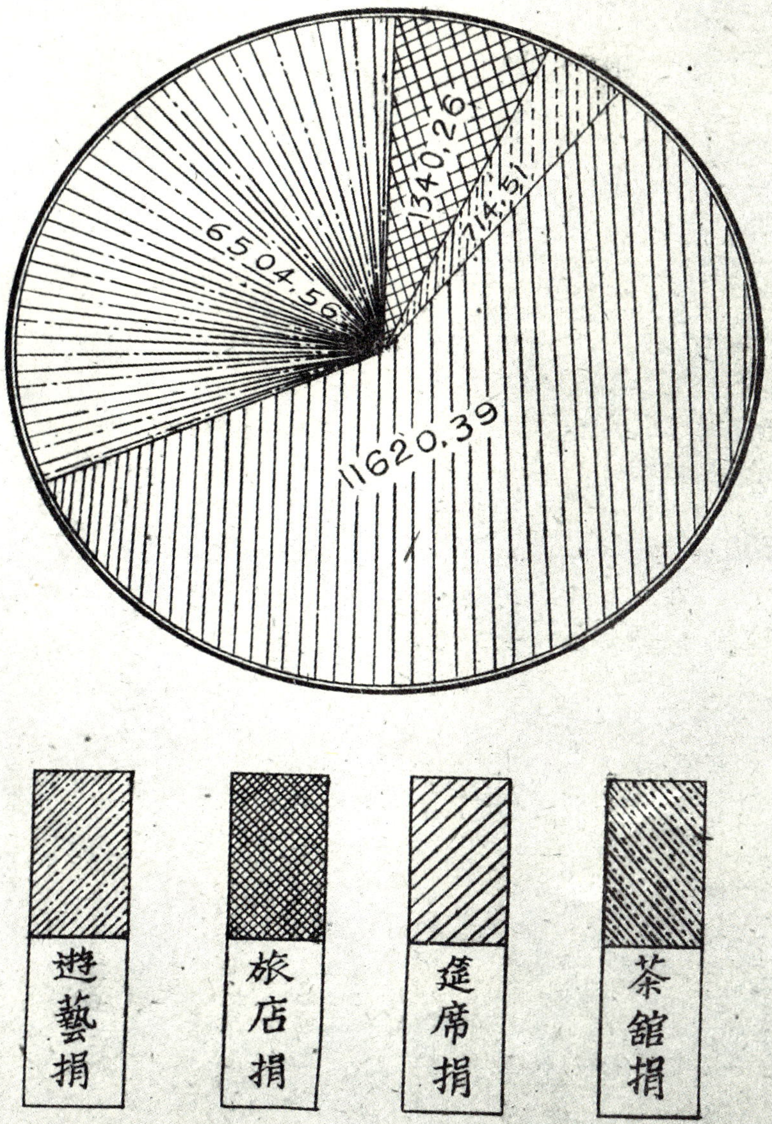

杭州市營業稅逐月徵收比較表

民國二十八年六月至二十九年五月

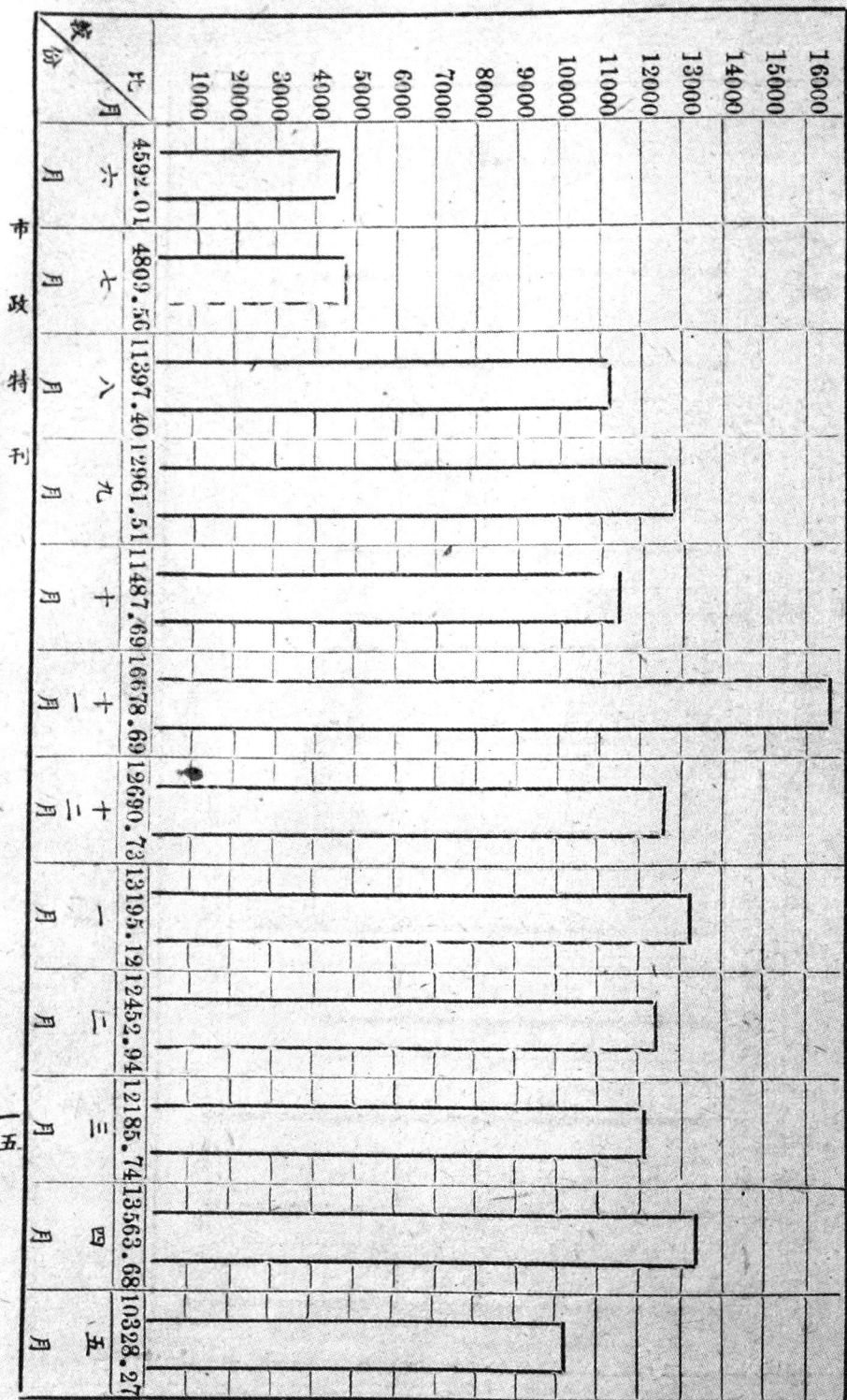

比較 月份	六月	七月	八月	九月	十月	十一月	十二月	一月	二月	三月	四月	五月
	4592.01	4809.56	11397.40	12961.51	11487.69	16678.69	12690.73	13195.12	12452.94	12185.74	13563.68	10328.27

杭州市房屋捐逐月徵收比較表

民國二十八年六月至二十九年五月

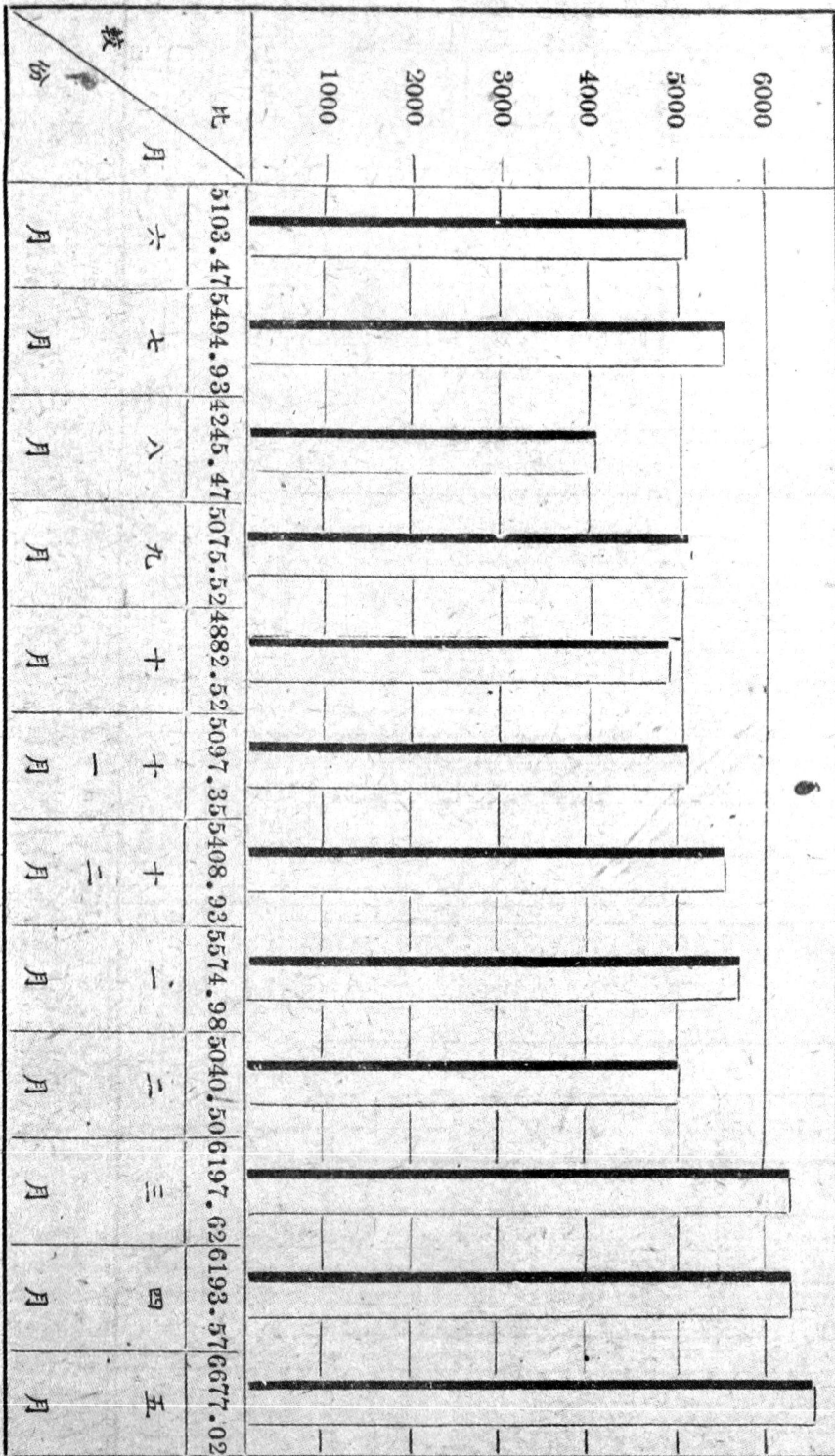

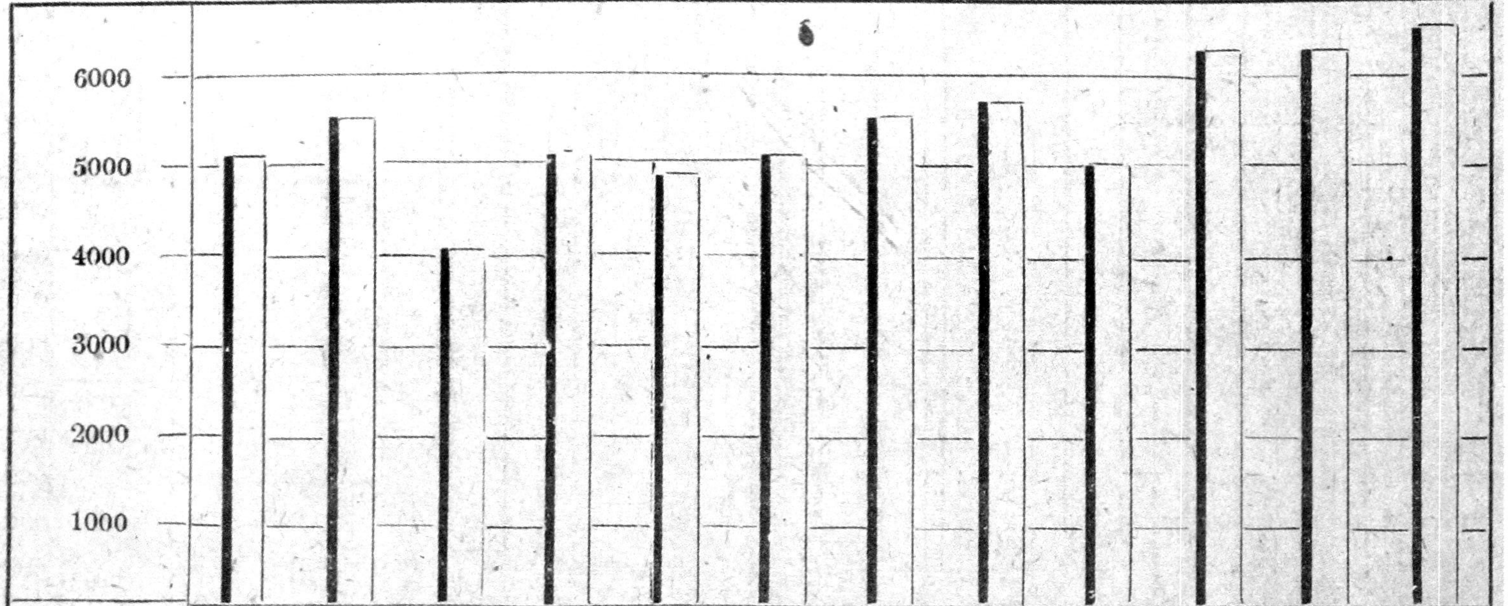

比較 / 月份	六月	七月	八月	九月	十月	十一月	十二月	一月	二月	三月	四月	五月
	5103.47	5494.93	4245.47	5075.52	4882.52	5097.35	5408.93	5574.98	5040.50	6197.62	6193.57	6677.02

杭州市箔類營業捐逐月徵收比較表

民國二十八年六月至二十九年五月

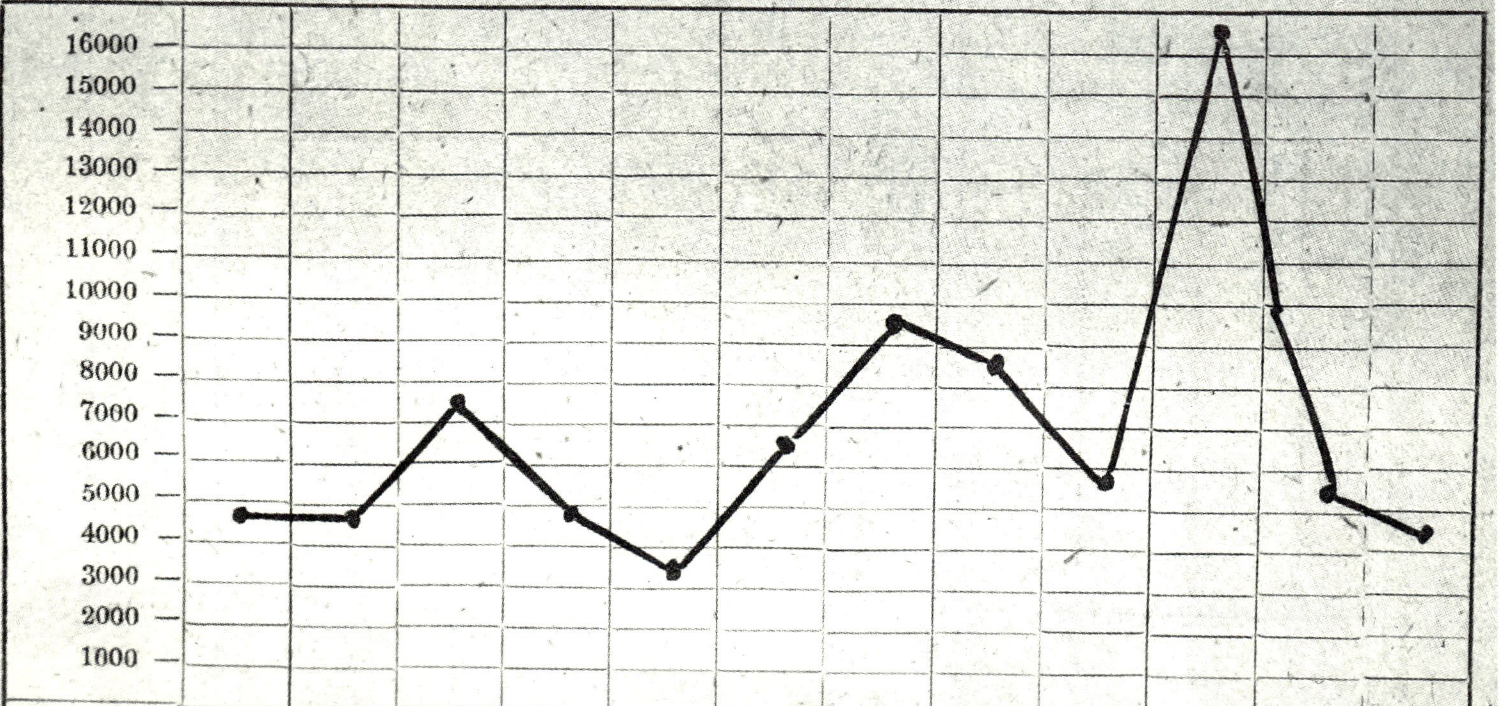

月份 \ 比較	六月	七月	八月	九月	十月	十一月	十二月	一月	二月	三月	四月	五月
比較	4008.69	4015.13	7014.40	4500.67	3029.84	6508.80	9206.09	8051.81	5192.61	16139.70	5015.12	4050.35

杭州市區田地山蕩畝分坵數陳報註冊統計表

自二十八年六月至二十九年五月

都別		第一都	第二都	第三四都	第五都	第六都	總計
地名		城區	西湖區	江干會堡區	皋筧區	拱墅區	
地目	田	47 933	6 165	16 434	131 555	6 725	208 812
	地	210 895	54 308	70 893	125 647	52 458	514 291
	山	19 293	109 810	33 674		10 109	172 886
	蕩	22 247		10 488	35 789	18 340	86 864
合計		300 458	170 283	131 489	292 991	87 632	981 853
坵數		222	24	20	81	116	493
備考							

杭州市地價稅逐月徵收狀況圖

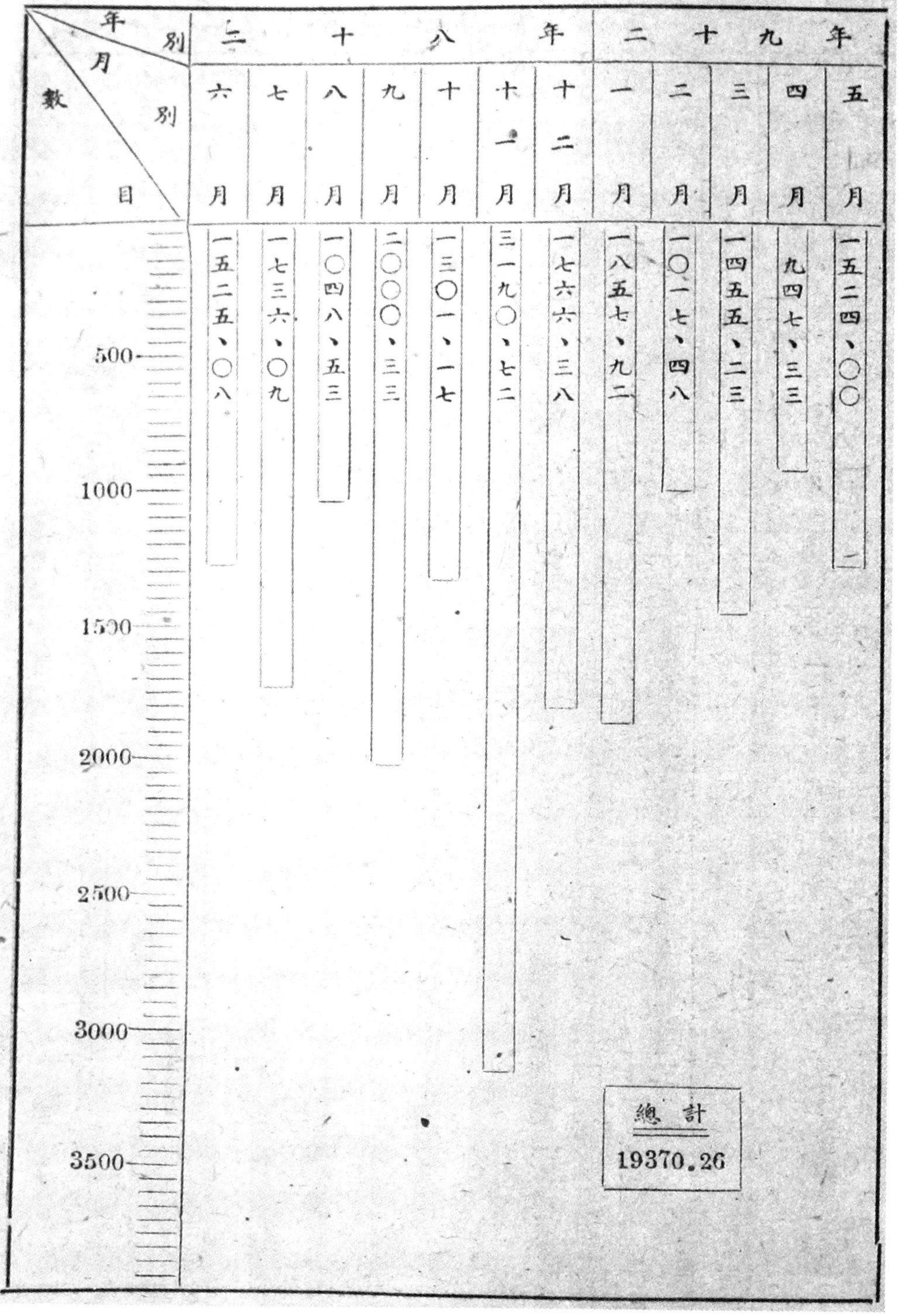
年別
月別
數目
二十八年
二十九年
六月
七月
八月
九月
十月
十一月
十二月
一月
二月
三月
四月
五月
一五二五、〇八
一七三六、〇九
一〇四八、五三
二〇〇〇、三三
一三〇一、一七
三一九〇、七二
一七六六、三八
一八五七、九二
一〇一七、四八
一四五五、二三
九四七、三三
一五二四、〇〇
500
1000
1500
2000
2500
3000
3500
總計
19370.26

杭州市區地價稅已完未完畝分比較表

自二十八年六月至二十九年五月

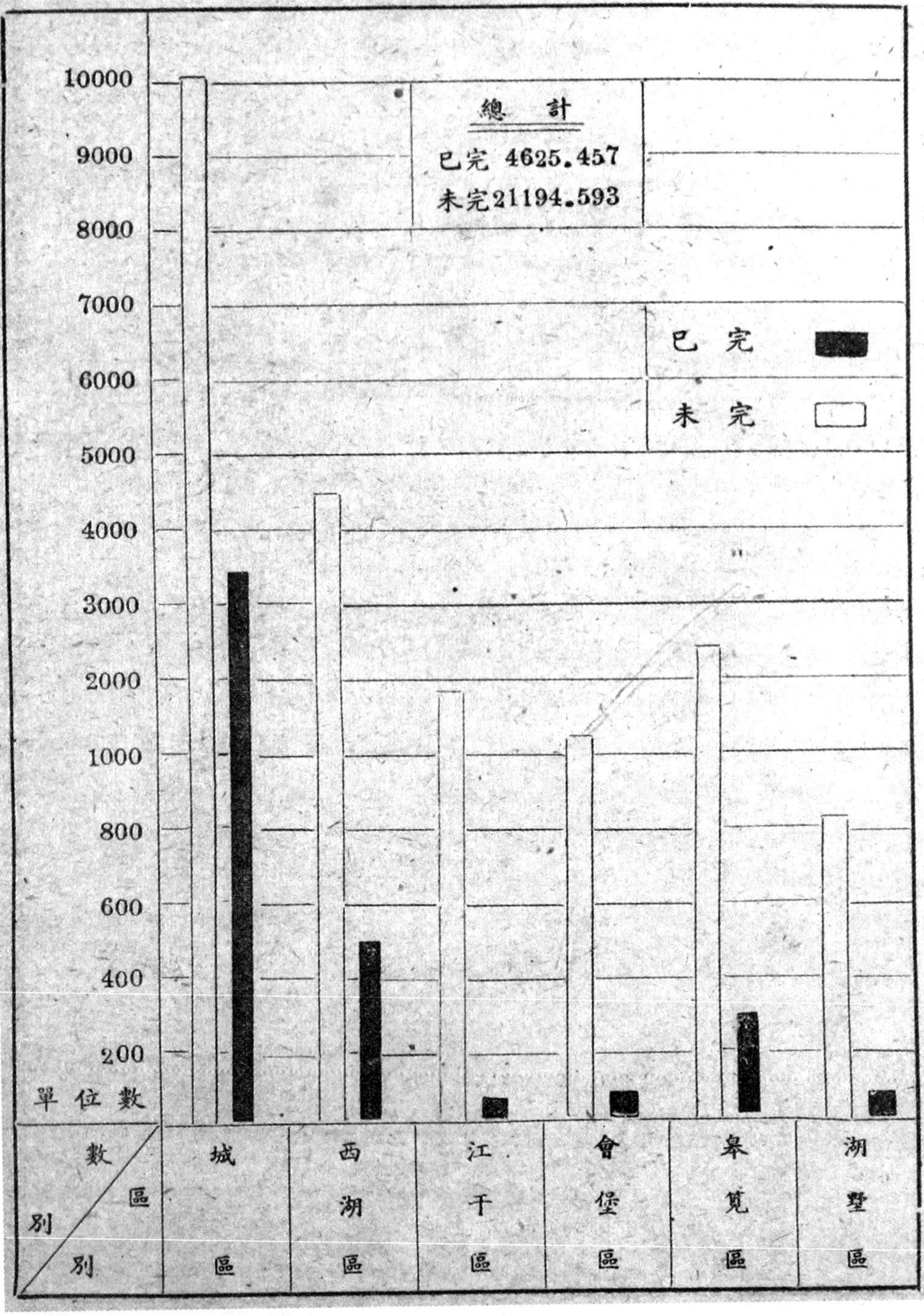

杭州市政府財政局地價稅造串户數及已完未完户數比較表

中華民國二十八年六月至二十九年五月

都別	造串户數	已完户數	未完户數	備攷
一都一圖	三七五二户	六五〇户	三一〇二户	
一都二圖	二八三〇户	四六八户	二三六二户	
一都三圖	三一八八户	六五七户	二五三一户	
一都四圖	一一九五户	三二九户	八六六户	
一都五圖	二九七二户	三〇三户	二六六九户	
一都六圖	三三八二户	七〇四户	二六七八户	
二都一圖	七七七户	四七户	七三〇户	
二都二圖	六六六户	七二户	五九四户	
二都三圖	五四〇户	四一户	四九九户	
二都四圖	四〇一户	四一户	三六〇户	
二都五圖	二一一户	三五户	一七六户	
三都一圖	九一户		九一户	
三都二圖	一五九户	一四户	一四五户	
四都一圖	三九一户		三九一户	
四都二圖	六〇九户	二户	六〇七户	

四都三圖	三户		三户	
五都一圖	七户		七户	
五都二圖	四〇户		四〇户	
五都三圖				
五都四圖	一四八户		一四八户	
五都五圖	二二六户		二二六户	
五都六圖	一三九户	二户	一三七户	
五都七圖				
五都八圖	一五四户		一五四户	
五都九圖	四六户		四六户	
五都十圖	二户		二户	
六都一圖	一九户	一户	一八户	
六都二圖	五四户		五四户	
六都三圖	五二八户	四〇户	四八八户	
六都四圖	一四六户		一四六户	
六都五圖	五三八户	五六户	四八二户	
總計	二三二一四户	三四六二户	一九七五二户	

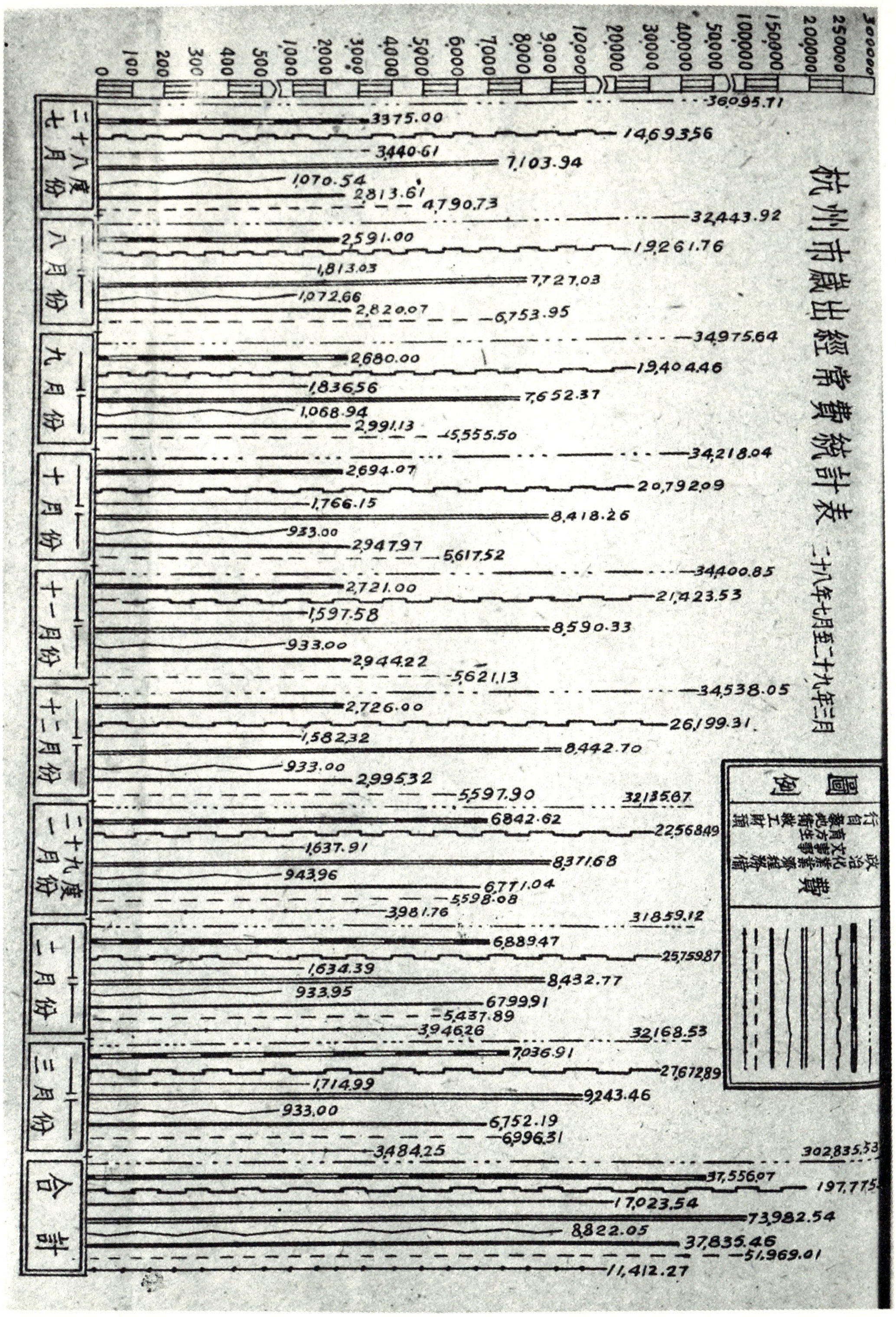

杭州市歲出經常費統計表
二十八年七月至二十九年三月
二十八年度七月份
八月份
九月份
十月份
十一月份
十二月份
二十九年度一月份
二月份
三月份
合計
圖例

杭州市
教育文化費支出統計表

二十八年七月起至二十九年三月止

名稱＼年月	二十八年七月分	八月分	九月分	十月分	十一月分	十二月分	二十九年一月分	二月分	三月分	合計
中學經費	3552.00	5126.59	5126.53	5126.67	5126.72	5126.41	5126.67	6870.58	6870.06	48052.23
小學經費	8107.82	10322.00	10321.95	10326.00	10326.00	10325.91	10325.00	11248.00	12406.40	93709.08
短小經費	1294.77	1217.87	140994	1410.00	1410.00	2158.60	1554.00	1409.98	1581.00	13446.16
私小補助費	1420.00	2154.00	2154.00	2154.00	2154.00	2154.00	2154.00	2497.00	2497.00	19338.00
轉發模小補助費	╱	╱	600.00	600.00	600.00	600.00	600.00	580.00	580.00	4160.00
轉發普通小學補助費	╱	╱	╱	670.00	670.00	670.00	670.00	1465.00	1465.00	5610.00
社會教育經費	╱	╱	╱	1607.82	124433	1339.95	1339.24	1340.00	1340.00	8211.34
預備費	33.00	╱	39204	167.60	1162.48	684.44	799.58	34931	933.43	4521.88
合計	14407.39	1882046	2000446	22062.09	2269353	23059.31	22568.49	2575987	21672.89	197048.69

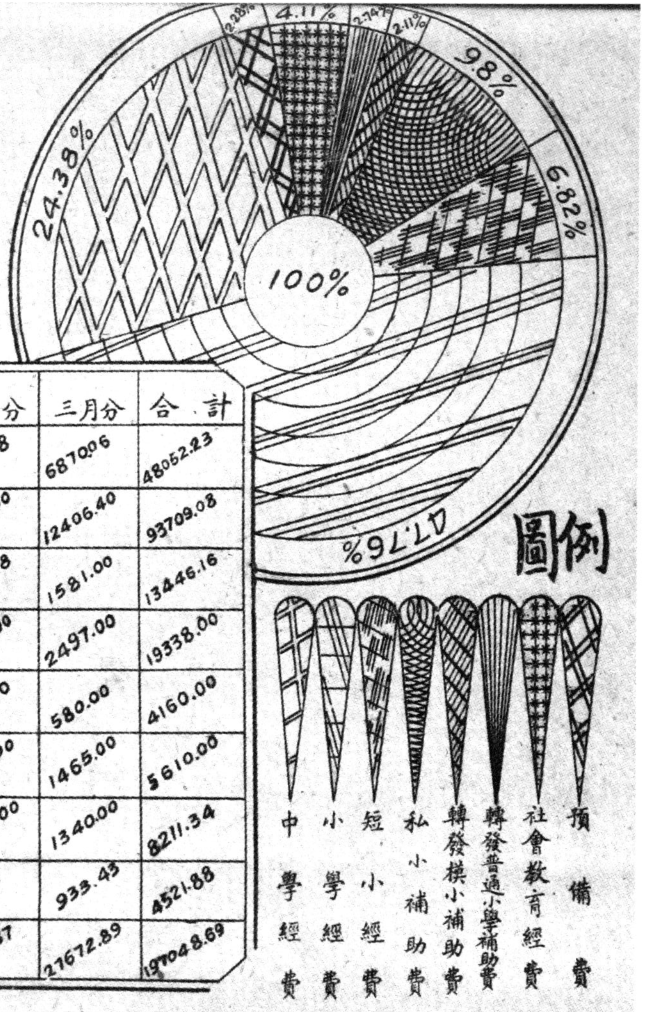

杭州市青年團指導部組織系統表

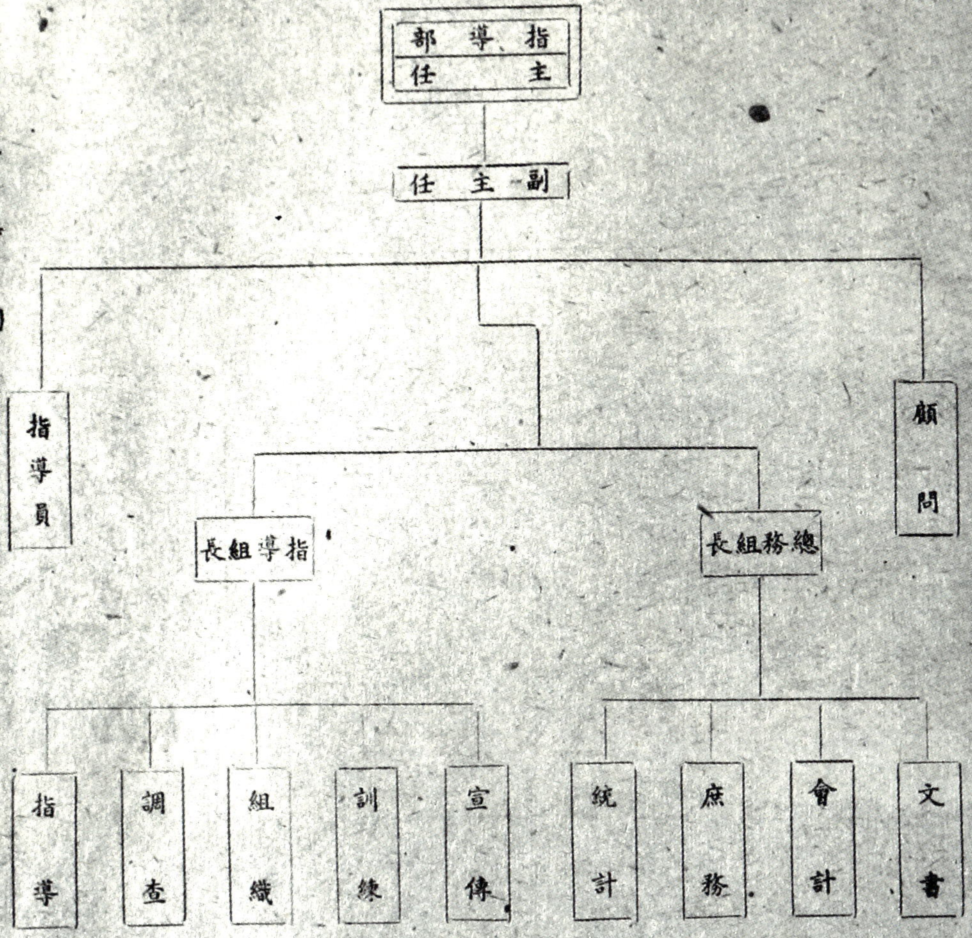

杭州市各坊青年團組織系統表

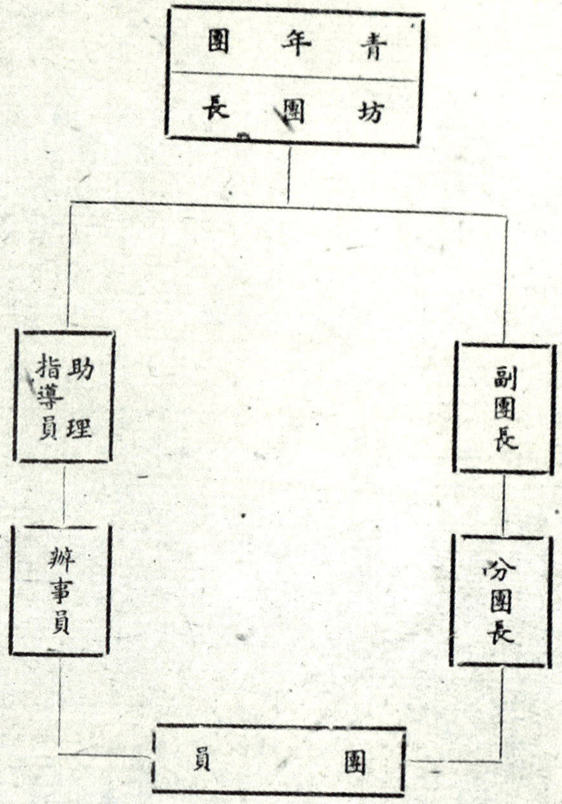

杭州市青年團團員職業統計表

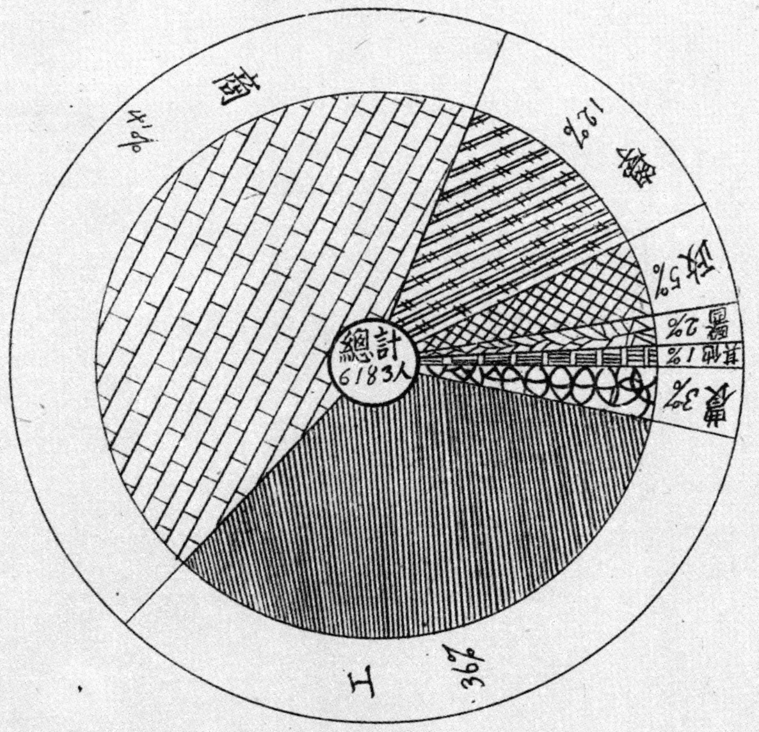

杭州市青年團團員年齡統計表

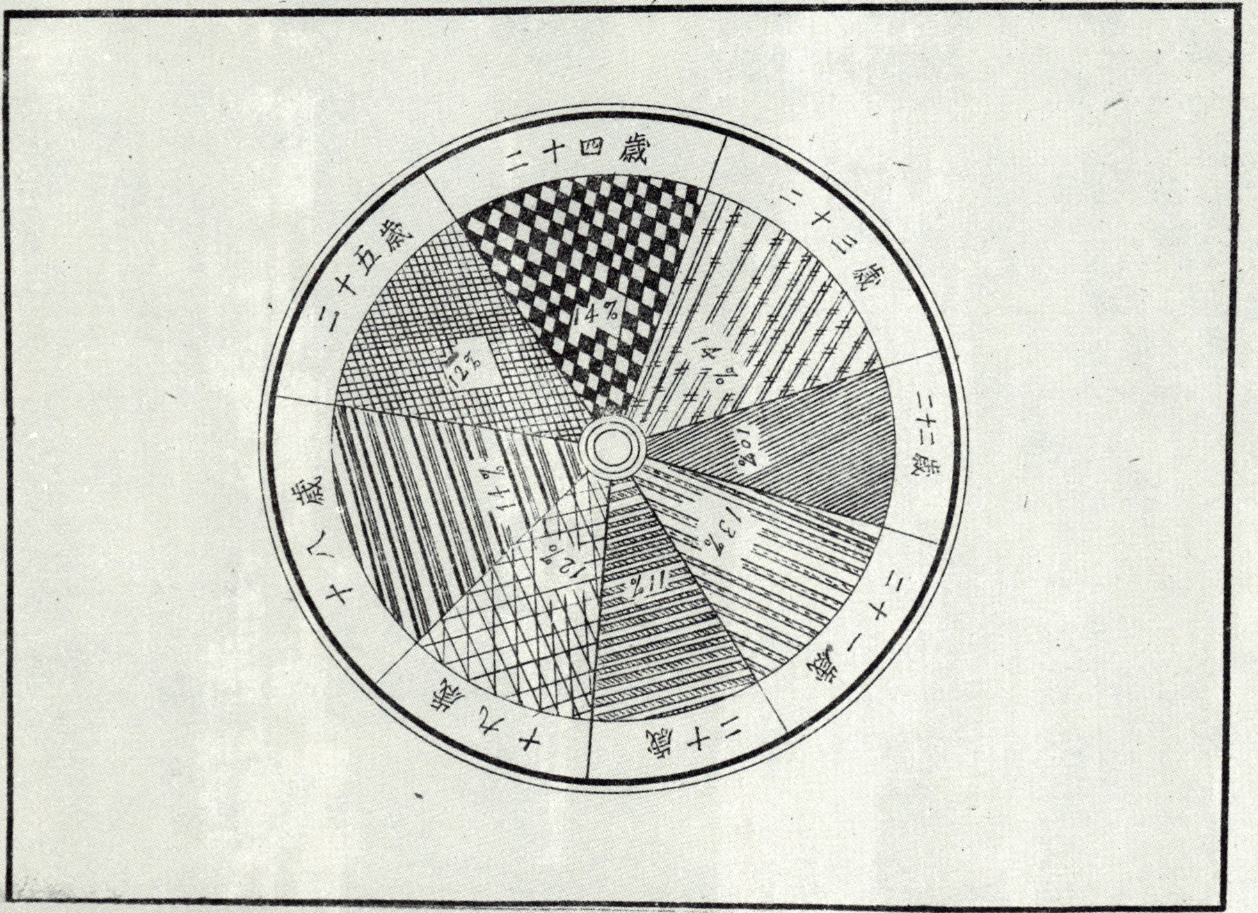

杭州市青年團團員年齡統計表

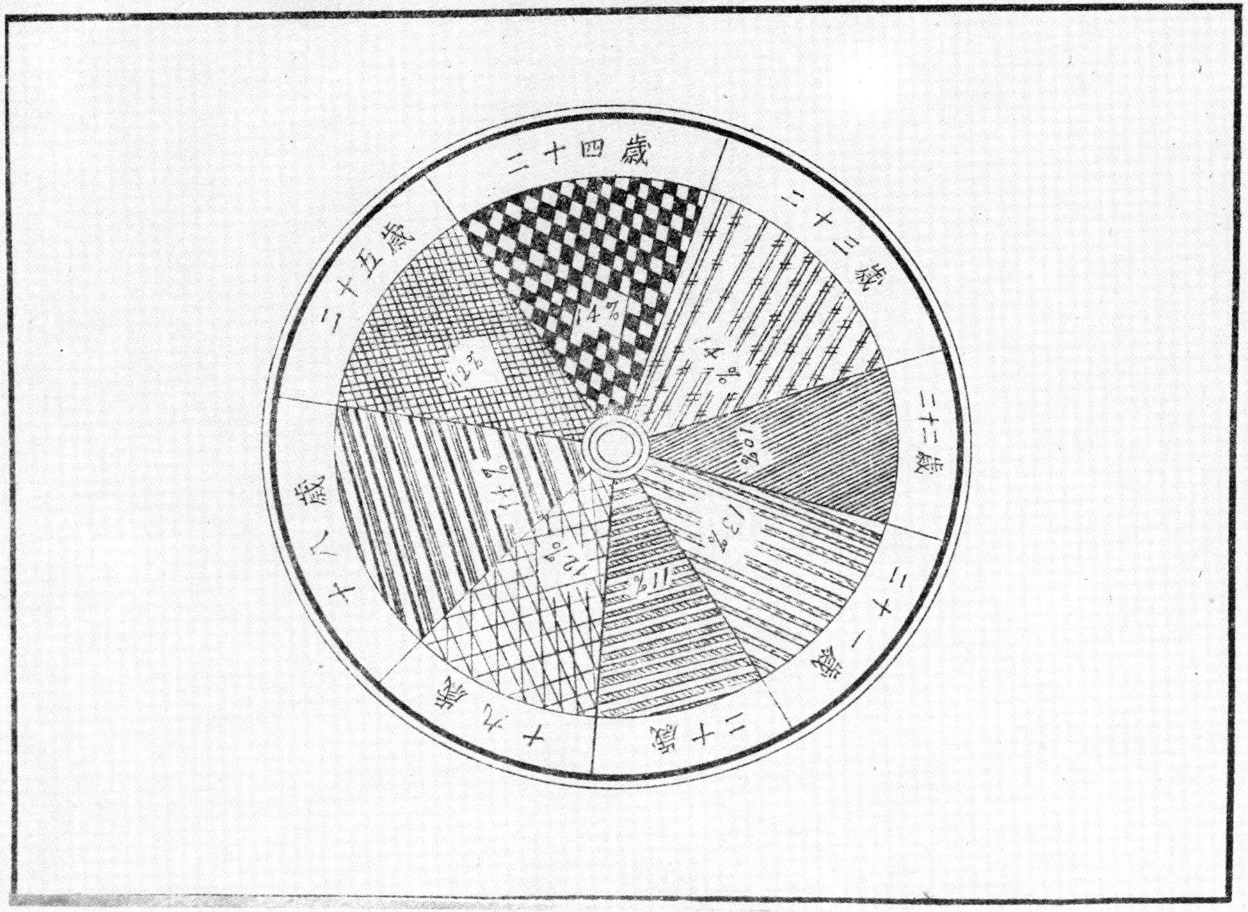

杭

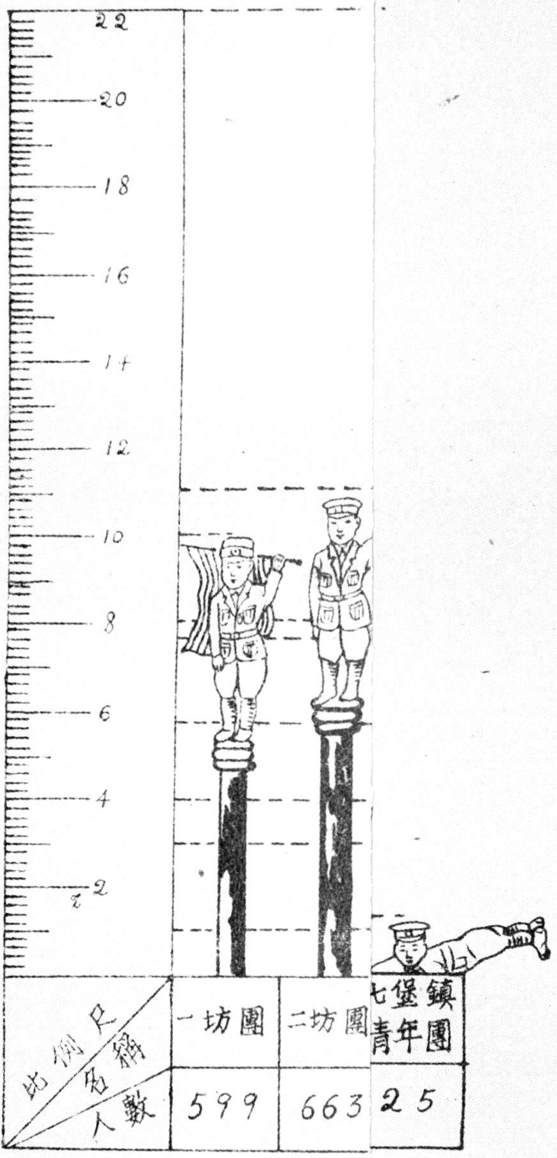

比例尺 / 名稱 / 人數	一坊團	二坊團	七堡鎮青年團
人數	599	663	25

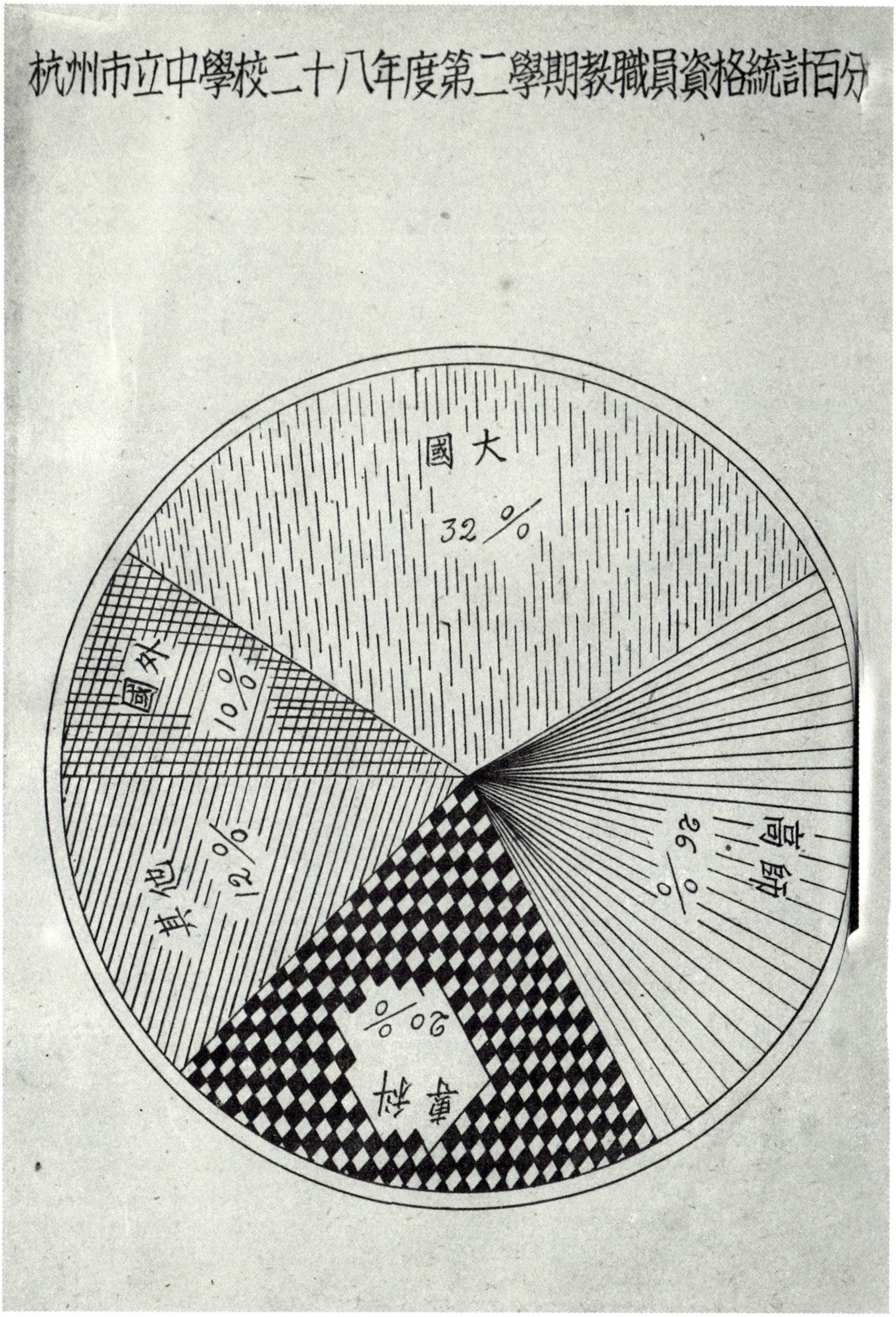
杭州市立中學校二十八年度第二學期教職員資格統計百分
國大
32%
國外
10%
其他
12%
專科
20%
高師
26%

杭州市立中學校行政組織系統圖

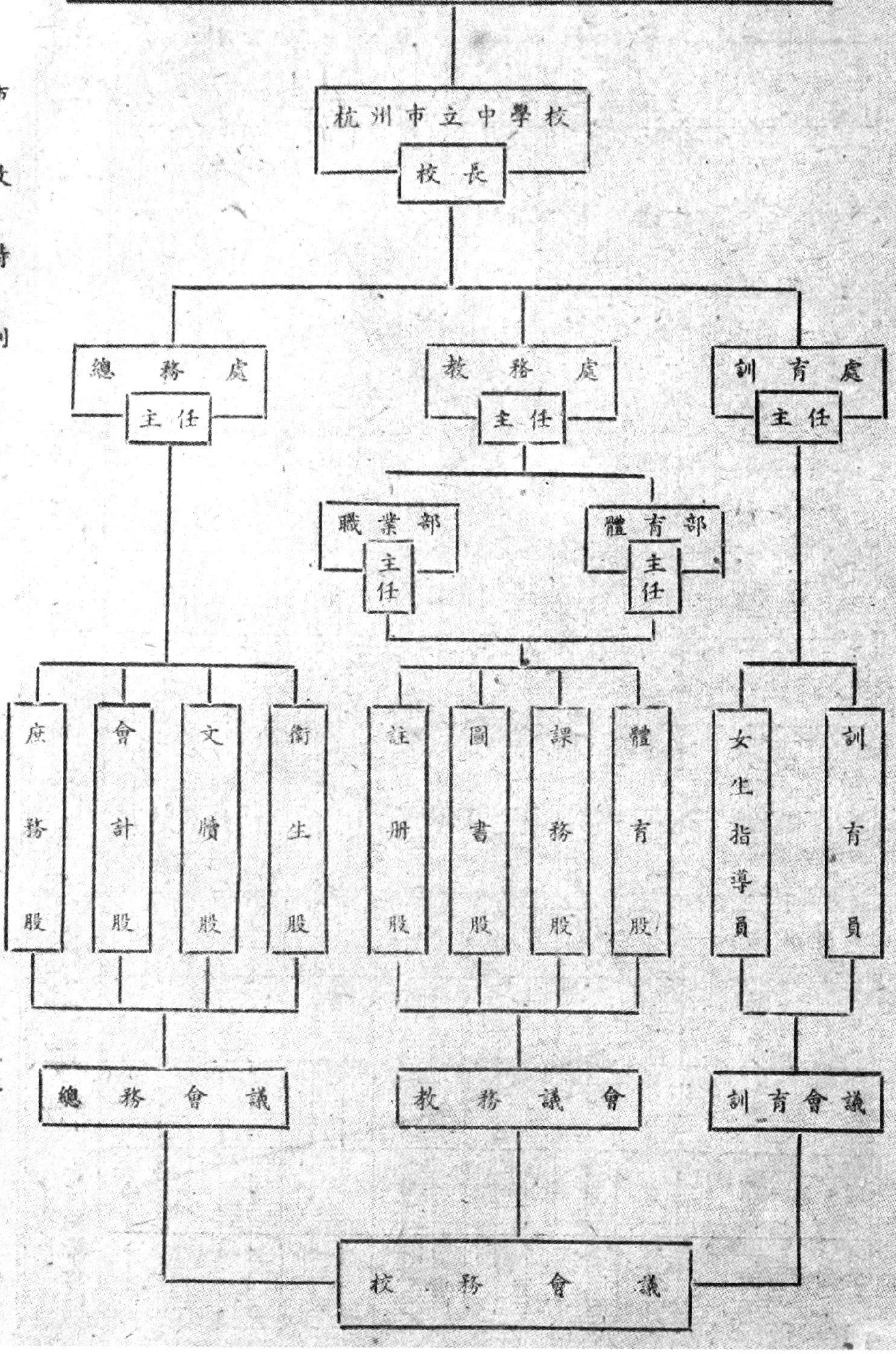

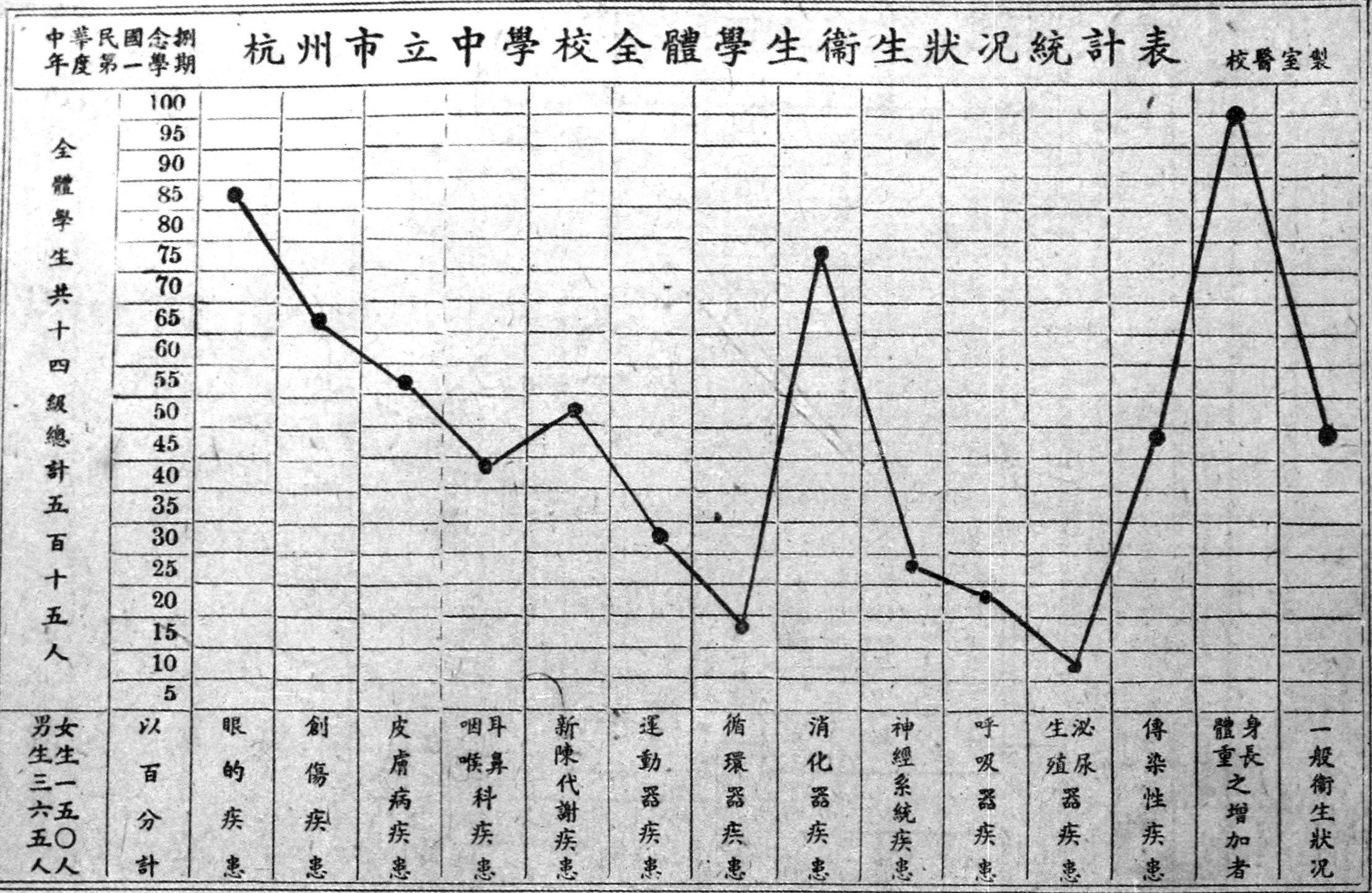
中華民國念捌年度第一學期
杭州市立中學校全體學生衛生狀況統計表
校醫室製
全體學生共十四級總計五百十五人
女生一五〇人
男生三六五人
以百分計
100
95
90
85
80
75
70
65
60
55
50
45
40
35
30
25
20
15
10
5
眼的疾患
創傷疾患
皮膚病疾患
耳鼻咽喉科疾患
新陳代謝疾患
運動器疾患
循環器疾患
消化器疾患
神經系統疾患
呼吸器疾患
泌尿生殖器疾患
傳染性疾患
身長體重之增加者
一般衛生狀況

杭州市立中學校學生操行成績統計表

民國二十八年度上學期訓育處製

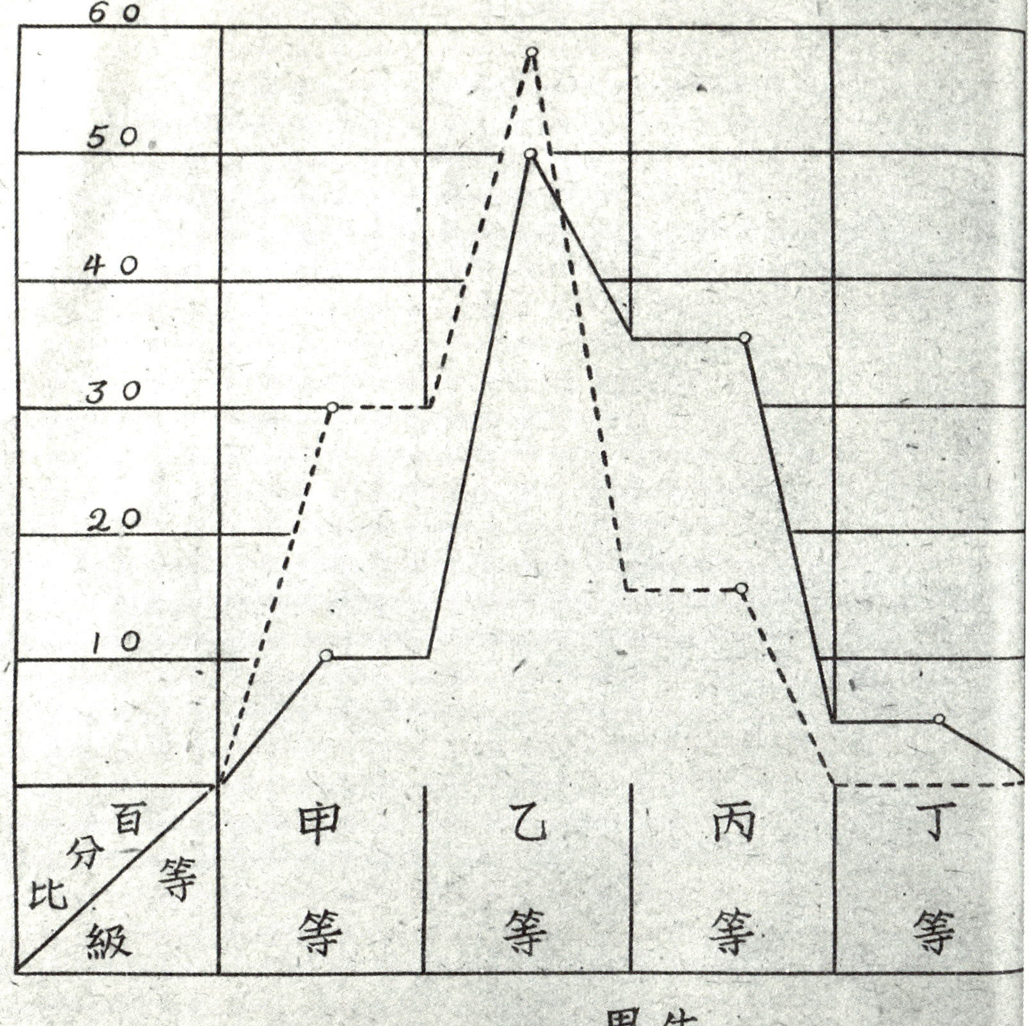

杭州市立中學校學生年齡統計表

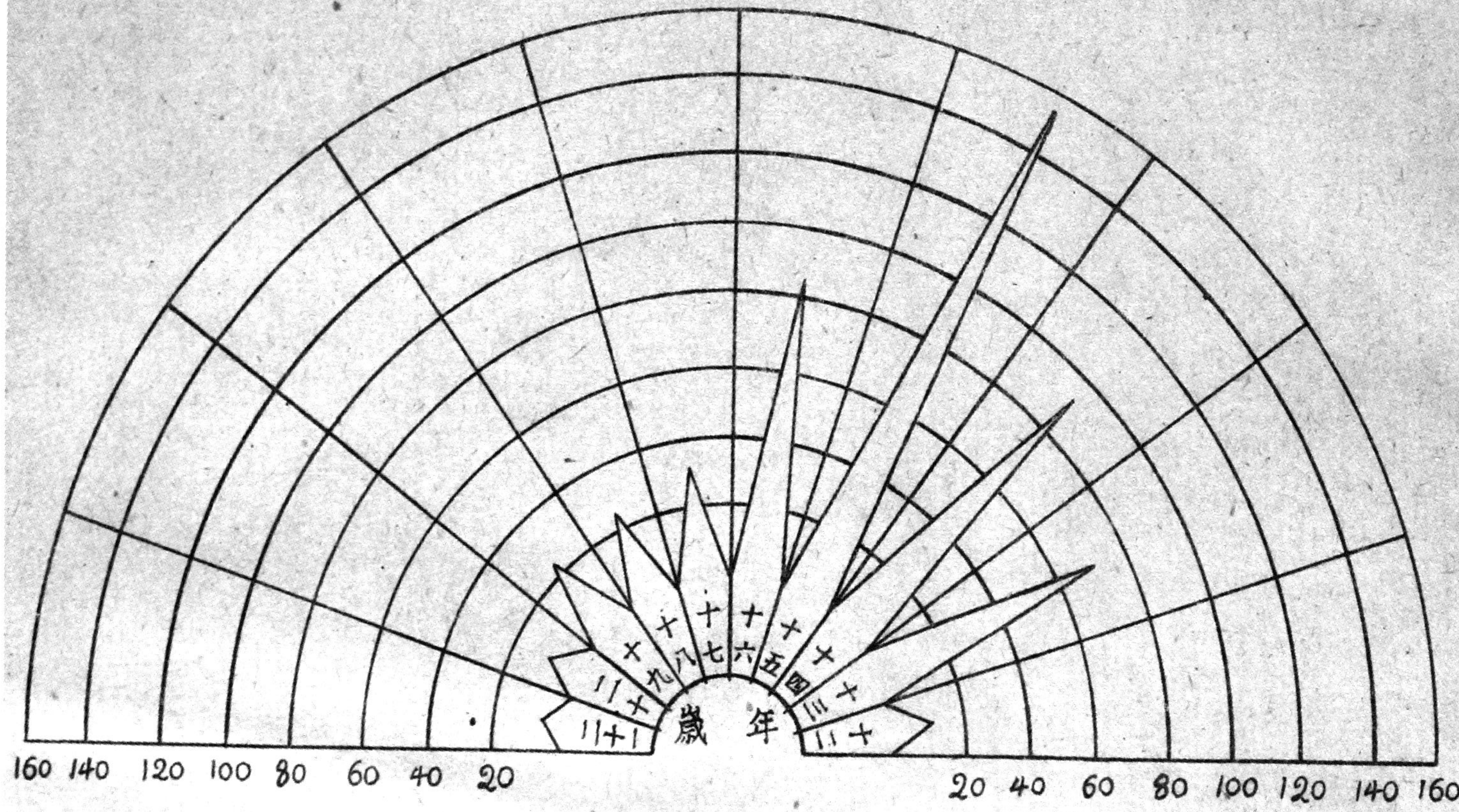

民國二十八年度上學期訓育處製

杭州市立中學校學生家屬籍貫統計表

民國二十八年度上學期訓育處製

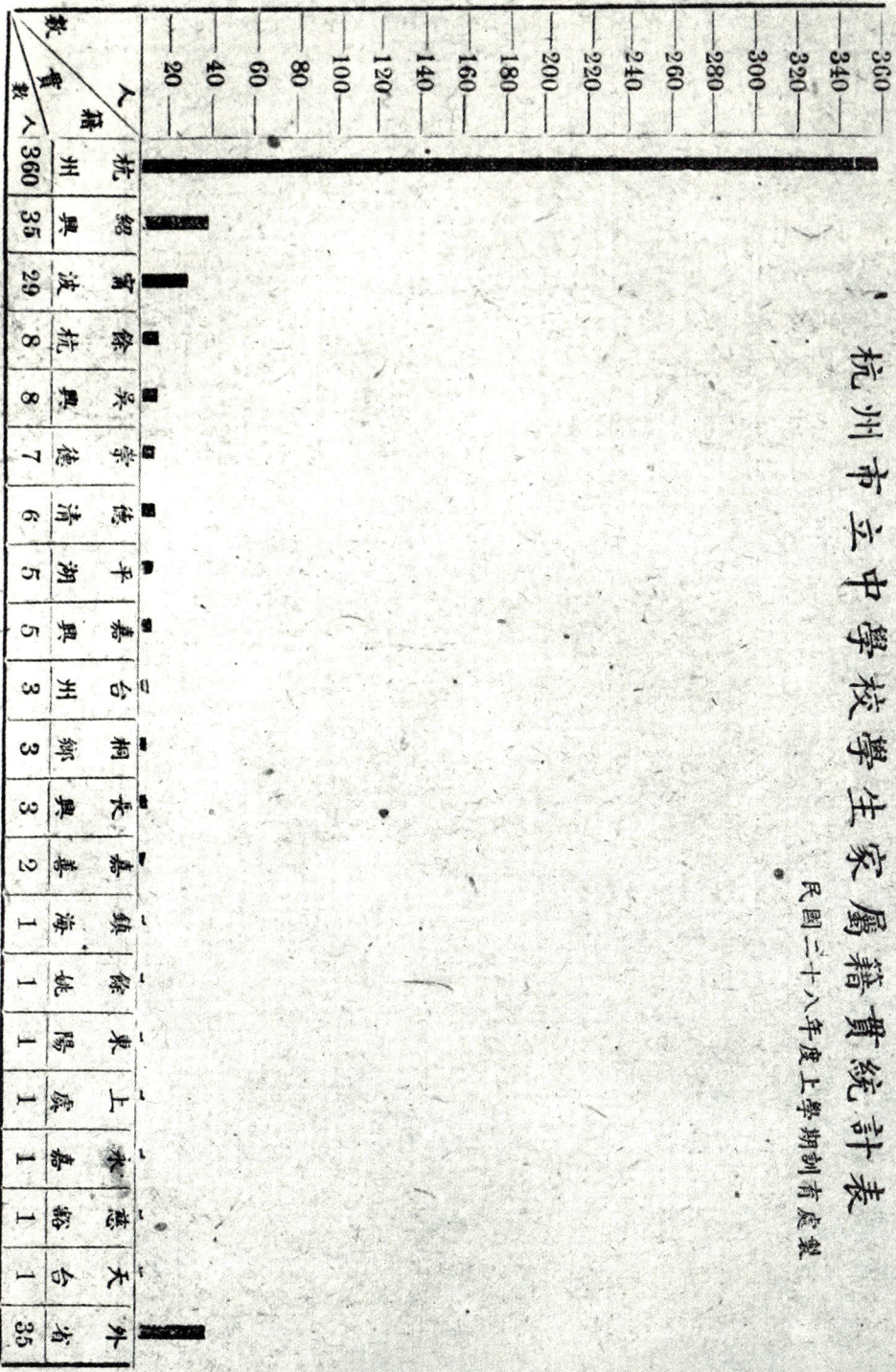

人籍貫	杭州	紹興	寗波	餘杭	吳興	崇德	德清	平湖	嘉興	台州	桐鄉	長興	嘉善	鎮海	餘姚	東陽	上虞	永嘉	慈谿	天台	外省
人數	360	35	29	8	8	7	6	5	5	3	3	3	2	1	1	1	1	1	1	1	35

杭州市立病院門診患者人數統計

二十八年一月份起至二十九年三月份止

科別＼數量＼年月份	二十八年份												二十九年份			總數
	一月	二月	三月	四月	五月	六月	七月	八月	九月	十月	十一月	十二月	一月	二月	三月	
內科	121	93	158	228	215	239	360	424	311	191	223	139	123	122	163	3110
外科	137	205	252	306	340	266	430	745	530	386	295	255	208	346	332	5033
小兒科	25	18	77	71	82	136	209	216	135	70	108	83	31	35	61	1357
眼科	24	47	66	73	33	62	117	129	47	76	59	69	122	41	45	1010
耳鼻咽喉科	140	121	107	140	159	114	142	154	140	179	146	123	110	90	104	1969
皮膚科	34	55	37	37	95	58	131	241	237	192	171	119	85	59	73	1624
花柳科	21	5	11	40	49	50	84	104	96	86	80	108	111	48	68	961
產婦人科	22	43	40	70	96	64	180	124	71	78	67	64	58	62	101	1125
合計	524	572	748	965	1069	989	1653	2137	1567	1258	1149	960	848	803	947	16189

杭州市立病院施診患者人數統計

二十八年一月份起至二十九年三月份止

數量　年月份 科別	二十八年份												二十九年份			總數
	一月	二月	三月	四月	五月	六月	七月	八月	九月	十月	十一月	十二月	一月	二月	三月	
內科	376	179	732	840	916	772	972	1104	1282	1045	1382	1076	801	593	972	13042
外科	619	465	1221	1146	1137	836	1099	1444	1722	1128	1400	1234	1169	1603	1832	18055
小兒科	144	45	241	224	364	368	615	541	541	432	505	320	164	89	233	4826
眼科	132	66	184	244	260	164	193	184	190	192	228	294	346	188	286	3151
耳鼻咽喉科	135	69	130	145	143	99	121	144	199	153	268	331	268	168	209	2582
皮膚科	314	114	207	286	296	337	294	402	589	589	614	572	407	223	297	5541
花柳科	23	13	46	69	89	117	118	124	125	153	176	194	177	100	126	1959
產婦人科	72	43	93	124	211	147	155	142	51	244	216	204	168	88	171	2129
合計	1815	994	2854	3078	3425	2840	3567	4085	4699	3936	4789	4225	3500	3052	4126	50985

杭州市立病院及附屬部所各科門診患者統計

科別 \ 月份 \ 診別 \ 人數	七月份 門診	七月份 施診	八月份 門診	八月份 施診	九月份 門診	九月份 施診	十月份 門診	十月份 施診	十一月份 門診	十一月份 施診	十二月份 門診	十二月份 施診	
內科	六三七	二五三六	六八三	二四〇二	四九七	二三五九	三五一	二三六〇	四二七	二九七九	二七五	二四〇五	
小兒科	二八一	一〇八五	二六六	九六二	一四五	八九五	一〇六	六六八	一四五	七九二	九三	四六八	
產婦人科	一九六	二三四	一三五	一七三	七五	九五	八四	二八四	八〇	二七七	六七	二四五	
外科	四五二	一五五二	一二八八	二四三二	一〇七四	二四五九	六七八	二〇三一	五二四	二三五五	四一七	二二一四	
皮膚科	三六二	七六三	五四三	一〇〇四	四二一	一三九七	四四九	一二八〇	三六〇	一四一〇	二三一	一二一七	
花柳科	九四	一五四	一一五	一四五	一二四	二五六	一三七	一七〇	八七	二〇〇	一二四	二一四	
眼科	二一一	三六〇	二二四	三四九	一七五	二九九	一〇八	三〇二	九七	三六六	八九	四六二	
耳鼻咽喉科	一九八	二七〇	一九九	二四一	一七二	三一六	二二一	二八七	一七五	四二六	一五二	五六一	
合計	二四三一	六九五四	三四五三	七七〇八	二六八三	八〇七六	二一三四	七三二二	一八九五	八九〇五	一四四八	七七八六	
總計	九三八五		一一一六一		一〇七五九		九五一六		一〇八〇〇		九二三四		六〇八五五

杭州市立病院住院各科患者統計（一）

二十八年七月至十二月

科別 \ 月份 人數	七月份	八月份	九月份	十月份	十一月份	十二月份	
外科	一二	一三	一八	二六	一八	一六	
花柳科	二	五	二			三	
内科	三五	五八	四〇	二五	二七	一二	
產科	五	一五	二	一六	一八	二二	
婦科	一	一	一五	三	三		
耳鼻咽喉科	二	三	二		一	四	
眼科	一	四	五		二		
皮膚科				一		二	
合計	五八	九九	八四	七一	六九	五九	四四〇

杭州市立病院住院患者各科統計(二)

二十九年一月至三月

科別＼月份＼人數	一月份	二月份	三月份
内科	一三	五	一八
外科	一三	二〇	一四
産科	一五	二一	一四
婦科	二	四	二
花柳科	二	一	六
皮膚科	一	五	一〇
耳鼻咽喉科	三	一	二
眼科	二		一
小兒科	一		
合計	五二	五七	八〇

杭州市立病院診療患者人數統計

自二十八年一月份起至二十九年三月份止

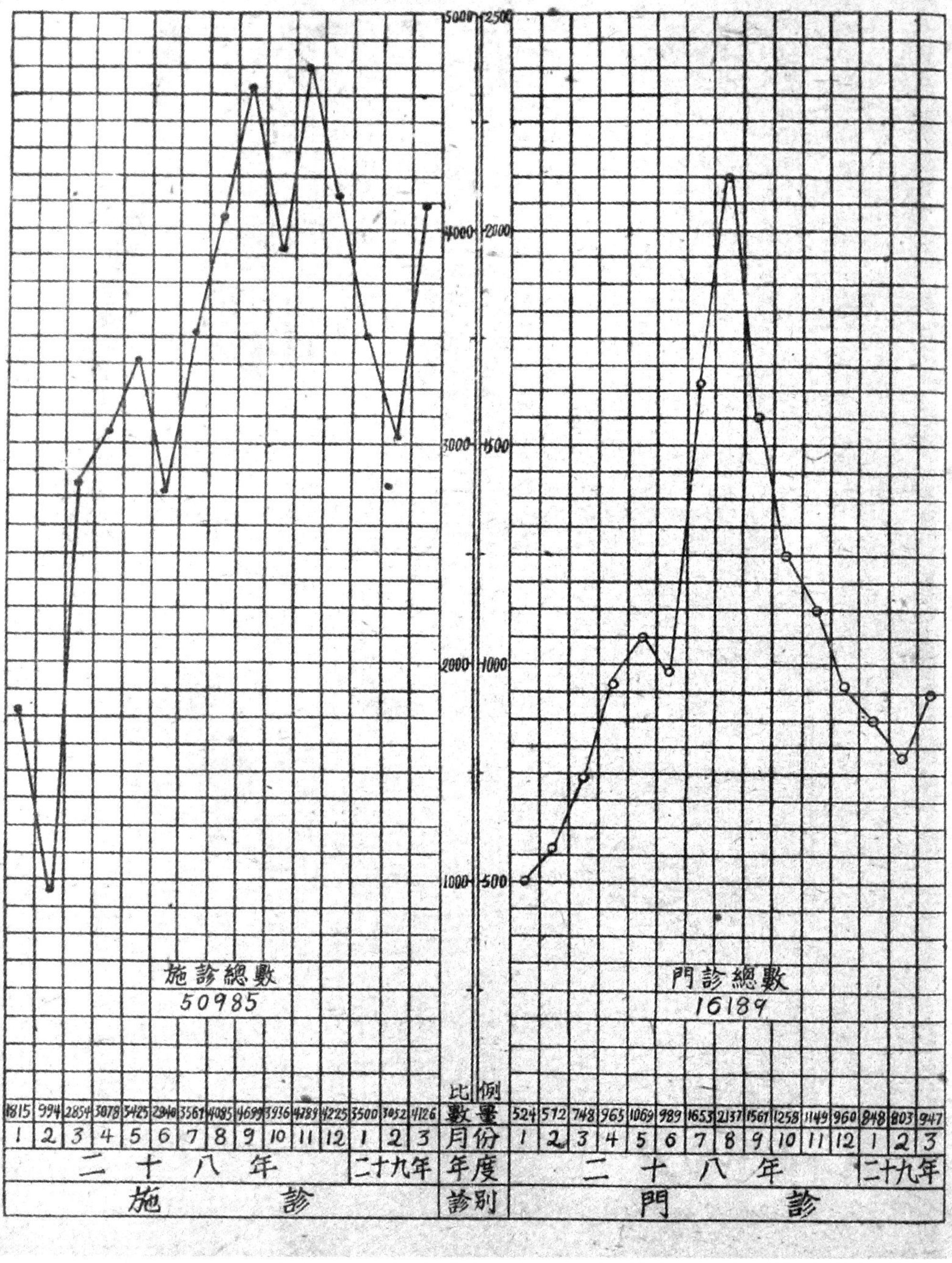

診別	施診														
年度	二十八年												二十九年		
月份	1	2	3	4	5	6	7	8	9	10	11	12	1	2	3
數量	1815	994	2854	3078	3425	2940	3561	4085	4699	3936	4789	4225	3500	3052	4126

診別	門診														
年度	二十八年												二十九年		
月份	1	2	3	4	5	6	7	8	9	10	11	12	1	2	3
數量	524	572	748	965	1069	989	1653	2137	1561	1258	1149	960	848	803	947

杭州市立病院傳染病患者統計

病別　人數　月份	七月份	八月份	九月份	十月份	十一月份	十二月份	
赤痢	一	四	七	一	二		
天花	一	二	一				
假性霍亂	一〇						
傷寒	三		二	一	五		
惡性瘧	一	二	一	八	一八	七	
疑似腦膜炎	一						
扁桃腺炎	一						
疑似霍亂		二一	七	四	一		
白喉		三	六	三	一	二	
肺結核			一	一			
流行性腦脊髓膜炎			一				
急性胃腸炎			一		一		
猩紅熱				一			
疑似傷寒					一	一	
合計	一八	三二	二七	一九	二九	一〇	一三五

杭州市立病院及附屬部所各科門診施診患者統計

科別　人數　月份	一月份門診	一月份施診	二月份門診	二月份施診	三月份門診	三月份施診
內科	二四五	一七五五	一八三	一四三二	二三七	二三一三
小兒科	四六	三四七	四六	二〇四	一二二	三五四
產婦人科	六八	二〇七	七〇	一四四	一〇五	二二六
外科	三八九	二二二六	四九五	二八〇九	五二〇	三三四五
皮膚科	一五三	九九四	一〇八	七一一	九二	七一六
花柳科	一一一	二一〇	四九	一〇八	七二	一三七
眼科	一三〇	五〇四	四九	三二一	四六	四二三
耳鼻咽喉科	一二二	四二五	九八	二七九	一一五	三六九
合計	一二六四	六六六八	一〇九八	六〇〇八	一三一二	七八八三
總計	七九三二		七一〇六		九一九五	

杭州市立病院傳染病部住院患者統計

病別 人數 月份	白喉	疑似白喉	疑似傷寒	疑似赤痢	惡性瘧	水痘						合計
一月份	二				四							六
二月份	二			一								三
三月份	二	一	一			一						五

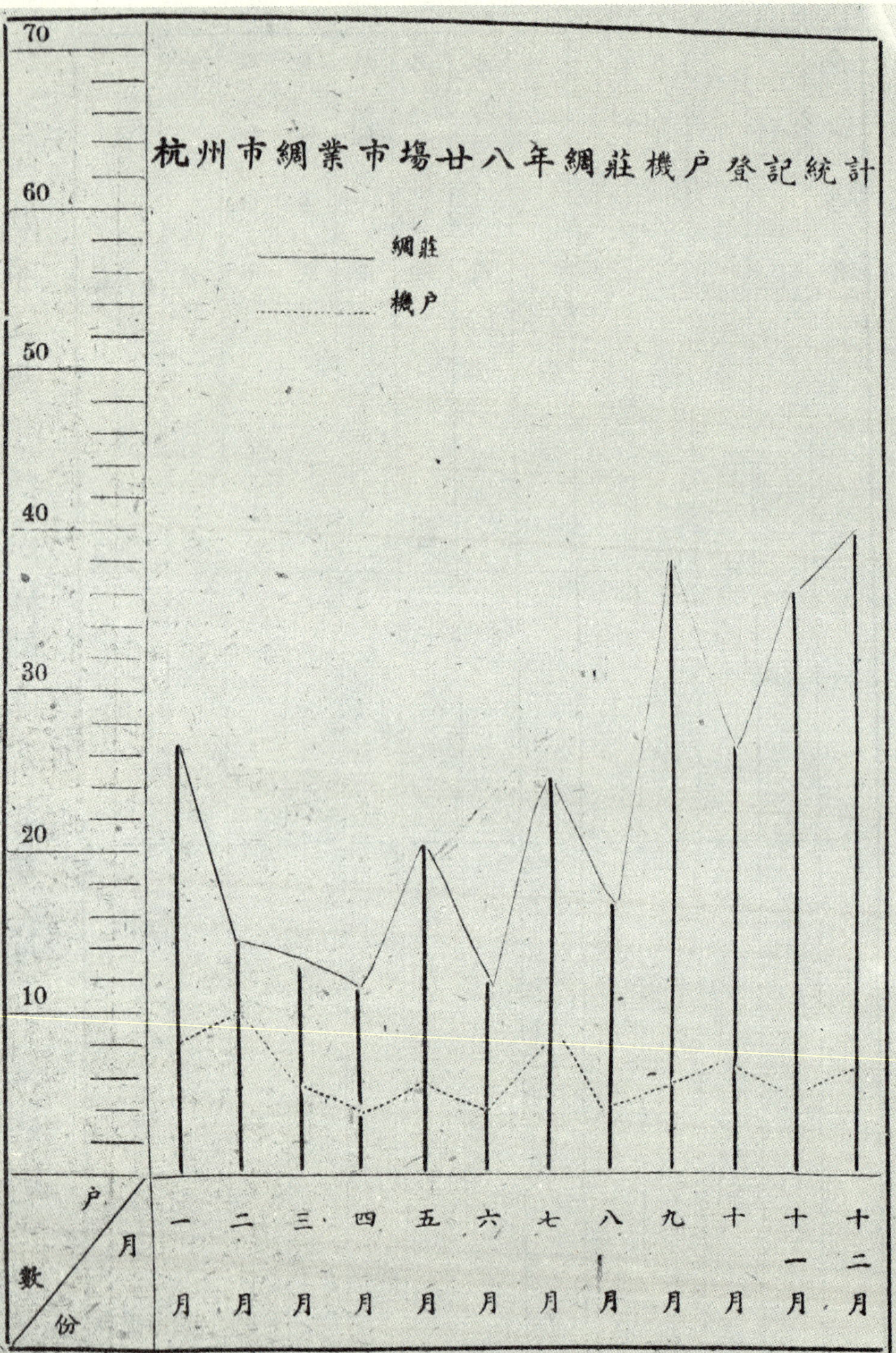
杭州市綢業市場廿八年綢莊機户登記統計
綢莊
機户
70
60
50
40
30
20
10
户數
月份
一月
二月
三月
四月
五月
六月
七月
八月
九月
十月
十一月
十二月

杭州市綢業市場二十八年逐月原料價格漲落之比較

品名＼價格＼月份	一月	二月	三月	四月	五月	六月	七月	八月	九月	十月	十一月	十二月
廠絲（每擔）	1500.00	1800.00	1800.00	1850.00	1900.00	2200.00	3100.00	4500.00	4550.00	4450.00	4800.00	6600.00
土絲（每擔）	550.00	600.00	600.00	550.00	560.00	800.00	880.00	1200.00	1500.00	1800.00	2150.00	2900.00
人絲（每箱）	300.00	320.00	360.00	350.00	380.00	420.00	45.000	580.00	690.00	700.00	720.00	1000.00
雙縐（每綜）	80.00	85.00	85.00	83.00	88.00	95.00	100.00	135.00	160.00	185.00	230.00	300.00
備考	本表價格廠絲以七八勻度20.20條紋為標準土絲每擔以20.20條紋肥細均差為標準 人絲每箱以一百二十號天橋牌為標準雙縐每綜九十六支合市秤一百四十五兩左右											

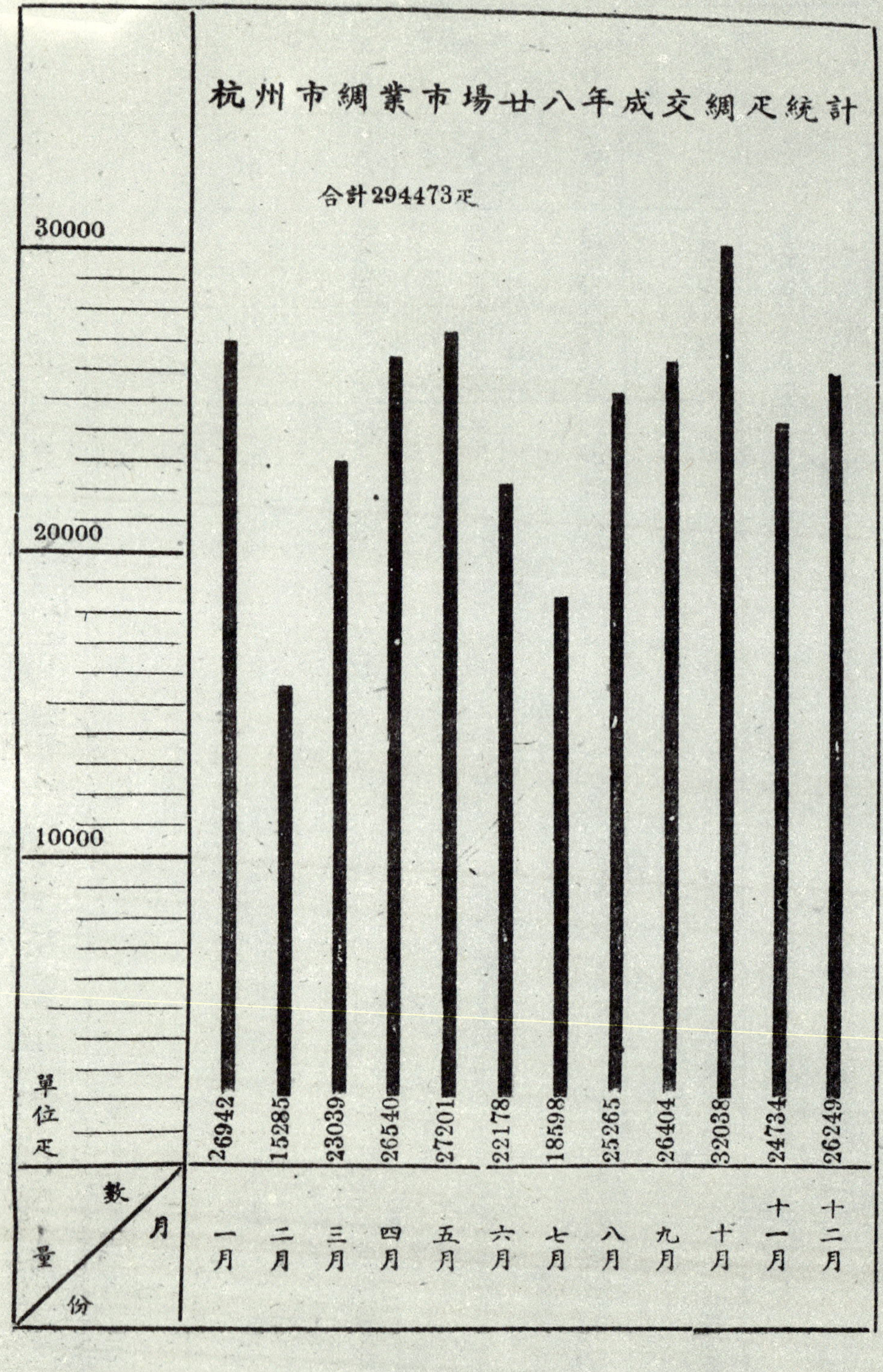
杭州市綢業市場廿八年成交綢疋統計
合計294473疋
30000
20000
10000
單位疋
26942
15285
23039
26540
27201
22178
18598
25265
26404
32038
24734
26249
數量
月份
一月
二月
三月
四月
五月
六月
七月
八月
九月
十月
十一月
十二月

杭州市綢業市場二十八年成交各種綢疋數量統計表

品名	成交疋數	每尺平均價	備考
花巴緞	五九一二九	三〇九	
克羅米	二八四四	二九〇	
紡綢	二三八	四五五	
燕雲錦	二一〇〇〇	二七〇	
克利色緞	三四八三三	四八三	
芬芳縐	一七一五八	三〇六	
甯綢	六七	五七八	
通絨	五九七五	三一八	
素巴緞	三八七七四	三二〇	
花香綾	一七七七七	五一〇	
真絲緞	六二七	六七三	
大綢	七五五六五	四四三	
橫羅	一九七九四	四五〇	
緞背縐	九四	六三五	
人絲紗綈	四〇〇	二二八	
夏紗	一七一	三七三	
真呢葛	二八	二〇〇	
合計	二九四四七三		

杭州市電織機手拉機乾經每日出品及其所需原料統計表

杭州市綢業市場二八年調查

<table>
<tr><th colspan="2">項別</th><th>電織機</th><th>手拉機</th><th>乾經</th></tr>
<tr><td colspan="2">機數或戶數</td><td>4000+架
已開 1500+架
停開 2500架</td><td>1500+架
已開 1000−架
停開 500+架</td><td>120+戶
已開110 戶
停開 10+戶</td></tr>
<tr><td colspan="2">工人數</td><td>3000人</td><td>1500人</td><td>8000人</td></tr>
<tr><td rowspan="2">每日所需原料</td><td>全開</td><td>土絲乾經 30000兩
廠絲價昂不用
人造絲 350包</td><td>土絲乾經 8600兩
廠絲價昂不用
人造絲 80包</td><td>土絲54500兩</td></tr>
<tr><td>現在</td><td>土絲乾經 11500兩
廠絲價昂不用
人造絲 130包</td><td>土絲乾經 5700兩
廠絲價昂不用
人造絲 55包</td><td>土絲50000兩</td></tr>
<tr><td colspan="2">現在每日出品</td><td>純絲品 150疋
交織品 500疋
人絲品 150疋</td><td>純絲品 50疋
交織品 120疋
人絲品 30疋</td><td></td></tr>
<tr><td colspan="2">備考</td><td colspan="3"></td></tr>
</table>

杭州市綢業市場二十八年成交各種綢疋價格漲落比較表

品名 \ 價格 \ 月份	一月		二月		三月		四月		五月		六月		七月		八月		九月		十月		十一月		十二月	
	最高	最低	最高	最低	最高	最低	最高	最低	最高	最低	最高	最低	最高	最低	最高	最低	最高	最低	最高	最低	最高	最低	最高	最低
花巴緞	0.26	0.22	0.26	0.22	0.30	0.26	0.30	0.26	0.30	0.22	0.30	0.24	0.30	0.24	0.30	0.28	0.40	0.30	0.40	0.40	0.45	0.30	0.55	0.30
克羅米	0.26	0.22	0.26	0.22	0.30	0.26	0.30	0.26	0.30	0.22	0.30	0.22	0.32	0.22	0.35	0.24	0.35	0.25	0.35	0.35	0.40	0.30	0.50	0.30
紡綢	0.40	0.35	0.40	0.35	0.40	0.35	0.40	0.35	0.40	0.35	0.42	0.35	0.45	0.35	0.50	0.40	0.55	0.40	0.60	0.60	0.70	0.56	0.90	0.60
燕雲錦	0.25	0.22	0.24	0.18	0.25	0.20	0.26	0.26	0.26	0.26	0.26	0.25	0.30	0.22	0.30	0.22	0.32	0.24	0.35	0.35	0.40	0.25	0.45	0.30
克利色緞	0.45	0.36	0.45	0.36	0.45	0.40	0.50	0.40	0.50	0.35	0.50	0.35	0.50	0.35	0.60	0.35	0.60	0.40	0.60	0.60	0.70	0.50	0.90	0.60
芬芳縐	0.30	0.22	0.30	0.22	0.30	0.26	0.30	0.26	0.30	0.22	0.30	0.24	0.30	0.24	0.35	0.24	0.35	0.25	0.40	0.40	0.45	0.30	0.55	0.40
富綢	0.48	0.40	0.50	0.40	0.50	0.40	0.60	0.50	0.60	0.50	0.60	0.50	0.65	0.55	0.70	0.60	0.70	0.55	0.70	0.70	0.80	0.60	0.80	0.60
通絨	0.30	0.26	0.30	0.30	0.30	0.26	0.30	0.26	0.30	0.25	0.30	0.25	0.35	0.25	0.35	0.30	0.40	0.30	0.45	0.45	0.45	0.30	0.55	0.30
素巴緞	0.30	0.22	0.30	0.22	0.30	0.26	0.30	0.26	0.30	0.22	0.30	0.24	0.30	0.24	0.40	0.28	0.40	0.30	0.40	0.40	0.45	0.30	0.55	0.30
花香綾	0.45	0.40	0.55	0.50	0.50	0.40	0.50	0.38	0.50	0.40	0.50	0.40	0.55	0.40	0.55	0.40	0.60	0.50	0.70	07.0	0.75	0.50	0.80	0.50
真絲緞	0.50	0.40	0.50	0.40	0.60	0.50	0.60	0.50	0.60	0.50	0.60	0.50	0.70	0.60	0.75	0.60	0.80	0.60	0.90	0.90	1.00	0.90	1.20	1.00
大綢	0.40	0.35	0.40	0.35	0.40	0.35	0.40	0.35	0.40	0.35	0.40	0.35	0.45	0.35	0.48	0.40	0.50	0.40	0.50	0.50	0.70	0.56	0.90	0.56
横羅	0.40	0.35	0.40	0.35	0.40	0.35	0.40	0.35	0.40	0.35	0.40	0.35	0.45	0.35	0.50	0.40	0.50	0.40	05.0	0.50	0.70	0.60	0.90	0.60
縐背緞	0.50	0.40	0.50	0.40	0.60	0.40	0.60	0.50	0.60	0.50	0.60	0.60	0.60	0.60	0.75	0.60	0.75	0.60	0.80	0.80	1.00	0.07	1.20	0.80
人絲紗綈	0.20	0.12	0.20	0.12	0.20	0.12	0.20	0.12	0.20	0.15	0.20	0.15	0.25	0.15	0.30	0.20	0.30	0.20	0.40	0.40	0.40	0.03	0.40	0.30
夏紗	0.32	0.32	0.32	0.30	0.32	0.30	0.30	0.30	0.35	0.30	0.35	0.30	0.35	0.03	0.45	0.40	0.45	0.40	0.50	0.50	0.60	0.50	0.60	0.50
備考	本表價格以尺爲單位																							

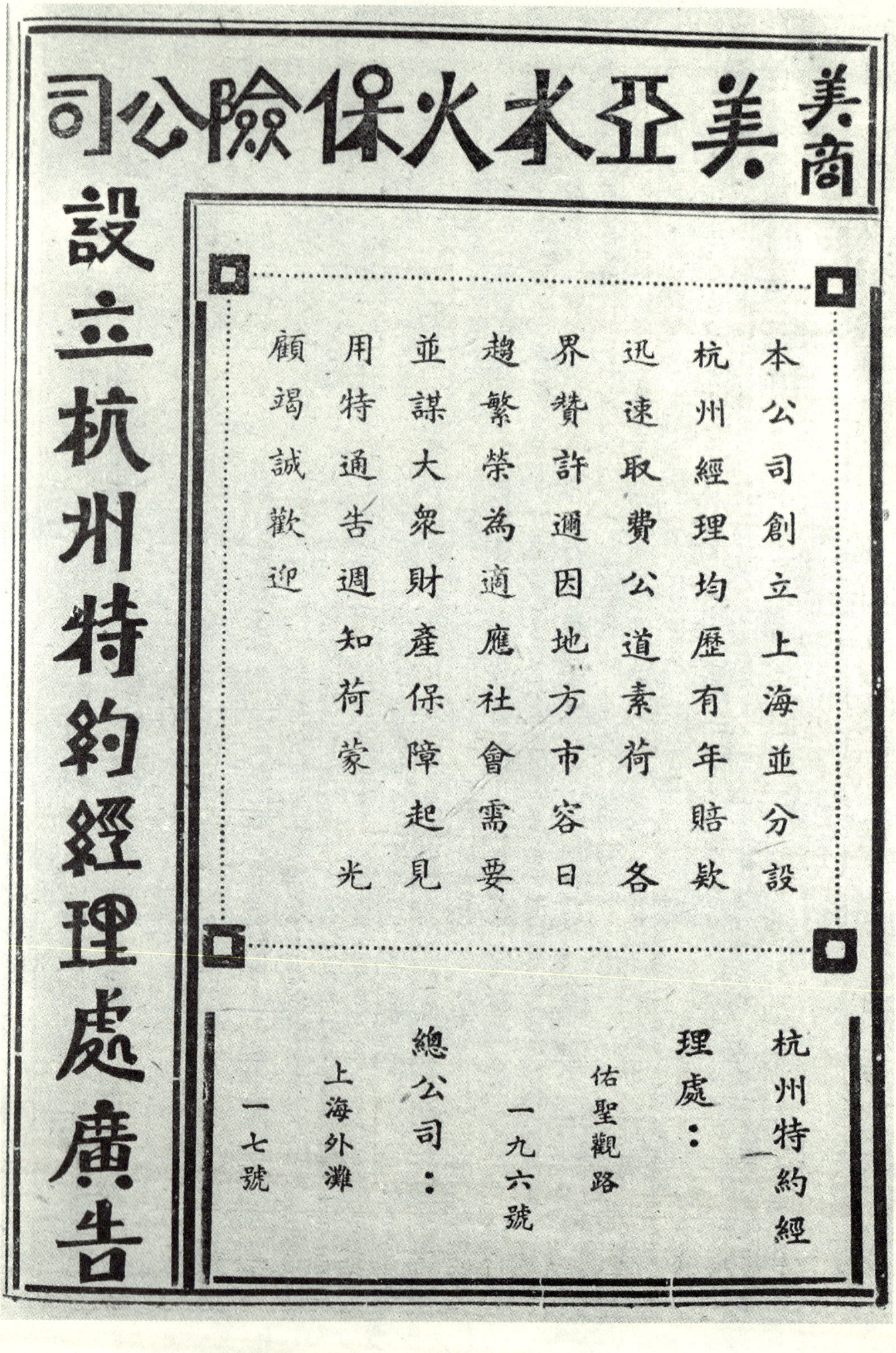

美商

美亞水火保險公司

設立杭州特約經理處廣告

本公司創立上海並分設杭州經理均歷有年賠款迅速取費公道素荷各界贊許邇因地方市容日趨繁榮為適應社會需要並謀大衆財產保障起見用特通告週知荷蒙 光顧竭誠歡迎

杭州特約經理處：佑聖觀路一九六號

總公司：上海外灘一七號

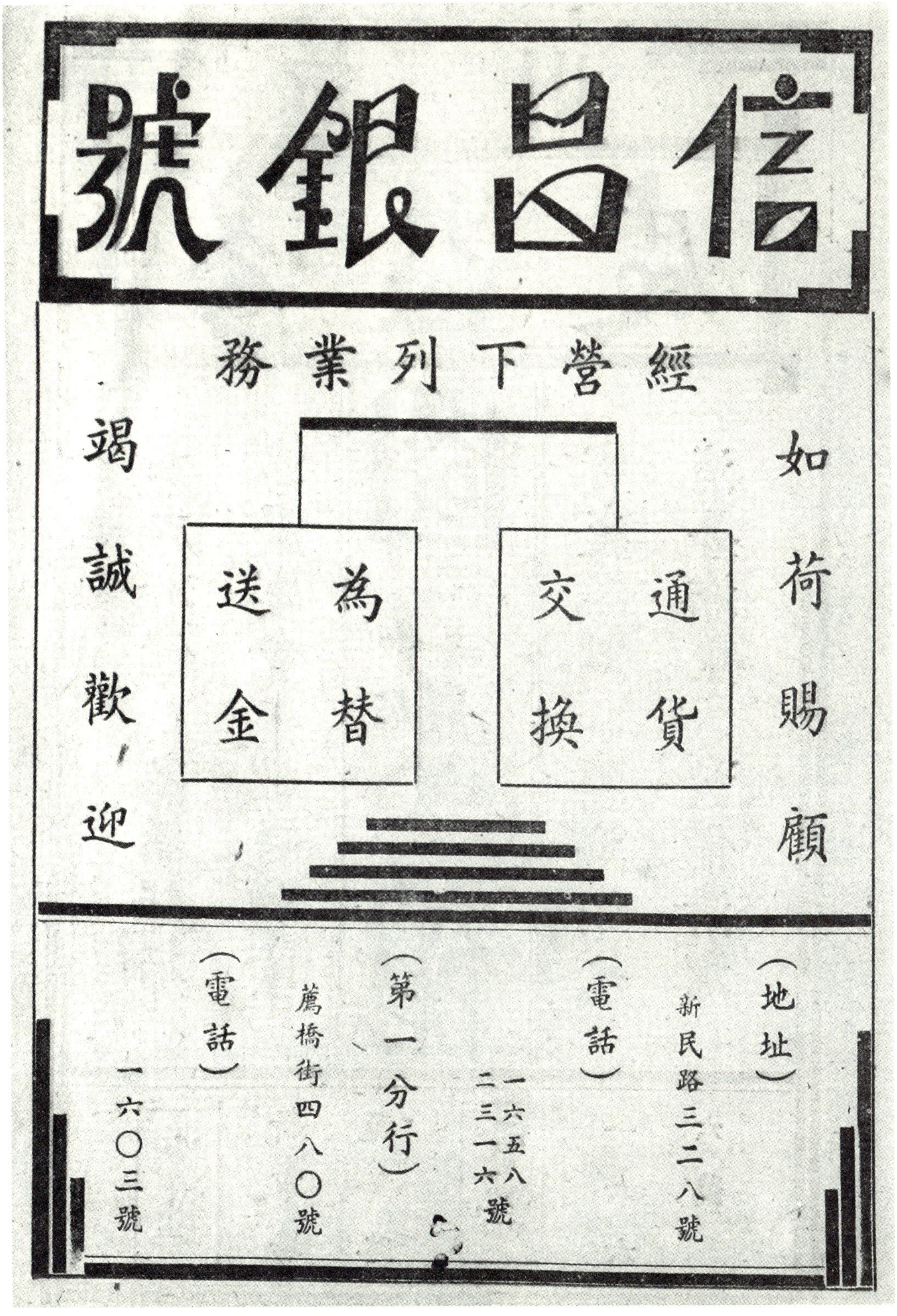
信昌銀號
經營下列業務
通貨交換
為替送金
如荷賜顧
竭誠歡迎
(地址)
新民路三二八號
(電話)
一六五八
二三一六號
(第一分行)
薦橋街四八〇號
(電話)
一六〇三號

杭州

多益處

國菜館

本處特備　高尚筵席

喜慶宴會　敬送禮堂

宵夜品點　經濟小吃

消暑涼坐　設備清潔

地址　新市場延齡路

電話　一六六六號

專載

專載

市長一年言論集

就職致詞 二十八年六月十九日

今天本人是奉維新政府的命令來長杭州市。在舉行就職典禮中，通常應當說幾句客氣的話，但是要知道在就職大典中，若要客氣說自己無才幹，那是對政府的命令不恭敬的。所以本人不敢說客氣話承認自己無才幹，我承認自己當得起政府的任命，來遵行政府的命令，接受省長的領導，友邦機關的協助，及地方公團的意見，以全力全能，來發展杭州市。我決意在職一日，要盡一分的力量做出一分事來。國人有個通病，話說得好聽，而事却做得不好看，俗語有言，「少說話多做事」，所以我在一點事尚未做出的今天，不願多說好聽的話，而獨願他日多做一點好看的事來，這就是本人今天就職的一點決心了。

我對於本職的願望

六月二十一日在廣播電台播音

此次我奉了政府的命令，來做杭州市長，在我個人當然是很榮幸的事，但對於地方到底是否也榮幸，那還要等待環境所給我如何和我個人對本職的努力如何，再來決定的。在這多方面困苦艱難的局面之下，我們所負的責任更大，我們所需要的努力更切，我們並不是爲做官而做官，更不是爲發財而做官。我們做官的目的在於做事，做事的目的，乃以「多難興邦」的根據，在求取刼後人民的幸福。糜爛地方的安甯，和破碎河山的恢復，惟有此種目的，才可以推動我做官的意念，不然，在今日做官有不名譽，刼後地方也無皮可刮，那末冒險爲此，有何價值？因爲我有了此種做官的意念，所以我對於杭州市長的本職，便具下了不在做官不求發財的特殊願望。杭州是東南財富而兼名勝之區，刼後成立政府一年以來，在維新政府領導之下，本省政府指揮之下，一切市政的設施，經過了何故市長捨身最大努力的結果，各方面都有了很好的基礎，現在我來繼職，發展舊政，推動新猷，當然比較便利許多，但關於人事方面的調整，經費方面的籌措，以及一切市政的推展，似乎尚有待於各方多多的努力方可臻於圓滿。此後環境所給我如何，現在可以不必去推測，但我自己在這就任之始，應當具下一個努力從政的決心。

第一、我在就職之日，曾對觀禮來賓說過，我爲尊敬政府的命令，不敢客氣說自己年輕，沒有才幹，我自己應當不自菲薄的承認自己是個年青力富的人，因爲自己承認自己是年青力富的人，自己才會嚴督自己，努力奮鬬，去打破一切困難的環境，所以我決心依我過去處事認真勤謹，加倍勉力來從公。我平日不怕任何困難，每每越困難越想做，一切困難都是我的趣題，此後我亦惟有以極度的勤勞，去應付一切逆來的困難。決心在職一日，必以全部的精力從公，不肯稍懈。

第二、我個人沒有嗜好，我家庭負担也不重，所以貧之於我未曾感到十分痛苦，因此我一向沒有蓄財之念頭，因此我決心在杭州市長任內，絕對不願在俸給之外，要一個銅錢。只有把我的俸給，捐助爲社會事業之用，絕不會在俸給之外，找一點副收入。

第三、事變之後，是中國政治一個新轉變，依時代的進化原理來說，這個轉變，應當是進步的，所以過去政治上許多壞規矩，惡習慣，此時吾人似乎應當努力去改革的。官海中最顯著的惡習，就是屬員常隨長官進退，每每來了一位長官，必然去了幾位屬員，換上幾個戚友。這種惡習，我早決心改革的。現在我對於市政府及所屬機關人員，一體照舊供職，除餘缺必須委充之外，此後用人，絕對以考績爲根據，必求所學所用，決不以私人關係，爲進退標準。其次我決心盡量減少酬酢，藉以節省無謂消耗的精力和財力，以爲從公之用。

第四、過去做官的人，大都以爲不擺官架子，便不夠莊重，所以形成了治人階級，一切生活，與平民隔如天淵，不相和諧。以致官自爲官，民自爲民，不能合作，政事推行之效率，便因之滞頓。我決心一生做一個平民化的官吏，除了因眼前環境特殊，必須衛護之外，我不會也不願裝官樣子，我願與市民更始，共同做一個多難興邦的平民。

第五、我自身是一個青年，我平日心理和態度，都很接近青年，所以我希望以市長的地位，以我平時勤勞的習慣，和不有惡嗜好的素養，來領導一般青年，使其明瞭眼前政治的新意義，明瞭青年在今日的責任，負起改造新中國的工作。

第六、過去無可諱言的，省府與市府間的聯繫，有相當的缺陷，此種缺陷，影響到政治推行的阻滯，這是一個極不好的現象，所以我決心在任內，必以一萬八千個的熱誠，努力省市兩府的和諧。本來市就是省的一部，省市兩政府都是地方政府，那容聯繫上有缺陷呢。

以上六種，便是我今日對於本職的願望，除了環境過於惡劣，使我無所措手之外，我絕對不避艱險，努力向我所願的途徑邁進。

兼社會局長對記者發表關於社會局今後的計劃

此次市政府爲要實施種種關於市政的計劃，第一步卽從强化人事機構着手，將所轄社會財政工務三局局長，加以更動。原有財政局長一職，係由陳財政廳長兼任，原有工務局長一職，乃係代理性質，責任都不專，所以都准予辭職。又社會局局長許守忠先生，既係工務人才，原任亦爲工務局長，爲使其所學所用，得展長才，能爲地方政府多多服務起見，所以調他回任工務局長。所遺社會局局長一職，責任繁重，本當另派專才充任，祇以市府經費困難，而一時又覓不到相當人才，所以暫由兄弟自行兼任，以兄弟個人工作的增加繁劇去換取公帑的節省。

兄弟過去所學，爲社會科學，而平日亦多從事社會事業，故對於社會局職務，尚可勉力。此後對於社會局事務上的推展，爰就既定的計劃，作一個簡單的報告。

一、關於安居樂業問題

刼後地方的第一個問題，在於求使人民能夠安居樂業，這是最關緊要的事。自本市成立政府的一年來，雖然人口已經有了二十餘萬，各種職業也逐漸恢復，但多係中等以下之家，而中等以上的市民，依舊是不敢歸回故土。所以因爲困於資產的窘竭，以致重工商業不能興舉，所以目前對這個問題，要想從兩方面着手：第一從治安問題着手○目前因爲市區治安尚未臻完滿，所以有產之家，尚不敢歸來，現在本市區第二期治安的實施，已經開始，社會局協助治安實施的職務很多，比如户籍的編成，保甲的健全等，都想第二期中全部辦理完竣○第二從官民合作着手○目前的環境，人民對於政府較之過去當然更多一種的困難，所以我們要想以種種機會，誠實表現政府愛護人民的至意，切實合作

二、關於地方救濟事宜

刼後地方的治標事業，急在救濟，惟救濟事業費，乃純粹的支出，從前本市有一筆救濟費的鉅欵，眼前這筆鉅欵，除一部用於救費外，其一部則撥爲補充政費之用，已所存無幾，所以目前要辦救濟事業，經費上便發生大大的困難○此後我們當一面從籌措救濟費上着想，一方面就救濟事業中擇其首要急切的先行舉辦○

三、關於增進生產計劃

要想地方繁榮，根本的問題，當從增進生產方面着想。增進生產的命脈，固然在於資本問題，而行政機構，亦是推動計劃的關鍵。所以社會局今日對於所屬機關的行政指揮，當以推動生產計劃爲骨幹，一面想法多方鳩集資本，從事增進生產的推動，對於本市生產，如絲綢茶以及其他一切小型的工商業，都想陸續先後推進的。

四、關於推展教育問題

教育爲國家命脈，本市小學的發展，爲三省冠，而中等教育，可惜限於經費，不能盡量發展。此後除力圖教育經費的增加和獨立，藉以堅定教育行政外，對於社會教育，當擬特加注意。而刼後地方的教育，要以二種目的爲骨幹：第一是以生產爲中心，無論是學校教育，抑是社會教育，總想塗上生產的色彩，使其成爲經濟救國的教育基礎。第二對於學生的訓導，務以勤勞與吃苦爲目的，我國所以積弱，積弱於人民缺乏勤勞的素養，所以體力以及精神，多不及人，刼後人民，務使其養成勤勞吃苦的習慣，則與生產教育之旨才能合拍。

五、關於青年訓練事宜

中國青年的數目，當然很多，但精神體力是否合於青年的條件，這是一個疑問。大多數年輕青年，而精神頹廢，體力羸弱，一如老人；所以此後對於青年的訓練，當特加注意。現在中央已有關於青年團的組織，此後當就青年團的組織上，對於全市青年，加以思想學識能力以及種種關於做人問題，予以嚴格的訓練，務使每一個青年，都成一個現代化的青年。

以上各點，乃關於社會局此後所擬辦的犖犖大者，此外社會事業應做的事尚多，不勝枚舉。總之，我們惟有本着爲地方服務，爲人民求取幸福之旨，竭盡政府的責任，向前邁進而已。

七七事變的本質與效果

七月十日在播音台播音

自前兩年今天，蘆溝橋發生事變到現在，足足兩個年頭了。在這兩年當中，中日兩國的國力，無論精神和物質，最大部份乃消耗於自己毀滅自己的戰爭上面，這真是東亞民族最堪痛心疾首的一回事。

此次戰爭，在一方面，或許認定是侵服弱小的真理戰，在另一方面，也或許認定是一種反抗橫强的真理戰，但若就二十世紀的政治眼光來看，那不過是一種類似「兄弟鬩牆」，「鷸蚌相爭」，的兩敗俱傷而爲仇者快的意氣戰，並說不上甚末真理戰。

何以我有這種的感覺呢，讓我把此次戰爭在現環境之下所表現的性質，分析來說一下。

第一、二十世紀的政治領域，不能囿於現有國家的領域，也不可限於一個民族的小利害，應當以全世界的區域爲區域，應當以整個人類或整個種族的幸福爲本位的。所以二十世紀以後的政治問題，就地理上說，是東亞與西歐問題，就經濟上說，是有產與無產問題，就人文上來說，是黃種與白種問題。以此種遠大正確的政治眼光，來鑑定此次中日的戰爭，那就是東亞與國的對內戰爭，黃種民族的對內戰爭了。

第二、戰爭事件，應當對敵人發生的，中國並不是日本的敵人，中國更不是日本備戰的真正對象○而且日本政府當軸，曾聲明對中國並沒有領土野心，那末此次的戰爭，真是太無謂的了○中國不是帝國主義的國家，日本也不是中國的真正敵人○中日兩國的敵人多得很，破壞東亞秩序的人圜宇皆是○中日兩國本應儲藏國力，以之對付許多足爲敵人的帝國主義才是，現在竟然自已關上了兩國門，互相毁損，有何意義呢○

第三、中國一切政治組織，和經濟機構，都不堪言戰，此次因受西歐帝國主義者的慫恿與驅使，竟然不惜把整個民族的淪亡，半壁東亞的毁壞，拿來換取目前小小意氣的伸張，焦了土，難了民，所得的最多不過出出氣，兩敗俱傷而已，有何效果，有何價值可言○

第四、我們縱不必說中國，兩國原是同種同文的兄弟國○我們只就自然地理上看，就國際形勢上看，太平洋沿岸有白色帝國主義，北歐中有赤色帝國主義，隨時在環伺着○中日兩國實有共存共亡的關係，過去既不共襄其存之道，此次竟向共亡途上前進，真是再逆道孛理不過的一回事○

依上列四點看來，此次中日的戰爭，是對內的戰爭，不是對敵的戰爭，是自己毀滅自己的戰爭，是共亡而不是獨存的戰爭○這種戰爭，完全因爲以國家觀念爲中心的一時意氣作用的戰爭，並沒有世界眼光，也沒有東亞觀念的○所以此種戰爭，如果在最近不能轉變共方向，而求取中日兩國的共存，東亞的和平，那真是違背種族國家生存的真理了○

「既往不究，來者可追」，過去的錯誤，譬如昨日死，今日國族的生存，我們不可不努力，找出一條光明的大道○所謂光明的大道，不外中日的合作，與中國的自强兩途而已○現在請把這二件事，分開來說一說○

所謂中日的合作，當然是在精神上的合作，不是形式上的提攜○精神上的合作，當以兩國政府當軸，確認東亞和平爲兩國共榮的前提，中日戰爭，會有兩國共亡的結果○西歐各帝國主義，隨時在謀搗亂東亞的秩序，中日的戰爭，正合他們的蓄意○東亞兩大國，這二年來，以全付的國力，進行自己毀滅自己的戰爭，而爲仇者所快，這是多末痛恨的事啊！

日本對中國，並沒有侵略野心，領土要求，和軍費賠償等，他始終以中日合作，共同防共和經濟提攜三原則爲根據的。這個原則，是謀東亞和平和中日共存共榮的原則，並沒有亡中國的蓄意。所以我們應當承認日本在這兩年中，雖然繼續戰爭，但急切的希望和平，他的希望和平，也就是表現沒有侵略野心和領土要求。我們希望他以一個大國的風度，來履行此種維護東亞和平的義務如果中日兩國都具有這種的感覺，那末此次戰爭的効果，不特不會釀成兩敗俱傷的結果，或許反造成一個復興東亞的一個新時代，而得一種中日兩國共存共榮的大效果。

現在我們應當明瞭此次事變所給我們的教訓，我們澈底確認必須以和平合作，才能求取中日兩國共存共榮的效果。我們決心，由建設東亞新秩序着手，去樹立中日兩國的精神合作，與澈底提攜，兩國政府，當以互信的精神，互助的方式，來決行此種東亞民族更生的大願。

所謂中日的自强問題，固然在於中國自己去努力，求取所以自强之道。但就過去事實，與目前環境來看，無可諱言的，中國要圖自強，在國際政治上，經濟建設上，尚有待於友邦的協助。所謂友邦，固不限於歐美或東亞，但事實上歐美帝國主義者，他對於東亞的建設，與中國的復興，除了掩護他自己在華的利益之外，並沒有協助之意念與必要。所以爲求整個東亞民族的自強，爲求東亞新秩序的建設計，對於中國自強的協助問題，還是由中日提攜方面着手爲宜。惟是我們現在所考慮的，就是如何提攜，才不違協助的精神，才能達到中國自強的目的。

如果現在我們中日兩國政府和人民，都能了解今日的局勢，都能接受七七事變所給的教訓，而猛然覺醒，共起努力新局面的開拓，從中日真正的合作着手，去協助中國力謀自強，來衛護東亞的永久和平，那末七七所遺下物質上的創傷，不難在最短期間內，換取政治上的收穫。

興亞運動的效果與新中央政權的樹立 對杭市民衆大會演詞

今天是興亞運動二週年的紀念日，我們杭州市民，能夠在這炎炎烈日之下，萬方多難之中，不分中國人與日本人，濟濟一堂來舉行這空前的盛會，這是何等的新奇，何等的有生氣，足以表現中國已經轉入了一個新時代，東亞也已經變成了一個與前不同的新秩序的形勢了。自從海禁開後，東西交通，歐化東漸的結果，在政治上經濟上文化上，東亞民族受西歐民族的壓迫，尤其是我們中國，在白色的帝國主義者的鐵蹄下，已經做了數十年的精神奴隸了！但是帝國主義者居心毒狠，要我們做精神奴隸還不夠，他們不特要亡我們的國家，他們還要亡我們的文化，其目的在滅亡我們的民族！所以他們貯心積慮，在他們因地理上的遠隔，不便輕用武力來侵略的環境之下，想盡方法，利用機會，來搗亂東亞的秩序，此次中日的戰爭，就是西歐帝國主義者所串出來的把戲。我們兩國，爲爭一時的意氣，竟然上了他們的大當！經過了這兩個年頭的戰爭，所給予我們的教訓，我們中日兩國民，都有了同樣的覺醒，與一致的要求，對於東亞國家的提攜，和黃種民族的生存，已經有了澈底的覺悟！這足使老大東亞，變爲新興東亞，足使中日的對敵關係，變爲親善的關係。進一步，更足以東亞的和平，奠定了世界的和平。如果我們能夠確定興亞的政策，奉行興亞的意旨，那末此次戰爭一切的損失，尚可以取償於他日。我們所以需要興亞運動，其意義厥有三點：

一、以和平為旨趣，求取東亞秩序的安定；

一、以地理為界線，求取東亞國家的獨立；

一、以人種為軸心，求取黃種民族的繁榮。

這是興亞運動的最高原則，如果中日兩國，能夠以此原則為意旨，那末興亞運動推行的效果，必然表現下列各種的事實。

第一 無條件的立卽停止中日的戰爭。

第二 確定中日兩國共存共亡的信念。

第三 樹立東亞兩大國提攜的新秩序。

第四 建設黃種人的東亞新世界。

第五 奠定東亞永久和平的基礎，和世界和平的大道。

因爲興亞運動會產生此等光明偉大的效果，所以我們今日應當不分中國人與日本人，共同努力來推行。如果我們確信興亞運動的特殊意義和必然效果，那末我們對於此次的戰爭，不能承認爲敵對行爲的戰爭，我們只能承認這是興亞運動的一種運動而已。同時無論戰爭進行的結果如何，並沒有甚麼戰勝國與戰敗國之分。我們既然是兄弟的國家，將來既然是共存共亡的友邦，那末目前的打仗，不過是鬧脾氣的小口角，算不得是戰爭。因此我們依舊是大中華民國，我們依舊是大中華民國的國民，我們沒有亡國，我們並不是亡國奴。日本是世界的大國，日本民族是東亞的新興民族，我們相信日本絕對不願東亞兩大國，無故亡了一國，日本更不願意使同種的民族，做了亡國奴。因此我們在這與亞運動的理論高唱入雲的今日，我們要求友邦的日本，履行過去的聲明，沒有侵略野心，沒有領土要求，沒有軍費賠償的兄弟之邦的大國風度，來表現中日平等提攜的事實。我們根據此種的意念，所以在最近期間內，我們要求新中央政權的成立，因爲惟有新中央政權的樹立，才有進行平等提攜的可能，也才能證實日本確有履行興亞的義務。日本協助中國，樹立新中央政權，這具有重大的意義，這才是誠摯的表現，這才是和平的先聲。我們所以要求新中央政權的樹立的真意，不過下列五點；

一 新中央政權的樹立，足以證明日本確無滅亡中國的野心；

一 新中央政權的樹立，足以表現中國確是一個獨立的國家；

一 新中央政權的樹立，足以代表整個中國與日本共負興亞的責任；

一 新中央政權的樹立，足以統一全國消弭戰事；

一 新中央政權的樹立，足以代表中華民國確定國際地位。

因此，我們很迫切的要求新中央政權從速的樹立起來，我們要在這新中央政權之下，做一個良好的國民，做一個多難興邦的人民，做一個與世界各民族一切平等的民族。我們中華民族，因爲過去過於閒逸，不自振作，所以到了今日，現代國家的一切條件，都比不上人家，所以會有今日的現象。因此我們希望我們自今天起，在新中央政權的領導之下，以日本民族的刻苦向上的精神爲榜樣，抱定自力更生的旨趣，樹立多難興邦的方策，努力向前邁進。

我們需要和平（促進和平大會講詞七月二十四日）

希望友邦接受五要求

孫中山先生臨終昭示我們「和平，奮鬥，救中國！」這是適合於中國情形的救國方法。我們中國原是禮教之邦，民族酷愛和平，又因積弱的國體，所以需要奮鬥去圖強。這二年來的事變，本意或許也可以說是救國，但不適合於孫中山先生所告訴我們的救國方法。這二年來是戰爭，不是和平，是妄行不是奮鬥；所以到了今日戰爭無可收拾之時，雙方都有同樣的感覺需要和平。

中國自鴉片戰事失敗，訂立了南京條約，開闢了五口通商之後，無時無刻不在危亡當中，鴉片戰爭是那一國對我們的壓迫？五口通商，是那一國對我們的侵略？這是西歐帝國主義對東亞侵略的開始。我們黃種民族，若早能以整個東亞秩序的安全爲前提，那末從甲午到七七，中日兩國這許多次爲外交上的衝突，都可以用和平來解決的。

從甲午到七七，我們都承認是過去的錯誤，自今日起，我們澈底的覺悟我們中日兩國必須共同維護東亞的和平和黃種的利益，因此我們中日在確認中日兩國有共存共亡的關係下，大聲疾呼來反對戰爭，倡導和平。

不過，和平二字說來容易，做來頗難。戰爭要有本錢，和平要有方式。和字的意義是合作，平字的意義是平等，能平等的合作，才能達到真正的和平。不然便有一方忍辱求和的事實，便不是真正的和平，便不能達永久和平的目的。所以我們今日促進和平，不是要那一方對那方求和，是要中日兩方共同的合作。

因爲截至今日止，戰事還沒有結束，所以無所謂勝敗。我們對於過去二年自己毀滅自己的戰爭只有痛惜，我們過去是酷愛和平，我們今日是需要和平，我們沒有和平便不能生存，我們不行和平，東亞便沒有秩序。

所以我們今日所講和平，是救國的和平，不是亡國的和平；是奮鬬的和平，不是忍辱的和平；是中日兩國誠意合作的和平，不是一方需要的和平；是真和平，不是假和平。

因此，我們要以十二萬分的熱誠，提出此次和平運動幾個原則來希望我們友邦的日本能接受我們的要求：

一、無條件的先行停止軍事行動；

二、一切和平方案，由中國中央政府決行；

三、解决中日一切懸案，以求永久和平；

四、賡續七七以前的談判，不提事變以後的要求；

五、尊重中國領土完整與政權統一。

如果能以這五個原則爲和平進行的根據，我們相信中國國民沒有一個不願意與日本國民爲友的。

關於實現和平之感想

本月九日，汪衛精先生曾以「我對於中日關係的根本觀念和前進目標」的標題，向全國民衆作播音演講。這一次演講，因爲確定了觀念和目標，同時也合上了目前的環境和需要，所以演講的結果，頗得中日朝野的同情和擁護。

汪先生本來是黨國的領袖，他的見解，當然是透澈，他的主張，也當然是合理。我們是一個地方的事務官，同時也是一個善良的國民，我們本以奉行命令與勤勞服務爲天職，對於國家政策的決定與轉變，惟有以中央的意旨爲意旨本來無權也不配去參加甚末意見的。不過因爲這一次中日野朝對於汪先生的主張，會有一致的同情，不能不使我因興奮而發生一種感想。

我以爲此次中日戰爭，若就世界形勢來看，本來是沒有甚末真理可言的。兩年來戰爭所給我們教訓，到了今日，兩國朝野都一致的感覺和平的需要，汪先生就是適應這個需要而出任艱鉅呼籲和平的。我對於汪先生的呼籲，歸納下來的，有四點值得我們注意的。

第一、是遵依孫中山先生遺言，承認「中國革命之成功，有待於日本之諒解」、希望日本明瞭中國革命成功，實對日本有利，能得諒解，而以中國爲友。

第二、根據日本政府過去的聲明，以善鄰友好共同防共經濟提攜爲原則，以不有侵略野心，領土要求和軍費賠償的信約，進行中日兩國的誠意合作。

第三、認清目前乃繼續抗戰與講求和平的兩條路，而決定了從和平之路，求中國的生存。

第四、對於此後中國政權誰屬問題，他表示願與各黨各派和無黨無派的有志之士合作。

我們對此四點，雖然認爲比了過去聲明較爲具體的表示，但仍微嫌徒具標題，而尚欠詳細的說明。溯自先生去年豔電發表，迄今已半載於茲了，在此半年中，對於和平建國之道，應該具有詳細計劃才是，何以遲至今日，而仍僅有此大綱，而無細則呢？這些大綱原則上，固然不錯，但我們尚有進一步的要求。

對於第一點，所謂日本的諒解，除停戰和平之外，當求積極的有以援助中國革命的成功，這是中日兩國的共存關係，並非僅以日本有利爲標的。

對於第二點，必須先求日本方面履行其信約，藉以減少國人仇日的心理，這是事實的表現，並不是理論可以欺人的。

對於第三點，吾人雖然決定走上和平圖存之路，但如果抗戰事實，依舊存在，所謂和平便不能全功；所以對於抗戰方面的勸告，似尚有待於吾人最大的努力。

對於第四點，此後政權誰屬問題，絕不可因圖眼前的救急而遺他日內爭的糾紛，應於此時樹立中央政權的系統，及地方政權的劃分，藉以鞏固政體，維護國族於永久。

這是我個人以平民資格對於汪先生所揭提的四點，進一步的希望，希望我全國上下，同具此要求從速促成真正和平的實現。

何以更生我國族 八月十三日在杭州演講

今天是我中華國族更生的紀念日，這個日子，依通常人眼光看來，是個極沉痛的日子，但依我們用遠大的政治眼光，以整個國族的福利以國際現勢的趨移去觀察，如果能夠都如我們的熱望而實現，那末這個過去認爲極沉痛的事件，便是將來認爲極有價值的政績。

我們何以認定這個日子是我國族更生之日呢？這固然在形式上，僅僅表現中國政治因爲有了這一天，轉了一個路向，而所以能認其有更生的實質，則當然有待於將來事實上的表現。

現在我們先就形式上來說明這一天是我國族更生的意義。

第一、我們過去把同種同文兄弟之邦的日本，看做敵國，自這一天起，我們要認明日本是我中國的與國，是我們東亞惟一的兄弟之邦。

第二、我們過去在白種人的蹂躪之下偷生，自這一天起，我們要脫離西歐帝國主義的迫壓。

第三、我們過去在共產黨煽惑之下，思想上過着莫明是非的生活，自這一天起，我們認清了共產主義之妄想。

第四、我們過去以爲西歐帝國主義，對我能有善意的援助，而報以滿腔熱望，自這一天起，我們看穿了帝國主義的毒狠，不再上當了。

第五、我們過去養成了依賴他人的慣性，不自振作，自這一天起，我們知道他人不足靠，惟有自力更生了。

這就是八一三之後，政治上的轉變，所給與我們更生路向的意義，然而僅僅這樣，只是形式的更生，消極的更生，絕對不能使我們滿意，我們應當進一步，求取積極的實質的國族更生之道。怎樣才是實質的積極的國族更生之道呢？說來也有五個標的：

第一、從此後，要與日本結成不分彼此的兄弟之邦，由外交上的合作，謀得文化的混同，政治的一體。

第二、從此後，力圖自强，要與世界列强的文明政績並駕齊驅。

第三、從此後，樹立明朗化的民主體政權，使國人普遍得到自由與平等。

第四、從此後，澈底的剷除共產主義的思想，樹立民族爲骨幹，以東亞爲體膚的政治思想。

第五、從此後，排除西歐帝國主義者之惡勢力於東亞之外，建設東亞人的新東亞，中國人的新中國。

以上五點，就是我們所理想的更生標的，從此後，我們由此標的邁進，不折不回，再接再勵，這是更生我國族的大道，這是我們誓死不達目的不止的要求。

我們何以要排英（八月十二日在杭州民衆排英遊藝大會演講）

諸位，今日國際上都公認英國是老大的帝國主義國家，在外交上是老奸巨滑的國家；他無論在西歐在東亞，都潛存着經濟上和軍事上的穩固的勢力，足以維護這老大帝國的利益。他不是爲人類爲國際謀福利的强者，他是一個慣於犧牲他人謀取自己利益的强國。若干年前，世界曾公認他是海上强盗！

我們中國，也可以說是我們的整個的東亞民族，就歷史上觀察，受帝國主義的壓迫，應當始於英國，也最甚於英國。如果就整個民族國家言，英國才是我們真正的敵人。清道光年間，鴉片戰爭，誰都知道是中國歷史上極有名的國恥事件，這回戰爭的結果，開了我們東亞國家割地求和的先例，而南京條約的五口通商，更造成了經濟侵略的基礎了。自此後，西歐的帝國主義，接踵而來，中國便在白種人的鐵蹄之下，足足做了一百年的公共奴隸，一直到了今日，才有機會來抬頭。

在過去，歷史所告訴我們外交事實，英國只有對我們的蹂躪與壓迫；挑撥和指使。他的用意，只是維護「鷸蚌相爭漁人得利」的外交策略，在在想利用機會，來伸長他的兇狠爪牙，來侵略弱小民族的。所以我們對這老奸巨滑的帝國主義者，絕對找不到可以親善理由來做外交的根據。

再就此次中日事變來說，更可證明英國對於我們東亞的和平，暗存猜忌的毒心，和明行破壞的手段。他因爲恨透東亞有個日本強國，不敢用武力侵略的方式來鯨吞中國，因此他改換了經濟侵略的方策，來蠶食中國，一面仍恐中日兩國是同種同文，又是比鄰的國家，勢必提攜，所以百般利用外交時會，使中日兩國時起磨擦，損壞國交。前二年的蘆溝橋事件發生，在我們中日兩國，是不幸事件．而在英國，則視爲千載一時的機會，因此他用盡百般苦計，拿住了蔣政府，掀起了東亞歷史上空前所未有的大戰。這一來，他一面既以經濟助長了蔣政府的抗戰野心，而一面却不以外交手段停止日本的作戰計劃，因此我們中日兩國，在這老奸巨滑手上，一拿一鬆中拚命的向着自己毀滅自己的戰爭道上進行了二年，到現在還不能罷休，這是何等的悲痛；從前僅僅是我們中國一個國家，直接受他的經濟侵略的壓迫，而現在則是連日本也間接的受他的外交策略的蹂躪了；以前只是我中華民族被輕視，而現在則是整個黃種民族被嘻笑了；以前只是東亞一部份的安甯，而今日則是全東亞的安甯被毀壞了；以前我們東亞民族的力量，是中國加日本，而今則是日本與中國對銷了，以前的中國不亡，在不亡於東亞有與國，而今中國的危亡，則是危亡於反與國爲敵國。這種種的傷痕悲痛，事實上都是這老奸巨滑的英國造出來的。所以我們今日要說和平，要中日兩國民族澈底的合作，要共同來建設東亞新秩序，就不能不把這個從中作祟的英國排除不可；所以我們今日來排英，並不是通常的外交行爲，更不是甚末報復舉動，我們排英的特殊意義是：

一、我們爲中日兩國的合作而排英；
二、我們爲維護東亞和平而排英；
三、我們爲建設黃種人的東亞而排英；
四、我們爲維護世界永久和平而排英。

浙江省青年團幹部訓練所開學典禮演詞

各位同學，各位青年同志，今天是各位開始受訓的吉日，我以一個青年市長的資格，很喜歡的要向各位賀喜，同時也要以一萬八千個的熱誠，對大家說幾句關於我們青年，在這萬方多難的環境之下，如何本着「多難興邦」的旨趣，來共同勉力共同担起青年的責任的話。

我們中國號稱四萬萬人口的民族，若以青年的年齡來分，總該有三分之二是青年，如果我們青年，都能夠克盡我們青年的責任，都勃勃的有生氣，那末我們相信絕對不會有今日的現象。因爲過去的青年，不特在形式上沒有組織，在實質上的精神體力各方面，也滲入了老年和幼年的成分，比如喜歡玩，喜歡吃，這是幼年人的現象；喜歡偷閒，不肯吃苦，這是老年人的現象：青年人如果免不了此種事實，那就不能算爲純粹青年。再進一步說，就是所謂「天真爛漫」「少年老成」等名詞，也不是好名譽，「天真」應是幼年的現象，「爛漫」便是無用，「老成」應是老年人的現象，「老成」了便要凋謝的；所以我們主張青年人，應當保持着青年人的態度，蓬勃嚴正，堅毅勇爲，不要爛漫，也不可老成。

這樣說來，那末我們如何做一個完全的有爲的純粹青年呢？這就是我今天要與大家說的話了。

所謂青年，當然不是幼年，也不是老年，人生的幼年青年老年三階段，除形式上以年齡爲分劃標準之外，應在實質上確立青年的標準，方才有利於整個社會及國族的幸福，所謂實質上的鑑定，現在可就思想上體力上和行爲上作一個簡單的方式如下。

幼年——青年——老年

思想上：愛身——愛國——愛家

體力上：脆弱——强壯——衰敗

行爲上：嬉戲——服務——偷安

依此看來，幼年人的思想中心是「愛身」，體力實質是「脆弱」，行爲的目的是「嬉戲」；老年人的思想中心是「愛家」，體力實質是「衰敗」，行爲目的是「偷安」；惟有我們青年人，才以愛國爲思想中心，才有「强壯」的體力實質，也才有「服務」的行無目的。惟是這樣，才是純粹的青年，有爲的青年，不然年齡雖在二三十歲，而青年條件不備，有的體力强壯，而行爲是偷安，行爲雖是服務，而目的在於愛身，或者愛家，這種青年兼具老年或幼年的成分，就不能担起青年的完全責任了。

所以我們今日所謂青年，就是以上列的條件爲標準，有了青年的思想體力和行爲上所必具的條件，然後才可以負起偉大的責任。

因此，我們今日所注意的青年中心問題，並不是活動與工作問題，而在青年本身如何先行改善其本質問題，青年的組織，還在其次。今日我們大砲飛機，雖然比不上人家，這不是根本問題，根本問題是我們青年的思想體力和行爲的本質比不上人家，這才是最堪痛心疾首的一回事哪。

所以我們政府今日來辦這青年團，就是想就青年本質的根本問題着手，來訓練青年使其能成爲純粹良好的青年，然後叫他們擔起許許多多凡是幼年和老年人所不能做的事，而對社會多多服務，對國族多多貢獻。

這是我對於辦理青年團的認識，也就是我對於諸位同學的希望。諸位現在是青年團的幹部，將來推行青年團的組織與訓練，其責任全在大家身上，希望大家在受訓期中，多多刻苦，大大努力，先把自己造成一個模範的青年，標準的青年，然後才能担起訓練他人的責任。這是救國的基本工作，這是新中國誕生的基礎，望大家努力前進。

青年如何創造自己的問題

對青年團幹部訓練所講演

我們現在的環境，雖然十分不好，但環境是可以改造的。因爲環境這個東西，是人羣公有的，不是個人私有的，所以從來沒有適合於個人的環境，只有個人去適應環境，然後就所適應的環境中的不良部分，慢慢加以改造，或者乘時予以打破；所以希望各位同學，對於不滿意的環境，千萬勿要灰心，一切可以由我們自己創造出來的。

適應環境也好，改造環境也好，打破環境也好，創造環境也好，其出發點，卻在個人身上。個人如果沒有達到自己認爲滿意的爲人條件，那末自己不能適應自己，改造自己，打破自己，和創造自己，則一切的一切，根本無力也不配去改造或創造的。所以我今天要和大家說的，不是如何改造環境問題，是如何創造自己的問題。青年人在民族陣線裏，是生力軍，在國家是棟樑之資，青年時代，在個人是黃金時代，就是人生最寶貴的時代；就個人方面說，個人要想改造環境，也在青年時代，才有精神體力和一種非幼年和老年人所能有的勇氣。在國族方面說，國族要想改造環境．也要靠全國的青年，來負起爲國族犧牲的使命，才能達到目的。所以青年時代和青年人，在個人和國族，都具有最高無上的意義和價值。

青年既然這樣的寶貴，這樣的重要，那末青年人應當怎樣，才是一個不愧爲青年的條件呢？這就是我今天要和大家討論的，創造自己的問題了。爲着適應今日環境的需要，我要向大家提出六點來說。

第一、要抱定服務目的。人生固然要享福，但人間絕沒有天賜福的，所謂一切的福，就是權利，必須以義務去換來的。一個人去盡一個人應盡的義務，這就是服務，每一個人能有服務，才有社會，也才有我們個人所要享受的一切福。我們個人的一切，都不是個人所有，比如我們的肉體，原是我們父母結合養出的，但父母若是沒有社會供給他的生活，他就不能結婚生孩子；若是父母的結合不正當，社會的議評，和法律的制裁，就不許私生子的生存；即是正式婚姻養的孩子，如果社會秩序不安定，家庭經濟窘迫，孩子就不能養大成人；所以我們個人的一切，都是社會所有，我們不能隨意把身體毀傷，我們也不能自由支配我們自己，我們個人應受社會的支配。因此我們個人如果有體力，有能幹，便無論何時，不拘何地，要為社會服務的。要知我們的一切享受，大半是前代人服務的結果，我們除以服務去謀取生活外，也應當以服務去供給後代人的享受，那末人類社會，才能賡續而不絕。

第二、要養成勤勞習慣。普通人是喜歡安逸，不樂勞苦的，但安逸這清福，應當讓與年老力衰的人去享受，我們青年，當然不該有安逸的念頭的。而且安逸和服務絕對相反，一有安逸，便沒有服務，所以我們青年，必須從反安逸的勤勞方面前進。同時我們的身體，好像一座機器，越用越靈，好久不用，就要壞了的。我們青年人的精神體力，越勤勞越強健，越強健便越能服務，社會便受惠越多。古人大禹惜陰，陶侃運瓦，便是此種意思。所以我們青年人，絕對不可有閒暇的時間，有怕勞苦的念頭，社會是由每個人的勤勞去推動的，我們青年人若不勤勞，要讓誰去勤勞？讓小孩子們去做嗎？讓老頭子們去做嗎？青年人切不可閒暇，閒暇便有三種的不好事實：第一社會缺少了生力，第二個人懶惰了精力，第三因為無事做，便胡思亂想，而損失了體力；所以我們青年人，應當每天不許閑暇，自已去找事做，無論大小事，切不可坐等事來才做，縱使我找不到事時，看書也就是一件事，利用看書，便可以補滿隨時隨地空隙的時間。

第三、要具有犧牲精神。要做一回有利於社會的事，若是沒有犧牲的精神，絕不會有大成功的。尤其是當現在的環境，若是個人利益的觀念太重，不特不能舉大事，連個人的利益，也得不到。幼年人因爲不知社會生活意義，個人觀念太重，不能有犧牲的行動；老年人因家庭關係太深，又以豪氣消沉，也難有犧牲的決意；所以對於整個社會利益，而犧牲自已的行動，惟有求諸我們血氣方剛的青年人。我們青年人，應當抱定「無我」或者「大我」的精神，把我的一切，歸諸社會，或把社會的一切利害，視同我身的利益，那末每個人犧特努力的結果，便是整個社會繁榮的表現，也便是整個人類幸福的造成了。

第四、要鍛鍊强壯的體力。體力是一切事業的基礎，沒有强壯的體力，根本就不能發動一切事業的決心，更不用說一切事業的成就。我們民族在智力上，因爲有立國最悠久的歷史，廣大的土地，衆多的人口，當然比其他新興民族强大才是；但因生活過於安逸，過於休閒，所以體力上便隨之退步。現在我們比不上列强的致命傷，不在於飛機大砲，在諸國民體力的衰退；所以我們今日要復興國族，非由根本的從國民體力做起不可。今日我們中國青年，有許多配不上稱青年，多數人的體力，不到健康的水平線，不勝勞苦的工作。年齡雖然說是青年，而體力却已到達了老年的階段，這真是最堪痛心的一回事。今日起，我們要切實的注意，我們自己的體力，平時要有保養與鍛鍊，並行兼顧，一面不要浪費體力，務一面要隨地鍛鍊，務使達到心身强健的目的，然後才能担起復興民族的重任。

第五、要打破家庭觀念。中國是以家庭爲中心的社會，在閉關昇平的現代，以家庭爲中心，可以維護社會秩序的安寧，又以維護個人的幸福。但時至今日，世界的關係，不以國界分，人民的關係，不以種別分，家庭制度，是不當重視的。而且依過去的事實證明，家庭觀念大多妨礙國族的進展，比如中國有句俗語說：「好男不當兵」，這就是重視家庭的利益，輕視了國家的利益。此後我們應當抱定沒有個人，也沒有家庭，只有國家和民族。必須把家庭觀念打破，把大家庭的舊制度搗毀，樹立小家庭制度，使個人得以多多的時間與精神，爲國族努力。這是我們靑年，在此大時代的轉變中，應當有的認識和決心。

第六、要打倒做官思想。做官本來是爲民衆做公僕的，但過去的做官，却與民衆形成兩種階級，做官是治人階級，民衆是治於人階級，做官的人，可以討好幾位小老婆，出門可以有汽車代步，種種優裕的生活，引起了多數人對於做官發生「彼可取而代之」之觀念。因此做官的人，就想方法來壓抑想做官的人，來搶官做，而一般想做官的人，也想盡方法來搶官位坐，因之天下便多事了。又因想了做官，則一天到晚，惟官是求，甚末事也不想做不願做，社會的進化便無形受了重大阻礙。所以我們應當以國族的利益爲重，不以個人之福利着想，應當但求做得有利於社會的事，不當想求做官。孫中山先生說過：「靑年人應當想做大事，不當想做大官」但依我的意見，不特大官不當想做，連大事也不當做○我們只要做小事，凡是有利於我以外的人的事，無論小至何種，我們都可以做○我們天天做了好幾件有利于人的小事，便可以抵一回大事；我們一身做了幾千萬萬椿的小事，便抵得過民族英雄所做的轟轟烈烈的大事；英雄們做的是轟轟烈烈有名兼有利的大事，我們常人，做的漸漸多多無名利的小事，其有利於社會的價值則一，而我們的意義，還比英雄來的好些○所以我們主張，人們只要以服務的目的，遇了事便做，不求其大，則整個人類的文明，便由這積少成多集小成大的路途中進步的○

以上六點，是我們青年人，在此萬方多難的環境中，應當先求諸己的條件○我們要能從個人起點，求自己滿意自己，然後去改造環境，打破環境，或者創造環境都好○現在我們已經感覺吹牛皮是不足取的，我們青年人，要脚踏實地做事，不要太理想，而近於妄想○須知空口大砲，毫無用處，我們不要向大處空想，我們要由小處着手○我也是一個青年，我希望與同學共勉之○

浙省日語專修學校開學演詞 九月二十九日

人非啞者，孰不能言？惟說辭並非易事，因有時間與空間的不同，技巧與音調的不同，而會發生意義與作用的不同，若說之不當，就失了意義與效用。考說話大概可分兩種：一是講理的，需條理清晰明瞭；一是講情的，需婉轉動聽甜蜜。比方我要對我所心愛的人表示我愛他，那末說一句「我愛你」，那是很明瞭簡單的一句話，這是屬於講理的話；但若僅說一句「我愛你」，理雖已明，而情却未至，恐怕達不到對方動聽的目的，必須婉轉甜蜜的說：「我愛你的明眉皓齒，我愛你的豔容嬌態」……等等動聽的話，才能使對方傾倒，這是言情的話。

有許多人，講理的話說的很好，要他對女人說情話，却半句不成；有的人對女人喁喁私語可以一天不絕，叫他上台對大衆說話，却乙乙不出口；這是很明顯的說理與言情的不同。

至於現在諸位學員，在這學校裏所學習的日語，當然先是講理的，而不是講情的。當這國難期中，我們來學日語，當然是需要講理的話，來解釋中日需要合作的真意，來表達中國過去立國的禮教與文化，以及不當也不至亡國的理由；一面利用這日語，去聽取日本的民情和其致强的理由，爲我此後圖强的參考；這是我們學習日語的使命，要知我們今日對日本所需要的，是講理不是言情，理講通了，然後再來言情。

再說語言的功用固然很大，我以爲人類的最後文明，必使世界文化變爲一個單元，人種也進爲一元才可。這種工作，並不是靠國際的組織，如國聯等所能爲功的，必須從交通暢達，和言語統一，兩方面努力才可實現世界大同和人類文明的最後階段。

目下我們所努力的中日合作，不過普通的政治合作，進一步當求文化的合作，和民族的合作。我們希望目前先應用語言來講政治合作之理，再求文化合作之道，最後我們希望達到民族合作的途徑，使我中華民族與大和民族互通婚姻，那末這時候，就可以運用語言來講民族之情了。

中日滿合作與新東亞的建設

廣播演講

中國爲着立國歷史悠久，領土廣大，和人口衆多，過去自認爲東亞的主人，但就政治的腐敗，國力的脆弱，民氣的消沈上來說，老早被列强輕視爲東亞的病夫○因爲自己無自知之明，所以也沒有自奮自勵的辦法，因此過去無論在政治上外交上，一切的一切，都沒有一個井然的秩序，而被人笑爲無組織的國家，而陷於次殖民地的地位○

自海禁開後，世界列强，都在作蠶食鯨吞迷夢，想覬覦中國○或用政治方策，或用經濟壓迫，或用文化侵略，無所不用其極○他們的目的，在滅亡中國，而其手段，在先破壞中國的組織，進而搗亂東亞的秩序，再進而毀滅東亞，使黃種人降爲白種人的奴隸○

本來我們黃種人，是開人類文化之先，東亞也是世界文化的發祥地○在東亞地域上，我們中日兩大國，本來是同文同種的兄弟之邦，爲的過去沒有找到和睦合作的途徑，以致在國交上，發生了許多誤會與糾紛。因此我們東亞除了歐西列强來搗毀之外，我們自己也時常都在搗毀自己的秩序，這是我們東亞兩國家最堪痛心的一回事。

如果我們中日兩國，老早能夠明瞭共存共榮之理，而向互信互助路上進行，則何至有此次不幸事件的發生？過去爲的是，第一受帝國主義的壓迫，第二受共產黨的搗亂，第三受軍閥的蹂躪，第四受不良的政治，種種禍害國家民族的事件，層見叠出，以致最終釀成此次幾至亡國的事變。

既往不究，來者可追，過去的錯誤，都是現在和將來的殷鑒，我們如果勇於從善，以整個的國家民族利益着想，以整個的東亞福利着想，我們應當就此次事變的不幸中，找出良好的結果來做我們此後的改善方針，藉以彌補過去的損失。所以我們應識時務爲俊傑，我們要體察今日世界的情勢，和國內的實況，來謀復興新中國，建設新東亞，我們根據此種原則，應一心一德的在中日滿合作的途徑上，來努力於新東亞秩序的建設。

現在請就此種熱望，把我們此後所應做的事，臚列出來。

第一、東亞中日滿三國，必須誠意以整個東亞的福利爲最高原則，共同努力於共存共榮的政治建設，務使東亞脫離白種人的羈絆，爲黃種人的東亞，建立東方式的新東亞秩序。

第二、中日兩國，必須停戰和平，中國方面應即樹立中央新政權，藉以統轄全國，履行和平救國和親日的方案。日本方面，應從事休養國力，以既定的方針來協助中國從事於各方面的建設。

第三、政治方面，必須重行反共政策，繼續以三民主義爲政治軸心，而向大亞細亞主義邁進。

第四、經濟方面，必須放棄歐美協助的迷夢，誠意與日本提攜，謀增强國力。

第五、外交方面，應確定親日方針，勿再蹈過去今日反共明日容共，今日親英明日親美的猶移不定的覆轍。

第六、文化方面，必須以中國固有道德爲本位，嚴防歐西文化的侵略。

上列六點，都是建設東亞新秩序的必須實行的要目，必如是才能於此事變中，收到良好的結果。也才能使中日滿三國永存於東亞，也才能使東亞永存於世界。

杭州興亞倶樂部成立大會演詞 十月八日

今天，是杭州興亞倶樂部成立的典禮，本人得來參加，非常的榮幸！這是中日兩國人士公開而隆重的集會，在中國是空前所未有的，本人在萬分的歡慰中，除恭祝本倶樂部永遠的興盛，和會員同仁的健康外，對於本倶樂部成立的特殊意義與價值，還要說幾句堪以慶祝的話。

第一、這個倶樂部，是中日兩國事變後的一種精神上的建設，這是表示中日兩國和平與合作之在目前，過去雖然不幸，而有兄弟鬩牆的事實，此後我們要向兩國彼此倶樂的目標前進。

第二、這個俱樂部，是以興亞爲名，這是表示我們中日兩國，共同以復興東亞爲旨趣，所以我們此後，應不以國疆爲界，而以整個東亞民族的幸福爲觀念，而努力各項的建設。

第三、我們中國有二句名言，一句卽是天下興亡，匹夫有責；還有一句是，先天下之憂而憂，後天下之樂而樂；所以我們中日兩國，能在事變中，成立這個俱樂部的機關，來聯絡兩國有志之士，當然不會忘記「天下興亡匹夫有責」這句話，其次我們俱樂部同仁，雖然以俱樂爲名義，而實際上是共謀新東亞的建設的，所以我們不愧就是先天下之樂而樂的人。

以上所述三點，是我們杭州興亞俱樂部成立的特殊意義與價值，本人歡祝杭州興亞俱樂部萬歲，興亞的事業萬歲，中日兩國合作萬歲！

國慶紀念演詞

今天是我們大中華民國國慶的紀念，我們在這國難期中，能相聚一堂來慶祝國慶，這是多末榮幸的事。

國家也和個人一樣，國慶就是等於個人的生日，個人做生日，都喜兒孫兄弟戚友聚首一堂，國慶也是一樣，今天我們舉行慶祝國慶，我們就是國族的兒孫，還有東亞兄弟之邦的來賓來參加，這是很可以慶幸的事實。

不過我們中國，因爲是世界的大國，同時也是世界的老國，因爲年齡老了，體力不免衰弱；又因爲是大國，是五千年的老國，所以把過去長時期國族努力的結果，便造成了許多的財產，地大物博人衆，這便是我們中華民族過去五千年來努力的結果。

因爲有了大量的財產，又因年老體弱，所以引起了許多呆人，希望我們早死，好讓他們來分割財產；這是海禁開後，歐美赤白帝國之對我們中國的蓄意。因爲有了這一班呆人，所以才有過去政治的糾紛，也才有過去二年的中日事變。

爲兄弟的，絕對是不願兄弟被人家輕視，更不願兄弟被人家所毒害，所以如果我們東亞中日兩大國，確是兄弟之邦，那末我們應當要求日本來幫助我們圖强，日本人應當幫助中國自立不使帝國主義來毒害。須知中日兩兄弟之邦共存於東亞，才是東亞民族的光榮。中國相信不會亡國，因爲中國地大物博人衆，又有悠久的立國歷史，更有爲世界强國的日本爲我兄弟之邦，那裏會有亡國的道理呢？日本爲東亞的繁榮，也必須維護中國存立於世界上才是。

過去二年來，因爲外交上意見的衝突，打了二年的仗，這固然是兩國不幸的事，但此次的事變，對於兩民族不無好處。俗謂不打不相識，中日兩國經過了這兩年兄弟鬩牆之戰，日本認識了中國的民族性，中國也認識了日本的國力，由外交的衝突而戰爭，由戰爭而覺悟而和平而合作，則此後東亞的幸福，便可正確的樹立，和永遠的保證。

我們希望明年慶祝國慶時節，兩國民族脫離了國難的環境，希望今日國慶之後，兩國有志之士，共同向兩國民真正和平的前途前進，使兩國共存共榮的政治合作，快些實現。

我們相信中國人民和政府，都知道自己國力的薄弱，只要日本有誠意，一定願意接受日本在政治上經濟上和軍事上種種有益的幫助。我們今日在此地慶祝國慶，所感覺的，是中日親善合作的精神，尚是缺乏。希望此後彼此努力，希望明年國慶日，中國有了自强自力的現象，日本也有真正協助的事實，那末我們這一點的希望，就不至徒成希望，中日兩國也才能從真正合作的途徑，達到共存共榮的目的。

人生的目的與任務（對浙江青年團幹部訓練班學生精神講話）

甚末叫做人生呢？簡單的說，就是我們爲人的生活。我們既然生而爲人，人又是號稱萬物至靈，那末我們對於自身爲人的問題，似乎不能不有澈底的觀察和認識的，因此我們不能不追問自己人生究竟甚末目的，人生到底有何任務。

人生當然注重在「生」，死了就變爲「物」化，而不是人，所以我們人類，隨時隨地都在生的征途上前進着。因爲要維護生的需求，所以衣食住行四大活動，便是人生的基礎行爲和條件，四事缺一不可，缺一事便不能達到人生目的。

若是僅僅向衣食住行四事上求滿足，雖然對於人生的享受和壽命上可以達到目的，但人生的真義與價值，却不在夫此。何以呢？因爲衣食住行，不特是我們人類所獨有，其他動物也同有的，如果我們僅僅只此而足，那末我們與禽獸昆蟲也不見得有何不同。而且其他動物中，關於衣食住行方面的活動能力，有的還比我們人類强的多。比如壽命方面，我們人類至多不過百餘歲，動物中却有千年不死的；生孩子方面，我們只能一年生一個，其他動物却可以幾月工夫生幾千個；又如衣的方面，鳥獸中的毛羽和甲殼，有堅如鐵石的，有可以禦嚴寒與盛暑的，食的方面，我們常常會因吃不好而生病，其他動物不常有，而且我們若七日不食則死，而好幾種爬蟲類和昆蟲，在冬伏期，可以幾個月不食而不死的；住的方面，螞蟻可以建造數千萬倍其自身的巢穴，我們人類還沒有這樣大的工程；行的方面，飛鳥與駿馬，可以一日千里，許多飛禽與昆蟲，可以不用指南針與地圖，可以在黑夜裏行走；這却是我們所不如的。所以我們人類，要想實現人非禽獸的真義，那就必須在生活中表現與禽獸不同的價值出來才是。

因此，人類在此普通的衣食住行四種的基礎需求之外，還有四種其他動物不易有的行爲。這四種行爲是甚末呢？那就是：第一成家，第二社交，第三求知，第四立業。現在請分開來說一說。

第一成家，成家是人類社會的基本組織，與其他動物由兩性的結合而生孩子的情形不同。其他動物的兩性結合，是受自然的支配，除生理的作用外，沒有特殊的價值；人類的組織家庭，是由自己的創造，是與我身之外的社會有關係的。所以人類的成家，包含有三種意義：第一是滿足心理與生理上的需要，求得男女之愛；第二是爲鞏固社會基礎，組織良好的家庭；第三是爲賡續個己的興趣和事業，要生孩子；這是人類成家的目的。

第二社交，社交是社會的交際，甚末叫做社會呢？凡是二人以上的共同生活。便成爲社會關係，所以夫婦和朋友便都是社會的關係。我們不能離羣索居，我們不能不交朋友，因此我們人類的社交，有二種意義：一種是互求精神上的慰藉，一種是求行動上的互助。所以我們人類的社交，可以分三方面的關係：一種是家庭方面，一種是社會方面，一種是國家組織方面。家庭方面關係的，以孝爲本；社會方面關係的，以義爲本；國家方面關係的，以忠爲本；這都是我們人類之所異於其他動物的行爲。

第三求知，求知是我們人類所特有的活動，像前面所說的成家與社交，有的動物中也有簡直的活動，惟是對於求知，其他動物絕對不及我們人類的特强，人獸之所以分，我認爲只是在這求知活動上面。如果人類沒有强烈的求知慾，那末一切的創造，都談不到，我們人類的求知慾，是自生到死不停止，我們人類的學習期，也比其他動物特長，因爲有此求知慾驅使，我們在學習中，積蓄了許多人生的經驗，才有大不同於禽獸的享受。所以我們人生，在有生之年，應當都是求知之日，因爲有了學習和經驗，所以才能把前代人的經驗學習下來，再把我的經驗遺傳到後代人，人類一切的前進，都在這種活動上面建造起來的。

第四立業，立業就是創造。其他物類只能適應自然環境去生存，不能打破環境或改造環境或創造環境去生存，惟我人類，才有此種能力。我們人類對於衣食住行以及一切生活形式，都想用人力來改良自然形式，而進於人為的文明。這種立業的行為，並不是為個人的福利，為的是人類創造意慾的驅使，社會幸福的建立，在此中有「創造」慾的作用，也有「名譽」心的作用，這也是人類所特有的。

以上所說，都是人生的範疇，人生要具備這樣的生活活動，才算是人生，不然人生與狗生猪生沒有甚末分別的。

再進一步說，人生壽命雖然很短，平均不過數十年的時間，但因人生有教育有社會遺傳，可以在大宇宙中，創造人類的世界。雖然據考古家的研究，在沒有人類以前，是蛩龍的世界，又據科學的推測，人類也有消滅的一日，但我們今日總算是物類中天之驕子。我們能生於這科學昌明之世，人爲萬物至靈之我們，是無上幸福的，我們更當努力我們人類的任務，來創造世界，來求全人類的幸福。

杭州市第三屆小學校秋季聯合運動會開會辭 二十八年十一月二十日

今天是我們杭州市第三屆小學秋季聯合運動會開會之日，大家都很踴躍的來參加，精神活潑，意氣豪爽，這是很可以歡喜的事。由這種現象看來，必可以保證我們中華民國的小國民，將來必會做成復興民族建設東亞的大功。我們舉行這個運動會，並不是遊藝的性質，我們在這國家多難當中，來舉辦運動事宜，我們用意很深，開會的意義極重大。

我們要曉得，一個人的事業的成功與否，全視個人的體力和精神如何而定。如果一個人沒有奮發的精神，强壯的體力，不特事業無成，連做人也做不成。不特做人這樣，一個國家一個民族也是這樣。如果國民的體力不好，那末國族的一切建設，也一定不好。過去人家笑我國是睡獅，是東亞病夫，這是由我們國民的精神體力看出來的。所以我們今日，最憂慮的事，並不是飛機大砲戰船比不上人家，根本的問題，是國民的體育比不上人家。人家國民體力强壯，能耐勞有毅力，每一事不會因失敗而喪志，不會因勤勞而疲倦，所以合了諸多民衆的成就，成就了一個國族的富盛；我們體力不好，我們就趕不上人家。所以我們今天，在國難當中來舉行這運動會，是重視體育的意思，是要我們小學生來做國民的倡導，是希望你們明曉救國的事業，必由身體做起，希望你們担起富國强種的責任，希望你們爲我們大中華國族雪雪被人家識爲睡獅笑爲東亞病夫的奇恥大辱！

其次所謂運動，並不是專指你們現在在學校中所教的幾種健康操就算了。這不過是補救學生缺少勞動的一種方法，一個人也好像機器，越用越靈活，不就容易壞了；所以我們的精神體力，也必須每天活動活動才好。在學校裏，是幾種運動，將來離開了學校，那就是各種工作的勞動，勞動便是國民的普遍運動。我們要體力强壯，我們就必須要隨時勞動，所以我們運動會，不過表示提倡的意思，不是開了運動會之後，即可以不要運動，做運動並不是爲開運動會而做的，也不是只有學生才可以做運動，體育是要普遍於國民全體的。我們要隨時隨地注意身體的康健，沒有勞動的機會就要勞動，這才不違反提倡運動，講求國民體育，進而復興民族的真意。今天我們開會，承蒙各位來賓來此參觀，並且惠賜許多貴重的賞品，我們運動會本體，很是感謝的，還希望各位來賓，多多予以指教。

杭市更生二週紀念會演詞

今日是本市更生二週年的紀念日，前二年的今日，是本市從焦土的萬險中僥倖渡過了的。如果沒有這一天的演變，那末我們在錦綉湖山的市區，恐怕已變成一片廢墟了，我們這幾十萬的市民，也恐怕早化爲炮火和飢寒交迫之下的枯骸了。就因爲有了這種的價值，所以名之爲更生，才有一點的意義。

這二年以來，戰事雖然還沒有停止，但在半壁殘破的河山中，我們這一塊勝地，湖山依舊，還沒有淪爲廢墟，我們的市民健在，還沒有化爲枯骸，這是今天來舉行紀念會的第一個意義。

目前和平雖然還沒有實現，在維新政府統治之下，本市依舊是中華民國的領土，我們也依舊是中華民國的國民。在兩國國民共同覺悟戰爭的錯誤與和平的需要之時，我們還可以以愛國的熱情，來努力和平救國的事業，這是今天紀念會的第二個意義。

在全面和平沒有實現以前，市區以外還在遊擊戰術之控制之下，人心浮動，財力衰弱，雖然做不到各種積極性質的建設，然而我們還可以推着「多難興邦」的宗旨，從救濟着手，而求各種復興事業的實施。在這患難之後，我們相信民氣更堅毅，將來的成就更可觀的，這是今天紀念會的第三個意義。

不過我們今天在這裏舉行這歡樂的紀念會，應當不忘全國同胞最大多數還在戰爭狀況下過活，我們要念念不忘國難，我們要努力全中國的更生才是。

其次我們在城廂的人，能夠比較安居樂業，但目前城外各區，依舊在過戰區的生活。同是杭州市民，城內安居，城外不寧，是不對的。我們住在城廂的人民，應當努力使全市都安全才對，如果全市不能達到安居樂業的目的，那末所謂更生，還有很大的缺陷哩！

政府在這二年來，於多種困難中，用多種方法，與友軍協力維持本市的治安，從救濟着手，而進於各種的建設，政府的目的和願望，無非爲我數十萬市民謀幸福的。然而環境實在困難，政府的願望很難實現。以近來情形來看，本市米荒柴荒到了極點，本人身爲市長，這市民起碼的生活，不能維持，配不上來談更生；所以內心更慚愧來對大家說這更生可慶的話。

現在無論日本方面和我們中國方面，對於和平都有迫切的需要，然而和平的聲浪高唱了幾個月，而真正的和平還不能實現，這固然一方面主抗戰的人不肯停戰，而另一方面，我們還希望友邦方面，再盡最大的努力的。我們今天，在這裏紀念本市的更生，我們仍不忘國難的嚴重，我們要求全面和平的早日實現，我們希求整個民族的更生！

最近本市米荒柴荒，政府已盡了無所不盡的方法，依舊不能達到救濟的目的，幸喜我市民同胞，還能以國難爲念，以鄉土爲懷，秩序尚好，這是可以證明我中華民族很吃苦很能以大局爲重的精神。即這一點，也可以證明我們的前程，是很遠大，我們的愛國族愛鄉土的觀念仍堅强。在這種患難的環境之下，我們希望我市民能與政府通力合作，打破艱難的局面，克服險惡的環境，光明總有一天到臨的。

如何領導青年與青年的自覺

這篇文字，四年前曾在上海某雜誌上發表過的，當時爲着環境的動盪，有許多思想混淆行動幼稚的青年團體，在社會上活躍，作者見幾所及，乃有斯篇之作。現在青年團的組織，當與過去的青年活動大有不同，但爲着加强青年團的精神起見，這篇舊話，却有重提的必要。作者附誌。

青年原是需要領導的，但領導若不得其人，或不得其法，則不若放任，尚可保存其天真。不過，青年是時代所需要，僅僅保存天真又是無用，因此對於如何領導青年這回事，發生了以下三個的問題。

(一)怎樣做青年的領導，人的問題。

(二)怎樣才算是領導，方法問題。

(三)領導了又是怎樣，目的問題。

青年是國家的命脈，是社會的棟樑，是家庭的柱石，也是人類的根基，所以青年問題，不是國家的行政問題，乃是整個的社會問題。

提起領導青年的這句話，很容易使人想到「思想」上的領導，而且是政治方面的思想，這是過去領導青年的事實，也是一件大錯特錯的事。過去所謂領導青年，不如說是利用青年，或誘惑青年，或麻醉青年，絕對配不上說領導的。領導青年走上政治之途，是很大的危險，青年以政治為出路，不特社會不幸，青年自身更是不幸。

人生的目的是利他，人生的責任是服務，青年在利他的原則下，無論甚末事都可以服務的，國家與社會所需要的是能夠多服務於利他事業的青年，政治上所需的人材爲數極有限，所以領導青年，第一注意青年的本身，換一句說，就是如何領導青年成一個良好有用的青年；第二注意國家的需要，換一句話說，就是國家需要某種事業，便領導青年服務於某種事業。現在把這些問題，分開來說。

（一）怎樣做青年的領導，人的問題。

過去青年的領導者，大都是政治上的人物，他們因爲政治上需要青年的擁護以張聲勢，不惜誘惑無知的青年爲他們犧牲，到了他們達到目的之後，犧牲的犧牲了，未犧牲的青年也被棄了。因此，這許多走上政治半途的青年，不得不徘徊歧路挺而走險了。此種青年領導者，簡直是青年的蟊賊，社會的罪人。

我以爲願導青年的人，必須有下列的條件：

甲、必須人格足爲青年的表率，有所感化。

乙、必須思想足爲青年的信仰，有所淘冶。
丙、必須學問足爲青年的欽慕，有所傳授。
丁、必須志趣足爲青年的前導，有所遵循。

抱着以服務爲目的的人，備具了這四種的條件，才配得做青年的領導者，青年也當依此標準去選擇我們的導師。在政治或社會上地位很高的人，未必具有導師的條件，而且時間是不許他們來領導青年，空間也不許青年去接受他們的領導。

（二）怎樣才算是領導，方法問題。

前面已經說過，領導青年第一注意的是如何使青年成爲良好有用的青年，要達這個目的，必以下列各事爲依歸。

一、高尚的人格。

人格是精神生活所寄託，生命的準繩，高尚的人格，就是高尚的生活，沒有人格的生活，便是非人。現代的青年，爲因隔離了舊禮教的教育，熏染了惡社會的習慣，物質生活的徵逐和「重祿位輕廉恥」的社會心理，很容易使青年們忘却高尚人格的存在。每一個青年，在未入社會以前，心地都非常坦白，人格也非常高尚，一入社會服務之後，漸漸染上惡習氣而不自覺人格的墮落了。

青年和青年的領導者，對這一點，必須找出因受環境刺激時，不向打破環境着想，而向適應環境看想，是大大的錯誤。要知道，良好的環境我們必須適應，惡劣的環境我們應當打破的。能夠明瞭這點而勇於對付，則不難以青年們的高尚人格，把惡社會的命運轉變過來的。

二、精確的思想。

青年人對於政治，社會以及一切人生問題的思想，免不了幼稚凌亂，懷疑，無系統……的毛病。思想是人生的命脈，思想不精確，就不能了解人生的意義，行動便不堅定，便沒有毅力，也便不會成功，因之便得不到人生的樂趣。所以青年領導者必須把青年人，不健全的思想領導之精確，使其成爲自已相信自已的思想，不至見異思遷，遇難而退，然後才可以使青年向生之途努力創造。

三、特長的能力。

此處所謂特長的能力是一種技能，仗着此種技能，可以做某種的利他事業，生存於社會上。人生需要物質，在生存競爭的人羣裏，沒有特長的能力就得不到物質的，所以每個人假使沒有某一種的特長能力，簡直就不能生存；縱因托人庇蔭苟且偷生，也得不到人生的意義與樂趣的。生命必須自己創造才有意義，社會的演進和人類的綿續，完全靠着各個人自己的努力。所以青年領導者對於人生適應環境的生存能力，必須使青年有所特長的。

四、堅定的意志。

意志是人生一切事業的動力，意志搖移不定，縱使有如何特長的能力終於不成一事，意志不堅定，不特事業難底於成，人格亦必因之墮落。

過去所謂青年領導者，每每隨政治環境的轉移，忽南忽北忽左忽右，致使青年茫然無所適從，而深印着一種隨波逐流，輕氣節重名利的惡觀惡。所以青年領導者，必須使青年的意志堅定卓絕，勇往直前，把「見異思遷」的普通青年心理根本改造。

五、耐勞的精神。

一切事業不是由忍苦耐勞中做出來不能永久的。青年應當鍛鍊堅强的氣魄，養成忍苦耐勞的精神，才能於天演汰淘中創造自己。

「失敗是成功之母」，偉大事業的成功，沒有不經過失敗的，若無耐勞的精神，宇宙間便沒有永久的事業。所以青年領導者，當設法予青年以努力的機會，使其由自動的嘗試而完成耐勞的習慣。

六、健全的體力。

青年的體力，在理論上都是健全的，但事實上有因成丁期的修養不良，有因戀愛問題的煩惱，職業問題的苦悶，以及一切不良環境的刺激，以致精神懊喪體力衰弱的也很多。如果體力不健全，根本沒有事業可做。所以青年領導者，並不是僅僅就體力健全中去選擇青年，應當把許多體力不健全的青年的舊生活改換過來，使其奮發自强的。

上列各事，都是青年領導者的重要工作，每個青年都具有上列的條件，才算是一個完全有用的青年。

(三)領導了又是怎樣——目的問題。

前面已經說過，過去領導青年，是政治上的一種作用，他們領導青年，是就某少數人或某個人方面的利益着想，並不就全體青年方面的利益着想，所以違背了領導青年的初衷。我們主張領導青年，第一爲青年自身利益着想，第二爲國家社會利益着想。因此在領導青年的過程中，一面注意領導的方法，即如何使青年每個都成爲有用的人才，第二注意領導的目的，即如何使一般青年都能夠各盡其能力爲國家社會服務。

說到服務，必須一面注意國家與社會的需要，一面注意青年特長能力之所近與興趣之所向，才能收到最大的效果。因此，任何人具了領導青年條件的都可以把自已的願望和决心，領導一班青年適應國家與社會的需要。從事教育的，向着教育之途走；從事農村事業的，向鄉村事業走；如果你要從事政治活動，當然也可以領導青年向着政治之途走；不過你要注意政治上所需的是何種青年和若干數目，絕不可用誘惑或麻醉的手段去利用青年，更不可當你個人達到了目的之後，把他們放棄！

領袖慾是人類的特性，想做青年領導的人固然很多，但能夠明瞭領導青年的責任的人却很少，現在中國，生活於政治的人太多了，青年切不可再向政治方面着想，在政治舞台上的人，也切不可再來領導青年走上歧途。

我們青年，必須自覺，人類生存的價值是平等的，有利於國家社會的事業，無論大小，如果能盡我們的能力，其價值是同樣的，政治上的地位，是虛偽的，暫時的，我們切勿貪目前的小名小利，把我們黃金的時代作無意義無價值的犧牲。我們應以受諸國家社會的有用之軀，向着國家社會所需要的事業上，努力創造。

這是中國目前的出路，也就是我們青年光明的出路。

過去二年與今後

——爲浙省復興二周年紀念而作

在焦土抗戰的戰略下，杭州總算幸運還沒有變成焦土，這是在戰事至今還沒有停止的過去二年中，杭州地區可以慶幸的一回事。

黨軍退了，友軍進城，至今二年了。在這二年中，杭州市民還能在艱苦的遭遇之下，與友軍合作，在隨時可聞到遊擊炮聲中，勉渡安居樂業的日子，這是過去二年的杭州市民的生活概況。

駐在杭州的友軍和特務機關，以在火線上的服務精神，來與政府和人民協力維持治安，從萬種艱難中，找出親善的辦法，協助地方團體從事於救濟事業的辦理；協助地方政府從事於建設事業的進行；這是過去二年友軍和特務機關對於本市的建樹。

杭州市政府，在不顧人家罵爲漢奸，當爲傀儡的萬種艱辛之下，認定杭市地區是中華的領土，杭州市民是民國的國民，以救濟爲目的謀恢復地方的秩序，克苦了無所不盡其艱苦的責任。何故市長，且爲此而犧牲，才有今日的狀況。雖然眼前的狀況還不是我們所滿意，而市政府在過去二年中總算爲地方人民盡了最大的努力與犧牲。

過去二年的情形是這樣，今後又是怎末樣呢？今後我們雖然沒有把握去推想，但我們却可以提出幾點希望。

一、希望友軍和特務機關，能以誠摯的親善本意，加强與本市市民協力維持治安，使市民能進一步的安居樂業。

二、希望全面的和平能夠早日實現，使東亞的建設能夠着手進行，特務機關，更能克盡其最大的努力。

三、希望早日恢復戰前的正常狀態，使我們數十萬市民得過一切安常的生活。

以上三點，是我們杭州市民的熱望，希冀中日軍民一致向此目標共同努力

年頭的話（二十九年一月二日在杭州播音）

一年容易又一年，不覺之中，中華民國二十九年又到臨了。

時間雖然像流水的長逝，但我們都可以用我們的生力去換取空間的堆積，這便是人類之所以異於其他動物的生存。

不過在許多的空間堆積中，固然有許多是有利於人類社會的功業，但也不少是破壞人類福利的罪惡。我們能夠分別何者爲功業，何者爲罪惡，予罪惡以制裁，予功業以贊頌，使人們避罪惡而趨功業，那便是人類所望的文明，而世界的文明亦由此乃生。

我們因爲知道吾生有涯，所以對於流年永逝，都勉不了傷感，而有時却又特別興奮。這個傷感，是痛惜過去還沒有用生力換取我們所希冀的功業；這個興奮，是黽勉將來加倍努力去建樹我們的功業。我們要能這樣的想，我們對於年度的更換，才有生氣，也才有意義。

目前中國仍舊在國難當中，我們四萬萬同胞，依舊是「多難興邦」的一員，我們在這新年的到臨，必須反省我們過去的所爲，檢閱我們過去的錯誤，一面還要開拓我們將來的正確，克盡我們國民的天職。能這樣的，我們才不虛擲一年又一年的韶光，才不辜負國家民族所給我們的保養。

過去二年，因爲中日事變，而同文同種相殘至今，我們在這二年中有無限的沉痛與憤慨，雖然我們中日兩民族，都有新的覺悟，都有共存共亡的觀念；但在和平的呼籲中，還沒有達我們的目的，還沒有做到共同建設新東亞的偉業。這是我們在這年頭應當檢閱過去二年的工作，和努力今後一年的開拓，使全面的和平，在今年內可以實現，中日真正的合作，可以完成，建設黃種人的新東亞的大工程，早日舉行開工典禮。

這是我們在這年頭的新希望，同時也就是我們今年度的大工作。

青年人的人生觀（對浙江省青年團幹部訓練所演講）

前次和各位同學，講過關於人生觀問題，所說的是普通人的人生觀，今天要和各位同學，來討論我們青年人的人生觀。

人生在時間上空間上，都可以分做三時期：第一期是幼年時代，第二期是青年時代，第三期是老年時代，這三期是各有不同的生活條件與方式，而最要時期，厥爲青年時代，也就是人生的黃金時代。

青年人，因爲年富力强，對人生和意義，對社會能服務，不比幼年人不知人生是何意義，也不比老年人對社會無力服務，所以青年人的人生觀，與普通人有不同的地方。現在就把青年人的人生觀，其不同于普通人的特質，分開來說。

第一 功業過於生命　所謂人生，乃以生爲基礎的生，才是人，死了就化爲物，所以「民以食爲天」者，就是人重視生命的意思，不過生也不是我們人類所獨具，一切生物皆以生爲基礎，所以衣食住行，都是生的活動，生的條件，所以時無古今，人然東西，皆以生爲第一講，這是普通人人生觀的一個原則。

不過我們青年人，與普通人不同，我們青年人，未必把生看做最重要，排在第一位，我們却有比生命更重要的理想功業，超過生命之慾。幼年人沒有建功立業的理想，不知犧牲生命爲功業；老年人有的因爲功業已成，有的厭言功業，所以不肯再犧牲生命；惟有我們青年人，建功立業的慾望最盛，爲着實現我們理想的功業，不特廢寢忘餐的旦旦求之，殺身成仁捐軀報國的壯烈行爲，自古多是青年人的舉動。

所以我們青年人，不能貪生，不可怕死，我們應以建樹爲目的，而以生命爲工具，有了功業的懷抱，我們的生存才有意義。

第二學習的求知　前次已經講過。人生之所以不同於猪生狗生禽獸生，並不在於形態與衣冠，而在於人生獨有的「求知」活動。人類有了「求知」活動，才有文明的創造，才有萬物至靈的享受，所以求知於人生最爲重要。

我們青年人，對於求知活動，也與幼年老年人不同，因爲幼年人只知食玩，不知求知，而老年人知者已知，不知者亦知其不可知，遂懶於求知。惟我青年，求知慾正盛之時，亦是學習爲人之時，欲知而不知引爲苦，人知我不知引爲恥，所以對於求知活動，特別興奮與需要。

求知既爲青年人的需要，而求知方法亦與幼年老年人不同，幼年老年人，有時也有求知活動，惟幼年人的求知，只有發「問」——優發疑問的一法，少能澈底的追問與究根的深思，而老年人，除學問家外，常只有「疑思」——獨自疑思的一法，少能深思和探求，這都是對於求知活動的缺陷。我們青年人，應當認定我們是在學習爲人的時期，我們應當用學習的方法去求知，我們應當一面用「問」，一面用「思」的方法，去獲取人生的知識，我們對於「問」，應以「不恥下問」的態度，作多方的探討，應以「不厭千思」之勤勞去思考。

第三勞作的謀生　謀生換句話說，就是職業問題，謀得職業，是人生維持生命的方法。求職業問題，不僅在物質的謀生，還有精神條件的志趣問題，慾望問題，名譽問題等等。但如果職業僅僅是維持生命，則世人必無條件的但望做下列的事：一是家有遺產的人，二是倚靠他人的人，三是不勞而獲的事，四是尸位素餐的事，這四種人事，都是維持生命的最好條件，但這都是幼年老年人，或是最無志的人所希望的事，我們青年絕不願以有力有用之軀，去坐享這等無能無恥的福利！

我們要認清，吾身非我有的，一切都是社會所賦予，沒有前人的辛勤締造，便沒有我們的世界，我們得諸社會，應當歸諸社會，我們有健康，我們有才幹，我們有能力，縱使不用職業已可以生，我們也應當勞吾心勤吾身以報社會。須知人類有了全體的勞作，才有文明的創造，我們應當以我身的勞作，去報答我身所享受的文明，所以我們的謀生方式，必須找到可以勞作心身的職業，不可偷閒，不可貪逸。

其次職業千百種，環境常變動，我們雖然未必能如吾意去擇業，但我們必須立下五種擇業的原則。

一是應勞作心身的，二是我志趣欲近的，三是社會所需要的，四是有利于國家社會的，五是可以維持生活的。

我們應以此爲謀生的範圍，我們抱定耐勞苦不偷閒的宗旨，我們站在社會

的謀生上言，我們是擔負福蔭幼年，孝敬老年的責任○

第四重名不重權利　人生活動的目標，不過三種：名譽，權位，和利祿○人生對名權利三者，必有所爲，世間沒有不要此三者的人，不要此三者，也不成人○惟是對此三者的獲得，厥有目的方式和次序的不同，而我青年與幼年老年也不同○

比如我們奪取權位的目的，在於施展我身濟世的懷抱，則此種目的就是善；若是奪權在於取利以自厚，那便是惡了○又如以個已對於社會事業的努力結果，取得權位，此種方式是正當的；如果用陰謀暴力取得，那就是不正當的了○又如世上有許多有錢的人，利用金錢來市名當位，那也是不正當的○

我們青年，對於名權利三者的需求，也與幼年老年人不同，幼年人貪喫貪玩，所以祇有狹義的利慾；老年人因爲家念重，所以貪得之慾重；惟有我們青年人才，志壯氣豪，恨不得揮金如土，絕不會利令智昏，至於權，我們青年人才入社會服務，機會地位都不配享高位行大權，而社會也不會有權位輪到我們青年身上，所以我們青年人，對於權不配也不當急切要求的。由是我們青年人，旣對於權利不能也不可要求，那末我們人生活動的目標，惟有向名方面去努力的。惟有名是適合我們青年，也容易要求得到的。我們應當以誠懇的態度，勤謹的行動，向服務社會的目標努力，先取得社會名譽的贊揚，然後以名譽的善良，取得權位，以權位的勞績，獲得利祿，那才是光明正大的名利活動，也惟有這樣，才能保得住既得的權利，不然李入李出，患得患失，有何價值呢？

須知古今聖哲，所以諄諄勸人重名譽者，並不是空的精神享用，實質也可以作為取得物質享受的方法。我們要知，我們在青年階段，應以全力向待人接物方面努力，以取得美名為方法，以建立功業基礎為目的。

第五對人熱情對事勇敢　我們青年，血氣方剛，情感甚盛，我們的精神興奮，態度誠摯，與幼年老年人不同的。人生的一切活動，不外對人與對事兩種：幼年人對人的態度，惟有天真爛漫，對事則無知無能；而老年人對人態度，常存情來情去的成見，對事則有畏首畏尾的顧慮；絕不會如我們青年人，對人純以一付熱腸，溢于言外的熱情，而對事則勇往直前，不存顧後的念頭，這是很明顯的是我們青年的特點。

須知人類一切文明的創造與進步，都是由於我們的熱情與能力推動出來的，如果人類都像幼年與老年人那樣態度與能力，那末世界就沒有文明，人類也沒有幸福的。所以我們青年人，如果要做人類的柱石，要把握創造世界的實權，要担負爲社會謀幸福，那末我們應以熱情對人，以勇敢對事，這是天賦予我們的特性，我們必須寶貴這特性，發展這特性。

第六求愛不妨事業　青年人還有一個特點，就是求愛的活動。求愛是人生必要的一種生活，我們雖然不敢如戀愛論者，說人生沒有求愛，人便沒有意義，但我們對於青年時期求愛活動，却也不敢反對。我們承認青年時期需要愛的慰藉，而此種活動，也惟有青年才是正當而可能。幼年人因爲年齡幼稚，而經濟不能自主，所以不知也不敢求愛；老年人因爲年老體衰，兒女成行，所以不能也不配求愛；因此惟有我們青年，恰得其人，也適其時。惟是我們要知道，求愛與事業很有妨害，人生沒有建樹，却有負爲人的意義，而不求愛與求不到愛，並未見得就做不成人。求到愛，精神上雖然可以得到許多安慰，但建樹光陰和精力也受了不少的損失，這是無可避免的事實。我們應當以事業的建樹，高過一切的動活，求愛應在不妨害事業之下行之。同時要認定自古美人愛英雄的事實，事業的成功，同時可以很容易求得愛；求得愛而無所建樹，也得不到美滿，而且求得愛，却常使事不業成功；這是我們青年在建樹與求愛的歧途上，應當澈底了解的道理。

或者在傳統的家庭觀念之下，有人說求愛雖然並不需要，而成家與立業，古訓並提，我們青年，在建樹中，却也有成家的需求。這固然也不可厚非，但須知成家當以家庭經濟爲中軸，如果個人經濟不足以維持家庭，而急於組織家庭，那末未受家庭天倫的好處，必先受家庭負累的苦處。而且今日的世界，是以社會爲中心，不是以家庭爲中心的，不用家庭可以生存的。所以我們雖不反對組織家庭，我們不主張成家與立業並重，我們應先立業而後成家，立業之後，怕無家，而家累重了，却不能立業的。

第七愛國不愛身家

我們人類的環境，除適應天賦的自然環境之外，還有更重要的人爲環境的社會生活，這社會生活的具體對象有二，一個是家，一個是國，我身的活動，便是家國中間的社會一份子；這里很明顯的可以分成身家國三個區體。當然個人的生活活動，起先都是以「身」爲出發點，乃及於「家」，而至於「國」，普通人大都僅止于身家，而不問國是。

惟是我們青年人，尤其是今日的我們青年，應以整個的國家民族福利爲對象，不當僅作身家之計。這不是一句隨便勸善的理論，依學理的研究，我們青年的天職，是應當愛國的，今請試作一個簡單學理說明。

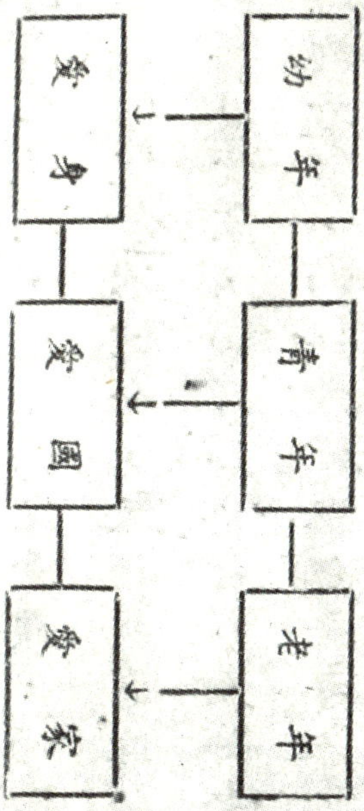

由這圖形來表現，青年必定愛國，而愛國的責任，亦應在青年身上。因爲幼年人根本國的觀念不健全，又因爲自立能力，亦惟以家爲自身的託庇，所以無知愛國，無力愛家，而只知愛身。至如老年人，雖知愛國，但因身老力衰，無能作愛國的活動，而國又常不與老年人以保養，因此老年人一面因愛成羣的兒孫而愛家，一面因欲寄託老身於家，而不得不愛家了。由此看來，幼年人祇知愛身，而無知愛國；老年人不得不愛家，無能愛國；所以惟有我青年人，既愛身亦愛家，又明知身家之庇繫於國，不愛國無以保身家，更自顧年富力强，足以担負愛國的責任，一面環顧人羣，亦惟有我青年，乃能不顧身家而愛國。

這是很顯明的學理，這也是我們不能不遵循的道理。

上面所舉七項，都是我們青年人生的特質，我們應當依此特質去把握我們的生活，去創作社會的福利，來建立我們黃金時代的人生觀。

中日不能不親善的理由

一個國家的成立世界上，也好像一個人之生存社會上一樣的。不能離羣索居，必須求到與國，必須與與國樹立親善的外交，才能與各國並立於世界上，這是無可致疑的事。

所謂親善的與國，並不是僅以外交方式就可以求得到，與國的蘄求，必須以地理國情，民族歷史，國際形勢，種種根據。而親善外交的進行，也不是一紙外交文件，就可以兌現，必須以政治的力量去推動社會的意識，才能造成真正親善的與國，這是稍明政治的人，不能不承認的。

中日兩國，過去數十年的國交，表面上雖說是親善，而裏面却全是交惡。循至七七事件發生，遂一觸而造成此二年半以來的空前戰禍，致兩國在精神物質兩方面，都受到無限的損失，這表面上是外交手腕的錯誤，而根本却因政治意識錯誤之所致。

若依地理國情民族歷史和國際形勢來看，中日兩國，應當是世界上最親善的與國才是，現在請就這四種關係考察，把中日兩國不能不親善的理由說一說。

第一、依地理上考察，與國關係的原則，在於互相協助，故必須以地域的毗連，交通的便利爲條件。中日兩國，同立國於東亞，一爲大陸，一爲海洋，比鄰最切，交通最便，這是一個天然的與國條件。中國以物產富，日本以工業强，日本捨中國無近鄰，中國棄日本須遠交，「遠親不如近鄰」，中日兩國實是天賦的與國，就地理上說，不能不親善的。

第二、依國情上考察，日本文化來自中國，中日兩國國情相同，若施以政治力量，作親善的推動，兩國社會意識，必趨和諧而一致，其裨益於國交，絕非國情不同者之可比，這也是一種絕好的與國條件。兩個國情相同的國家，那有不親善的道理。

第三、依民族歷史來攷察，據史乘的攷據，日本的民族，乃發源於中國的，縱日本本土古代有土著，然依過去國交的關係，也變成了中國民族的混種；

所以依民族史來考察，中日兩國，是同種同文的國家，東亞也惟有此兩國是同文同種。同文同種兩民族，所締造的國家，其應親善，乃是當然的理由。

第四、依國際形勢來考察，現代的國際關係，雖然複雜，要之不外「聯强呑弱」的原則，所表現出來的事實，跳不出種族之爭與階級之爭的範圍。中日兩國，共存於東亞，既係同種，又無階級之爭，相親則稱雄世界，相輕則爲禍東亞，這是誰都不能否認的事實。

以上四種攷察，都是中日兩國不能不親善的理由，再其次，本來「弱國無外交」，中國過去在國際間，未曾取得真正平等互惠的外交，列强對中國，無非以政治軍事或經濟的侵略方式，包藏蠶食鯨呑的禍心，自海禁開後的中國，都在人爲刀俎我爲魚肉的情景之下生存。中國固然因爲自己積弱所致，論理日本既係中國兄弟之邦，應不忍中國積弱，而被東亞以外的異族欺凌侵略才是；在中國方面，自己如果要圖强，也應當以日本爲他山之助才對；中日兩國，應明瞭共存共榮的原理，應重新締結親善的兄弟之邦，共同担負建設新東亞的責任，同心協力來防禦赤白色帝國主義東征的陰謀。

浙江東亞基督教會成立會演詞

今天，是兄弟第一次參加教會所舉行的儀典，個人很感覺得榮幸而新奇。因爲兄弟並沒有信奉何教，所以對於各種宗教的教義，雖然都略有研究，而宗教的儀典，却未曾參加過。中國人普通皆以讀書人屬於儒教，以孔老夫子爲教主，其實儒家只是學派，或是政治家，並沒有宗教的儀式，算不得宗教。

剛才看見牧師長老的就職，雖然今天來賓並不十分多，但儀式却是十二分隆重。宗教的基礎，是建築在信心上面，所以今天這種隆重的儀式，也就是教會的一種虔誠與莊嚴的表現。

無論那一種宗教，耶教也好，佛教也好，回教也好，既成一種宗教，必有其可以取善的地方。各種宗教的共同點，便是捨己救世的原則，違此原則，總不能成爲宗教，本此原則行事，便是宗教家的行爲。

中國以前是泛神主義，沒有一種具體形式的宗教，後來才有佛教，耶教，和回教等。惟是中國古代，雖沒有宗教形式，却有宗教的精神，如儒教家以「仁」爲主，甚末叫做「仁」呢？「博愛之謂仁」，那就是宗教的原則了。

在中國現有三種教，佛教耶教回教，佛教來自印度，耶教來自西歐，回教來自中亞，在中國文化史中，都是後起的。中國雖然沒有教，却有學派，與政治文化有重大關係的，舉其大者有四家，儒家，道家，墨家，法家，這四家學說影響中國民族精神與政治思想極大。儒家行仁，道家無爲，墨家主兼愛，法家重刑名，而其共同點，皆以「愛民」爲目的。這是中國民族雖無普遍的宗教形式，却有普遍的宗教精神的明證。

再說我們中國創立宗教的思想，到也爲世界最早，佛教有佛經，耶教也有新舊約，回教也有聖經，而我們中國，也有一本聖經，這聖經是儒道墨法各家所共同宗奉的，這本聖經，就是我們中國最老古最有名的易經，是五千年以前的書。在易經裏面，有許多有關於宗教的話，其中有一句，最明顯的，就是繫辭裏面，有「聖人以神道設教」這句話○這是很明顯的，所謂「聖人」，便是教主，「神道」便是教義，「設教」便是創立宗教○這是五千年以前，我們中國民族就有了的宗教思想，祇因我們中華民族，酷愛自由平等，奉了教便有相當的不自由不平等，所以數千年來，還沒有設立一個普遍的宗教典型○

再舉一個實例來說，這裏是基督教堂，堂上高懸「初太有道」的橫額，語似出自淮南子，是道家之言，兩邊「大道之行天上爲公」的對聯，語出自禮運，是儒家之書，儒家，道家先於基督，也可以證明我們中國，在耶穌之先，已有基督的教義，我們中國人，雖然沒有設教，却時常本聖之古訓躬行的○

再說到關於信奉宗教的要旨，不在宣傳，貴在實行，每見許多教會中人，常有違反教義的行爲，這是最不好的事，我們希望今天這基督教會成立之後，教友大家躬行教義，以身作則，以個己的躬行，去感動衆人的信仰，使世人都樂意的來受上帝的洗禮，那末全人類便有都登天堂的一日○

擁護新中央政府和平救國

一九四〇年三月九日杭州新報登載

中日戰爭在開始時，實有不得不戰的情勢，但戰到今日，以雙方的國力損耗來說，却是不能不和的局面，這是誰也不能否認的事實。

戰有其道，和亦有其道，戰是整個政府所發動的，和當然也要整個有力的政府去肩荷，才有效果。

和既是今日中日兩國所同感的迫切需要，但事變後二年多來，既未得可以言和之道，又未有堪以主和其人，所以中日兩方過去在心裏欲和，手中作戰的矛盾情況下，又犧牲了不知多少的國力，而真是最痛心不過的事。

自日本前首相近衛發出聲明，和汪精衛先生離開重慶發出豔電之後，中日兩方，總算得到了主和其人，再經過這一年多的折衝，也可以說已得到言和之道，以汪先生爲領袖，而已得日本政府的全力維護的新中央政府快要成立了，這便是不能不和的局面在展開了。

我們在當初不反對抗戰者，以爲抗戰能救國，我們今日來擁護和平者，也因爲和平能救國，我們老百姓，只知有國，不知有他，但求有救國之道，不問是用何政策，能救國的，戰也好，和也好，不能救國的，戰也不好，和也不對，這是我們對於和戰的態度，我們以救國爲目標。

現在汪先生所領導的新中央政府快要成立了，我們相信它能實現和平救國的方案，何以我們相信它能救國呢？我們有幾個理由。

第一、汪先生是黨的元老，國之領袖，絕不願做不能救國的事。

第二、日本幾度聲明不亡中國，聲明以全力維護新中央政權，我們也相信不會做欺騙天下人的事。

第三、新中央政府是臨時與維新兩府的統一政府，當然有整個的力量，足以支持和平方案。

第四、新中央政府是繼承戰前的國民政府，當然有權用和平去代替抗戰來救國。

第五、新中央政府仍舊以三民主義爲政治最高原則，實行三民主義，便是

實行救國主義○

第六、新中央政府，既以國民黨爲中軸，而又對各黨各派無黨無派兼收並蓄，則政治力量充實，必足以肩荷救國的重責○

慶祝國民政府還都大會演詞

自從事變以來，已二年多了，今天是我們淪陷於戰區的民衆最快樂的一天○今天我們可以看到我們二年多來所希望看見的青天白日滿地紅的國旗！

這二年多以來，我們所受的戰爭痛苦可不用說，我們中心最憂慮沈痛的，是恐怕抗戰失敗會亡國，我們會淪做亡國奴○今天是重見青天白日了，今天是戰前國民政府的還都，從此，我們可以放心不會亡國了，我們也不至做亡國奴了！

我們自今天起，要加倍的刻苦勤謹，自己爭氣，體念我們中華民族立國五千年的艱難，我們要以全民族的奮鬥精神，來建設我們的新中國○我們要中興與世界列強平等的中國。

現在新政府所揭示我們的，是「和平建國」四字。建國是我們自己的目的，而和平乃是我們對日本的外交手段。和平二字是甚末意義呢？和是對戰而言，過去二年多中日兩國陷於戰爭，現在起，我們要和，不再戰爭的；至於平呢？乃是對外交言，平是平等的意思，就是說自今天起，中日兩國以平等爲原則，進行正常的外交。這是和平的真義，和平與議和不同，和平是沒有戰勝與戰敗之別的。能這樣，才是真正的和好，也才能達到建國的目的。

今天是國民政府的還都，還都的目的，是爲我們人民謀幸福，領土謀完整，主權謀獨立的，所以今天值得我們歡天喜地來慶祝的！

「和平，奮鬥，救中國！」這是我們總理孫中山先生臨終所留給我們的遺訓。告訴我們，要救中國，要和平，也要奮鬥。現在正是說和平的時候，但和平之事並不是話說了就成功，和平有賴於事實的表現的，還有待於我們的奮鬥，才能達到目的。我們要以孫中山先生所遺交我們的革命精神來奮鬥，去達到最後救國的目的。

體育救國

——為杭州市第三屆小學聯合運動會而作——

普通人一說到「救國」，便很容易想到「養兵」，想到飛機，大砲，戰艦等等戰器的充實與堅强，再進一步，就想到提倡科學，使機器發達，物質文明；很少人能夠直接就想到「體育救國」這回事的。

凡事不是由根本做起總是不鞏固的，國家既然是由集人民全體而成，那末人民的體力，無疑的便是國家的基礎。我們且看歷史的興替和國家的存亡，沒有一個不以民族的强弱爲轉移的，腐敗的民族，必然要受天然的淘汰和人爲的排擠而歸於滅亡，富强的民族當然依新陳代謝的原理新興起來的。

不特國家興亡這樣大的事情是這樣，就是個人的事業也同樣要以體力爲基礎的。古來能夠做成轟轟烈烈大事業的聖哲偉人沒有一個不具豐富的精神和健康的身體的，體力愈好的，年齡愈高的，他的事業成功便也愈大，他的造福人間便也愈多。我們絕看不到夭壽和體弱的人可以做成大事業的。

因此，我們無論就個人事業着想，或就國家前途着想，我們都不能不注意到個人的體力問題了，個人的事業本來便是國家的財富，個人的體力便是國家財富的基礎。我們今日要想救國，不是注意到「養兵」問題，也不是先說到「科學」問題。應當根本的注意人民的體育問題。如果人民體力不好，養的兵全是懦兵病夫不能戰，如果人民體力不好，所謂科學只是學人家，趕不上人家，不能發明也不會發達的。所以我們今日要言救國，切不可再去空談枝葉標末的問題，我們應當以我們個個人自己都能做得到而又是根本的事，向自己體力做起才是。

體育救國是根本的問題，這是一個無可致疑的事了。我們現在要討論的是怎樣來提倡體育的問題，現在我們所謂的體育，當然在積極方面是要以人力去推展天賦的機能，使其極度發達；在消極方面是注意普通的衛生去防範疾病的發生。這里一個共同的目標，是求身體的强壯，身體能夠强壯起來，自然各部分可以發達，也當然不至時常患病了。

强壯身體的方法，除通常的衣食住行的必需要充實與安適之外，便是如常人所不注意的日常運動這回事。運動是對心身有益，這是衆人所知道的，但要衆人普遍的都注意運動却是一回難事。因此我們日常不勞動的人特別需要來身體力行的。我們救國慾特隆的人，如果沒有强健的身體便永不能做到救國的事業，所以我們特別要以運動的方法來求體力的强健；同時我們要以身作則的，有恆的實行以爲提倡，使全國同胞都注意到這問題，那末民族的健康，便是國大家興隆的鐵證了。

亞林防疫臭水

亞林防疫臭藥水藥力充足殺菌力極强澆灑地上能將一切細菌殺滅凡潮濕不潔地方尤為菌類叢集之所更應多澆「亞林臭水」消毒使菌類不能寄生乃最簡便之衛生防疫要品也

各處藥房均有出售

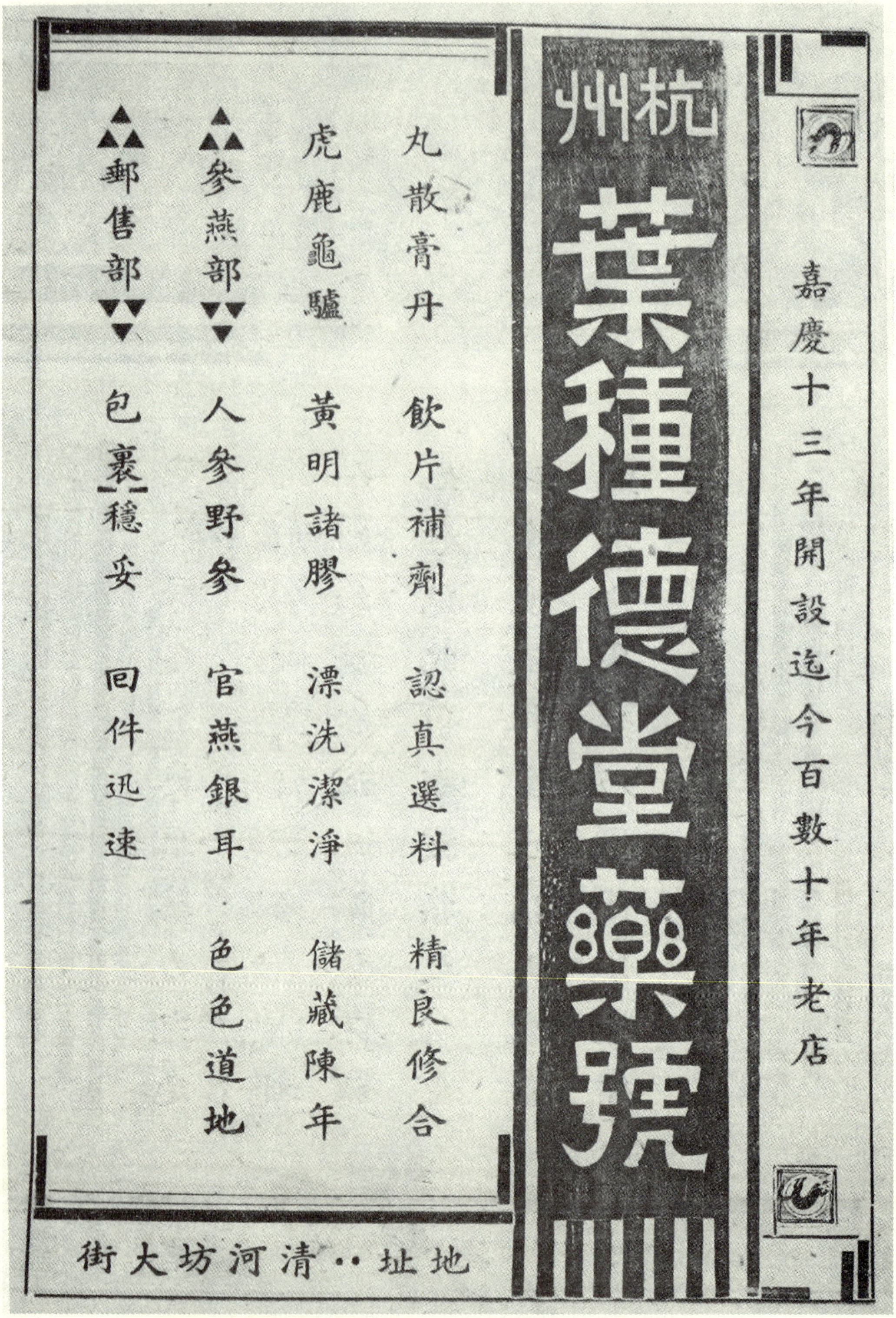
嘉慶十三年開設迄今百數十年老店
杭州
葉種德堂藥號
丸散膏丹
飲片補劑
認真選料
精良修合
虎鹿龜驢
黃明諸膠
漂洗潔淨
儲藏陳年
參燕部
人參野參
官燕銀耳
色色道地
郵售部
包裹穩妥
回件迅速
地址：清河坊大街

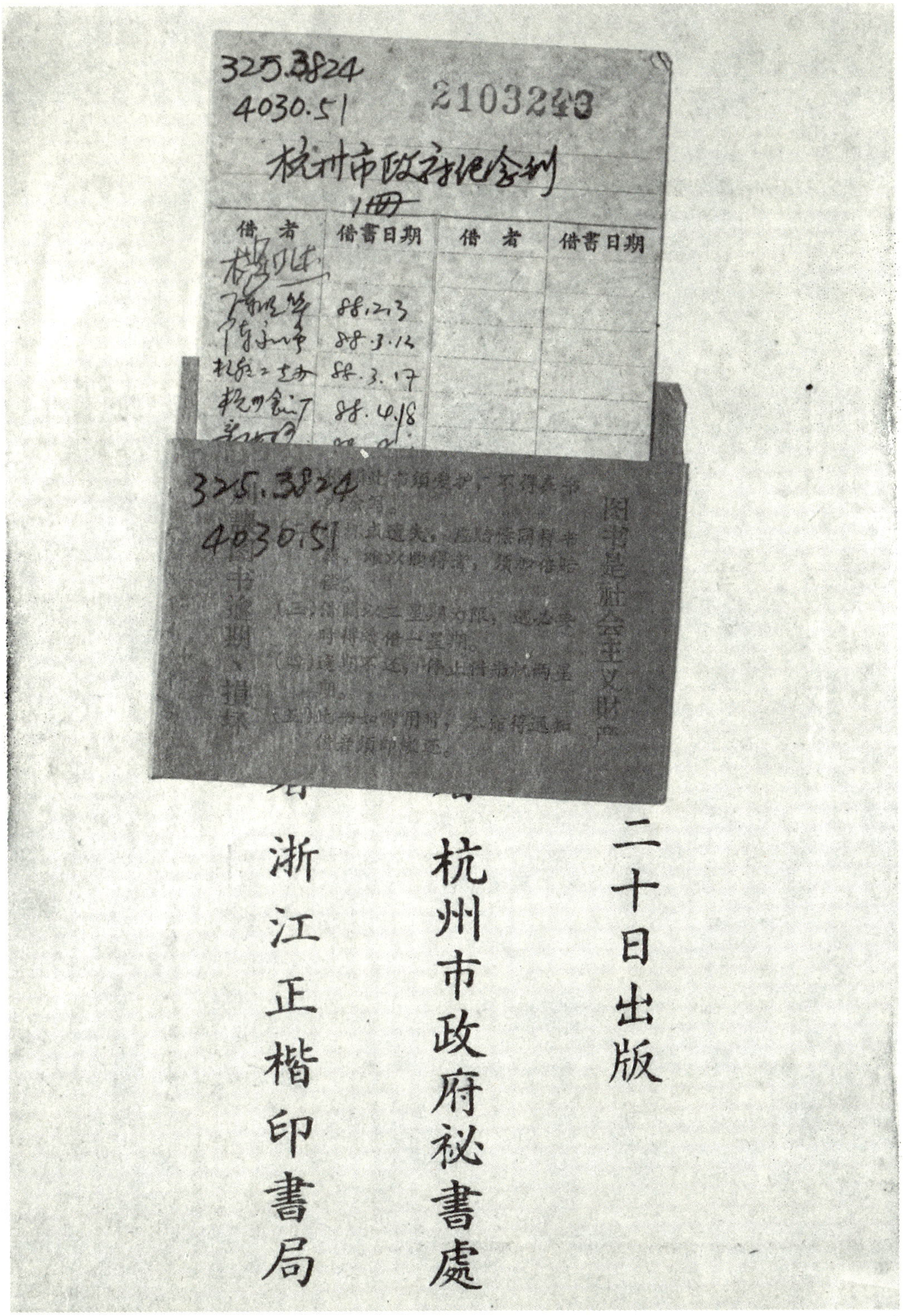
325.3824
4030.51
借 者
借書日期
借 者
借書日期
88.12.13
88.3.12
88.3.17
88.4.18
325.3824
4030.51
二十日出版
杭州市政府祕書處
浙江正楷印書局

浙江財務人員養成所經濟調查處 編

杭州市經濟之一瞥

杭州：浙江財務人員養成所經濟調查處，民国二十一年(1932)鉛印本

民國二十一年九月印行

杭州市經濟之一瞥

浙江財務人員養成所出版

浙江省立
圖書館
登記號碼 162679
分類號碼 330.95124
2650.3
1冊

杭州市經濟之一瞥

中國經濟學社諸君，在杭州舉行年會，此爲第二次，本所同人本擬就浙江經濟情形，編成專書，以供諸君之參考，惟以本所之經濟調查處，去歲十月，始行成立，又因限於經費，如參考材料種種，不克盡量徵集，故未能將計畫編輯之浙江經濟年鑑，提先出版，茲就調查所得，關於杭州市一部分之經濟事業，作一簡略報告，尚祈　指正爲幸

——編者——

杭州市經濟之一瞥目錄

一　沿革

考杭州古稱荒服地，禹貢隸揚州，禹巡會稽至此，舍舟登陸，故以杭名，一說杭方舟也，方舟者，並舟也，猶今之浮橋，因杭州爲錢塘江下流之天然渡口，故即以爲名，二說未稔孰是，杭州自秦漢時已有縣治，至隋代創築城垣，而規模大具，嗣經吳越南宋，先後建都，生聚之繁茂，人物之盛麗，讀歐陽公之有美堂記，歷歷如覩，民國成立，併仁和錢塘二縣，稱杭縣，並闢舊旗營一帶爲新市場，建築馬路，市廛櫛比，游客薈萃，風物又頓爲一新，十六年二月，國民革命軍底定浙江，五月成立杭州市政廳，旋奉國府令改廳爲府，組織財政，公安，教育，公用，衛生六局，分掌職務，並於市內設總務科，掌理文牘，編纂，會計，庶務等事項，劃定杭縣所屬之城區，西湖，江干，湖墅，皋塘，會堡等六區爲市區，而杭州市之名稱，遂於以成立焉。

二　人口

杭州居民，在唐貞觀時，已有十一萬人，五代中國大亂，獨吳越保障一方，晏然無事，北宋初年，杭州戶口，已增加一倍，南宋建都於此，人煙益臻稠密，據吳自牧夢粱錄，其時城內外不下數十萬戶，百十萬人，蔚然成東南第一都會，顧後以迭遭大火，又繼以兵疫等災，往昔繁盛，寖咸影事。遜清定鼎，杭州人口已僅只二十萬，咸同間，復經太平天國之亂，死者十之八，其留而未散者，僅數萬人耳，其後休養生息，漸復舊觀，至最近數年來，市府成立，市區居民，更年有增加，列甲乙二表如下。

甲　五年來杭州市戶口逐年增加表

（年份）	（人數）	（逐年增加率）
十六年	三十八萬餘人	一〇〇
十七年	四十五萬餘人	一一九
十八年	四十七萬餘人	一〇五
十九年	五十萬餘人	一〇七
二十年	五十一萬餘人	一〇二
二十一年	五十三萬餘人	一〇三

乙　最近杭州市戶口統計表

戶別	戶數	男口	女口	男女合計
普通住戶	九八、二八〇	二八六、六八六	二〇二、五七〇	四八九、二五六
公共處所	八七三	二九、四五八	六、四五五	三五、九一三
船戶	七五	二〇六	一六一	三六七
僧道	九八五	二、九六一	一、四五一	四、四一二
外國人	二四	三六	五八	九四
合計	一〇〇、二三七	三一九、三四七	二一〇、六九五	五三〇、〇四二

上述之人口，多數均密集於城區，約占全數人口十分之八，茲再將各區人口與地積之密度，列表如下。

區別	面積	人口	人口密度
城區	二〇、三五九畝	三二五、七五六	每畝十六人(市畝)
西湖區	四八、一八九	四八、一八九	每畝約一人
湖墅區	二八、四二一	二八、四二一	每畝一人

臯塘區	七三、九七〇	七三、九七〇	每畝約一八
會堡區	一六、七〇四	一六、七〇四	每畝約一八
江干區	一二、三三四	三七、〇〇二	每畝約三八
合計	一九九、九七七	五三〇、〇四二	每畝約三八

三　土地

杭州市本分六區一城區二西湖區三江干區四會堡區五湖墅區六臯塘區全市面積計共三五一三三八畝旋村里制實行改分爲十四里八村現在試行自治區制又改劃爲十三區列對照表如下

(區別)	(村里數)	(村里名稱)	(附　記)
第一區	一里	東南里	
第二區	一里	西南里	
第三區	一里	中東里	
第四區	一里	中西里	
第五區	一里	東北里	

第六區　一里　西北里　以上六區本稱城區
第七區　一里二村　靈慶里　北山村　南山村　即舊西湖區
第八區　二里　南星里　閘口里　即舊江干區
第九區　三村　望江村　定海村　清泰村　即舊會堡區
第十區　二里一村　東皐里　臨皐里　北沙村
第十一區　一里　筧塘里　以上三區舊稱皐塘區
第十二區　一里二村　城北里　芳元村　芳林村
第十三區　一里　墅北里　以上二區舊稱湖墅區

至其土地使用狀況共可分爲十四一宅地二田三農地四林地五池塘六雜地七道路八河川九堤堰十城堞十一鐵路十二溝渠十三西湖十四沙灘其使用狀況宅地可分爲十五種田一種農地十四種林地二種池塘四種雜地十三種茲分爲公有私有二項詳列其地積畝分如下

地目	使用狀況	公有	私有	合計	備考
宅地	房屋	九六六畝	一九、一二四畝	二〇、〇九一畝	畝以下分厘從略

公廨	二一九	一九一	四一〇
學校	五六九	一八七	七五七
公署	三七八		三七八
軍營	七四五		七四五
善堂	六三		六三
祠廟	一四七	七八七	九三五
寺觀	三九	九三〇	九六九
教堂		一三三	一三三
會館		二七六	二七六
堆置場		四一	四一
鐵路用地	三九		三九
汽車路用地	六		六
未建築地	七二二	二、五二九	三、二五一

其他	六〇	二一〇	二七〇	本目合共二八三七一畝九五一
田				
稻田	一九四	三五、九二七	三六、一二一	
農地				
果物地		九〇二	九〇二	
菜地	七二四	七、四〇二	八、一二七	
桑地	一、一三四	六三、九二八	六五、〇六三	
茶地		二、三五〇	二、三五〇	
棉地	三四	五六、一六四	五六、一九九	
藥材地		七六一	七六一	
麥地	三五八	四、八五九	五、二一八	
麻地		二、八八五	二、八八五	
雜糧地	九六	九、七三三	九、八三〇	
竹地	一四九	三、〇五六	三、二〇六	
農場	三八		三八	

	苗圃	一四		一四	
	荒地	七	五八九	五九七	
	其他	七一	一、三三〇	一、四〇一	本目合共一五六、五九六畝
林地	竹林地		一九	一九	
	森林地	三二二	三、四六三	三、七八六	本目合共三、八〇六畝
池塘	魚蕩	二〇	六、四八八	六、五〇八	
	菱蕩		四九五	四九五	
	蓮蕩	一	八八〇	八八一	
	水蕩	三九九	四、六〇四	五、〇〇四	本目合共一二、八九〇畝
雜地	柴山	六四	一〇、二二三	一〇、二八七	
	草山	二四二	九、五〇八	九、七五〇	
	石山		三八七	三八七	
	荒山	一〇一	六六	一六八	

水沙		一、五八九	一、五八九
鹽地		一九	一九
公園	四五		四五
坟墓	一、七二一	一四、七五一	一六、四七二
操場	二二一	二	二二三
私堤		一	一
私溝		三三二	三三二
荒糧地	一〇五	四三、二一三	四三、三一九
其他	二三	一、七九八	一、八二一（本目合共八四四二一畝四二五）
道路	六、六四九		六、六四九
河川	一〇、〇七七		一〇、〇七七
堤堰	五九六		五九六
城堞	二三〇		二三〇

鐵路	一、八八四		一、八八四	
溝渠	八八六		八八六	
西湖	八、二四二		八、二四二	
沙灘	五六一		五六一	江邊無主荒沙漲落不定
合計	三九、一八二畝	三一二、一五五	三五一、三三八畝	

四　交通

杭州市之發達，實繫於其交通之利便，緣杭州地瀕錢塘江之下流，一面臨海，一面臨湖，運河橫貫其中，在昔交通，全賴舟楫，故獨得其便，城南面江，延長十里，是曰江干，爲錢塘江出入之咽喉，城北沿運河，曰湖墅，司嘉興，湖州，松江，蘇州一帶之貿易，市街延長，亦約十里，距湖墅三里，有拱宸橋，甲午以後，根據中日和約所開之商埠也，故設有海關，通小輪，嘉湖，蘇，松及上海之貨物，在鐵路未通以前，皆由小輪運載，拱埠商業，曾盛極一時，惟汽船至滬，需二十小時，故自鐵路通行，即不復能與之爭利，湖墅商場，亦由以衰落，惟江干之貿易，因有錢塘江之關係，其流域及於金華，衢州，嚴州，紹興四府，故其重要，殊非湖墅之僅恃蘇州，吳興等數地者所可比擬，凡江西安徽著名之磁器，茶，紙，夏布，浙江之絲，綢，緞，鹽，海產，因賴錢塘江之運輸，無不以杭州爲集中交換之地，玆分水，陸，通訊三端，縷述杭州最近之交通情形，

(一)水道 (甲)輪船 計分錢塘江與運河二線

(子)錢塘江 錢塘江之水上交通，中心點在江干，計有杭桐，杭諸，杭蕭三線，皆爲商輪公司所經營，惜水道淤淺，僅行小輪搭客而已，貨物運輸，多用民船，航線達錢塘江之全部，最遠可至江常，距離杭州約有五百餘里，又杭州至紹興，除通行汽車外，亦有定期輪船及航船，約六十時卽可到達，

(丑)內河 內河交通中心，仍在拱宸橋，統稱苕溪流域，凡定期行輪，計有

杭湖班——自杭州經雙林，菱湖，至湖州，約一百八十里。

杭蘇班——自杭州經湖州，南潯，至蘇州，計三百二十里。

杭申班——自杭州經崇德，嘉善，至上海，計四百五十里。

杭新班——自杭州至德淸之新市，計一百另八里。

此外自杭州至瓶窰，餘杭，長安等處，一百里周圍之中，均有定期航船，往來如梭，殊形便

利。

(乙)民船

民船航路，除錢塘江外，尚有二線，一曰上河航線，卽往來於門富三橋，經臨平許村，至長安者，二曰下河航線，卽往來於艮山門落壩，向西北行，出拱埠，而達蘇州，或向西至瓶窰，或向西南行至餘杭者，市內恃此項營業者，計一百四十七戶，約五百七十餘人。

(寅)滑艇　滑艇係駛行於錢塘江中，其航線自南星橋起，經富陽，桐廬，嚴州，至蘭谿止，計程二九四里，現以艇機損壞，暫行停駛，已年餘矣。

(二)陸道　(甲)鐵路

(子)滬杭甬鐵路　自杭州閘口起，至上海北站，或南站止，其至上海北站者計程約一九五一公里，經過有南星橋，杭州，艮山門，筧橋，臨平，許村，長安，周王廟，斜橋，硤石王店，嘉興，嘉善，楓涇，石湖蕩，松江，明星橋，新橋，莘莊，梅隴，新龍華，徐家匯，梵王渡等共二十三站，其至上海南站者計程一八六公里，自閘口至龍華新站一段，所經站名，與至北站相同，過龍華新站後，須經老龍華，卽達南站，若乘特別快車，僅四小時卽可到達，每日通客車四次，與京滬路之行車時間，互相聯接，其江墅支線，自閘口起，至拱宸橋止，計程約一六公里，經過有南星橋，杭州，艮山門等五站。

（丑）杭江鐵路　自蕭山江邊，經過臨浦，諸暨，蘇溪，義烏，孝順，金華，蘭谿，以至浙邊之江山，計長三百三十公哩，現已通車至蘭谿，衢蘭段亦正興築公路，每日行車四次。

（乙）公路　已通長途汽車者，計有六線。

（子）杭紹路拱三段　自杭縣拱宸橋，經小河，觀音橋，武林門，西大街，湖濱路，湧金門，清波門，鳳山門，至三廊廟止，計長行一三公里，經過市區中心，旅客極多，爲各路冠。

（丑）杭長路　自杭州新市場起，經小河，彭公嶺，東篁，上柏，武康，三橋埠，埭溪，菁山，施家橋，湖州，李家巷，長興至夾浦至，計長約一一七公里。

（寅）杭富路　自杭州湧金門起，經淨寺，閘口，梵村，轉塘，凌家橋，滕村，祝家村，虎嘯杏，高橋至富陽止，計長約三五公里，又有支線凡二，一自轉塘至留下，及小和山，二自凌家橋至良戶，共長十八公里，現因改良工程，暫停營業。

（卯）杭平路　自杭州新市場起，經清泰門，七堡，喬司，翁家埠，袁家壩，胡家兜，海寧，八堡，新倉，閘口，黃灣，角里堰，墩浦，長川壩，海鹽，至乍浦止，長約七十六公里。

(辰)杭餘路　自杭州松木場起，經古蕩，老東嶽，留下，閑林埠，至餘杭止，計長約六十公里，又有支線凡二，一自松木場至觀音橋，長約三〇公里，一自松木場至艮山門，長約四〇公里，係屬於商辦，為浙江省道第一路線。

(巳)杭海路　自杭州江干起，經清泰門，慶春門，河坪，下菩薩，弄口，筧橋，宣家埠，喬司，范家埠，翁家埠，莽福寺，袁家埭，老鹽倉，石塘頭，胡家兜，大荆，至海甯止，計長五一、八一公里，又有支線凡二，一自弄口至七堡，計長七、四九公里，二自喬司至塘栖，計長約二五公里，原係商辦現在自杭州至海甯一段，已由公路局收囘，改為杭平路杭海段，惟杭州至塘棲支線，仍在營業。

(三)通信　通訊設備，近年來進步甚速，除原有之電報，郵政，以外，新近設備之無線電報，廣播電話，以及長途電話，皆以杭州市為其中心，故全省七十五縣之間，均可於半小時之間，晤言一室，此於杭州市之將來，亦大有關係也。

市內交通大道，向有工務局專理其事，惟自改設市政府後，現已大有進步，民國十六年前，各新式馬路長度，祇三九、七八九公尺，現已增至五三、四六九公尺，折合長度約在三百里以上，其計劃就緒，即將興築者，聞尚存七八七六公尺，至交通工具據最近調查，其數量如下。

（種類）	（車輛數）
自用汽車	一一五
營業汽車	九九
公共汽車	五六
運貨汽車	六〇
馬車	一二
自用人力車	一三〇〇
營業用人力車	三五〇〇
大小貨車	二六〇

脚踏車　三、〇〇〇

其他車輛　二〇〇

五　財政

杭州市財政，據二十一度預算，歲入方面，土地稅爲三十八萬七千元，房捐五十三萬八千二百元，奢侈營業捐九萬三千七百二十元，屠宰營業稅三萬二千四百元，車捐十七萬五千二百元，廣告捐三千元，清潔捐五萬五千二百元，市地方財產收入一萬五千三百元，市地方事業收入六萬三千元，市地方行政收入二萬另四百元，補助費收入十二萬九千元，其他收入九千元，合共一百五十二萬一千四百二十元，支出方面，經常門計有黨務費七千五百九十六元，行政費二十三萬二千九百三十二元，自治費四萬五千四百八十元，敎育文化費三十九萬六千六百六十元，工程事業費十八萬四千一百八十八元，衞生事業費十五萬五千四百六十六元，社會事業費一萬另四十八元，市地方營業資本支出(自來水公債保息)十六萬元，協助費十萬元，雜支出一千八百元，特備費一萬八千元，合共一百三十一萬二千一百七十元，臨時門計有敎育文化費五千七百五十元，工程事業費二十萬二千二百元，社會事業費一千三百元，合共二十萬九千二百五十元，以較二十年度約增百分之二十二，較十九年度約增百分之二十九。

(年度)	(預算數)	(增加百分數)
十九年度	一、一八五、〇九一元	29%
二十年度	一、二五七、一三〇元	22%
二十一年度	一、五二一、四二〇元	

惟是二十一年度尚在開始，二十年度決算亦尚未完竣，其究竟狀況如何，比較的以十九年度爲較正確，節錄十九年度杭州市市庫收入支出二表如下。

十九年度杭州市市庫收入表

(科目)	(預算數)	(實收數)	(說明)
房屋捐	四七七、三六〇元	四七九、五九三元	
筵席捐	三六、五六〇	四〇、二三八	
綵結捐		四、九七六	

經懺捐	二、一九四	三、六五三
茶館捐	一二、八〇〇	一四、三六三
菜館捐	一〇、八〇〇	一〇、〇四九
旅館捐	一三、二〇〇	一二、六五〇
遊藝捐	一二、〇〇〇	一〇、二五八
妓捐	八、八〇〇	七、六七二

自筵席捐至妓捐統稱奢侈品營業捐全年預算一〇二、四四四元實收一〇三、八六二元

營業人力車捐	一一四、四八〇	一一四、六五四
自用人力車捐	一四、六〇〇	一五、六一九
汽車捐	一七、〇〇〇	一六、八二八
脚踏車捐	六、〇〇〇	五、八六九
雜項車捐	五、〇〇〇	六、〇六三

自營業人力車捐至雜項車捐統稱車牌捐全年預算一五七、〇八〇元實收一五九、〇三三元

廣告捐	三、六〇〇	六、八七二	
牛肉捐	五、〇〇〇	五、八八八	
豬肉捐	二三、〇〇〇	二〇、〇一五	
羊肉捐	三、〇〇〇	三、五二六	自牛肉捐至羊肉捐統稱雜捐全年預算三〇、〇〇〇元實收二九、四三〇元
地丁附捐	一二、〇〇六	一四、〇二九	
雜項附捐	五、〇〇〇	、二八〇	自地丁附捐至雜項附捐統稱附捐全年預算一七、〇〇六元實收一四、三〇九元
自治區捐		一、四九六	
清潔捐	四四、八〇〇	四八、三〇五	自自治區捐至清潔捐統稱公益捐全年預算四四、八〇〇元實收四九、八〇一元

自房屋捐至清潔捐止共計總捐全年預算八五七、二九〇元實收八四二、九〇三元

礬山礦租	三、六〇〇	三、一九〇	自礬山礦租至雜項租金共計租金全年預算一三、〇一〇元實收一六、四五九元
田租	一、九八〇	二、五五八	
房租	四、〇〇〇	六、三八三	
地租	二、〇〇〇	二、一〇九	
蕩租	、三〇〇	、九六八	
小菜場租	一、一三〇	一、一二九	
雜項租金		、一二〇	
建築許可證費	七、〇〇〇	五、八三八	自建築許可證費至其他許可證費止統稱許可證費全年預算七、〇〇〇元實收六、四九七元
其他許可證費		、六五九	
工商業登記費	二、〇〇〇	一、七八八	自工商登記費至其他登記費統稱登記費全年預算二、〇〇〇元實收二、二八七元
其他登記費		、四九八	

初級中學學費	七、六〇〇	六、〇七九	自初級中學學費至市立小學學費統稱學費全年預算一三、六〇〇元實收一一、八四六元
市立小學學費	六、〇〇〇	五、七六七	
衛生執照費	、八〇〇	五、五〇〇	自衛生執照費至其他執照費統稱執照費全年預算八〇〇元實收六、七三七元
其他執照費		一、二三六	
市立病院收入	四、五〇〇	五、八七九	
築路徵收費	二五、〇〇〇	一一、一九九	自築路徵收費至養路費稱馬路徵收費全年預算三五、〇〇〇元實收二四、二九七元
養路費	一〇、〇〇〇	一三、〇九八	
罰欵	、二〇〇	二、三四六	自罰欵至雜項止統稱什收入全年預算二、七〇〇元實收二七、二九九元
利息	二、二〇〇	一七、二五四	
雜項	、三〇〇	七、七〇一	

十八年度收支結餘	一六八、八三〇	二二二、八九九	自建築許可證費至十八年度收支結餘止共計其他市收入全年預算二四一、六三〇元實收三〇七、七四五元
教育廳補助費	一九、〇〇〇	一五、八〇〇	自教育廳補助費至省庫補助費止統稱補助費全年預算一三九、〇〇〇元實收一五、八〇〇元
省庫補助費	一二〇、〇〇〇		
總計	一二五〇、九三〇	一一八二、九〇八	

十九年度杭州市市庫支出表

(科目)	(預算數)	(實支數)	(說明)
市政府經費	三〇八、九九二元	三〇四、〇四七元	
財政局經費	九二、五五六	九二、九四〇	
工務局經費	二〇五、五七九	二〇三、六三一	
濬湖費	六、六〇〇	六、六〇〇	

新事業費	一五九、四〇九	一四八、三八八	自工務局經費至新事業止統稱工務局經費全年預算三七一、五八八元實支三五八、六一六元
市敎育經費	二九九、五五〇	二九五、八四五	
市立初中經費	三六、二三〇	三六、二二九	自市敎育經費至市初中經費統稱市敎育經費全年預算三三五、七八〇元實支三三二、〇七四元
市立病院經費	五一、二〇四	五二、一〇四	
城北診察所經費	五、三四〇	二、八二〇	自市立病院經費至城北診察所經費統稱市立病院經費全年預算五六、五四四元實支五四、九二四元
手續費	、二〇〇	、一三九	
罰金充獎	、一〇〇	、五一二	
雜項	、一〇〇	一、〇九〇	自手續費至雜項統稱支出全年預算四〇〇元實支一、七四三元
自來水公債保息	六〇、〇〇〇	六〇、〇〇〇	
市立病院擴充費	一、〇〇〇		
市敎育臨時費	二四、〇七〇	二四、〇七〇	自市立病院擴充費至市敎育臨時費止統稱臨時費全年預算二五、〇七〇元實支二四、〇七〇元

總計　一、二五〇、九三〇元　一、二二、四一八元

基此以觀，可知杭州市財政，在收入方面，僅恃各項雜稅，而徵收此項雜稅，又並無十分把握，故預算決算，每不能吻合，其各項雜稅之名稱，課稅標準，稅率等項經本所調查如下

（稅目）	（課稅標準稅率稅額）	（徵收方法）（徵收手續）	（徵收方法）（徵收時期）	（徵起年份）	（每年約收數）
店屋捐	照賃價稅15%	直接派員徵收	每兩月徵收一次		二七四、四三〇元
住屋捐	照賃價稅10%	同上	同上	十七年二月	二〇三、九三〇
筵席捐	按價徵5%	由菜館向客代收由局派員收集	逐日查徵	同上	三六、六五〇
綵結捐	按其營業大小分等徵收	由綵結行向用戶代徵送局繳納	按日徵收	十七年一月	六、〇〇〇
茶館捐	同上	直接派員徵收	按月徵收		一三、八〇〇

菜館捐	同上	同上	同上		一〇、八〇〇
旅館捐	同上	同上	同上		一三、二〇〇
遊藝捐	同上	同上	按月徵收		一三、〇〇〇
妓捐	分等徵收	同上	按月徵收		八、八〇〇
經懺捐	按代價徵10%	由寺院向齋主代收送局繳納	按日徵收	十七年九月	四、三八九
營業人力車捐	每輛每月三元	由車行按月認繳	按月徵收		一二四、四八〇
自用人力車捐	每輛每季三元	由車主至局繳納	按季徵收	十七年一月	一四、六〇〇
汽車捐	按輕重坐位分等徵收	同上	按月或按季徵收	十七年五月	一五、〇〇〇
脚踏車捐	營業用者每半年徵三元自用者每半年徵一元	同上	每半年徵收一次	十七年	六、〇〇〇
雜項車捐	分別徵收	同上	按月或按季徵收		五、〇〇〇

廣告捐	按其發布性質分等徵收	由發布者至局繳納	按日或按月徵收	十八年十月	三、六〇〇
牛肉捐	每牛一隻徵稅一元	直接派員徵收	按日徵收		五、〇〇〇
豬肉捐	每豬一隻徵稅、二七五元	同上	同上		二、二〇〇
羊肉捐	每羊一隻徵稅、一角	同上	同上		三、〇〇〇
清潔捐	按戶屋租額分等徵收	同上	按月徵收	十八年十月	四〇、〇〇〇
地丁附捐		由杭縣代徵轉解財局	分上下二期徵收		二、一三一

杭州自辦理市政以來，比較上尙有進步，茲將自十六年度起至十九年度四年來，其行政費與事業費之百分比較，以及歷年教育工程經費之增加情形，列表如下，以資印證。

一、行政費與事業費比較表

（年別）	（支出經費）	（行政費）	（百分比）	（事業費）	（百分比）
十六年度	五五六、五五〇元	二一〇、三三六元	38%	三四六、二一四元	62%

十七年度	七一四、八二〇	二六九、〇七〇	36%	四四五、七五〇	64%
十八年度	一、一一三、四〇三	三二三、八四八	29%	七八九、五五五	71%
十九年度	一、二五〇、九三〇	二八七、八六四	23%	九六三、〇六六	77%

二、歷年工程費與敎育費支出百分比較表

(年別)	(事業費)	(工程費)	(百分比)	(敎育費)	(百分比)
	單位千元	單位千元		單位千元	
十六年度	三四六	一五六	45%	一三八	40%
十七年度	四四六	一六〇	36%	一八四	41%
十八年度	七九〇	二五七	33%	二九〇	37%
十九年度	九三六	三〇四	32%	三六〇	37%

六　金融業

(一)銀行　金融爲經濟命脈所關，尤爲工商業調劑所係，杭市銀行，計有中央，中國，交通，與

業，實業，地方，鹽業，大陸，儲蓄，儲豐，農工，道一，惠迪，中國實業，中南等十六家，就中地方，興業，儲豐，道一，惠迪六行爲總行，其餘中央等八行均爲滬行之分行，中央，中國，交通，興業，中國實業，中南六行，兼發紙幣，興業，實業，地方三行，兼管堆棧，中央，中國，交通三行，代理國庫，地方銀行則代理省庫，故其範圍較大，農工，大陸，鹽業等行雖係新設，業務亦稱發達，在本省設總行之各銀行，資本總額爲一百八十餘萬元，至於各大銀行杭州分行之資本，因多與總行相混，殊難確計，查杭州金融勢力，實際上皆握之於各錢莊之手，良以銀行資本，雖較錢莊爲多，然其對商業市場，不若錢業之關係密切，故全市金融業之牛耳，仍非錢莊莫屬，考銀行界之勢力，不敵錢莊，其故有五，(一)自絲綢衰落，各工廠失敗屢屢，舊式商人，狃於習俗，多不能以財產向銀行抵押，故錢業仍能維持其地位，(二)社會習慣，多貪錢莊之便利，銀行辦公既有定時，行員對於顧客，往往傲慢無禮，不若錢莊跑街善於應付，(三)銀行放欵，限制甚嚴，接洽需時，不能應急，自非商家之所歡迎，錢莊經理，則可全權放款，有放款則存款自來(四)銀行係有限公司性質，錢莊則責任無限，且係當地資本家所開設，素爲鄉人所信仰，而大多數人民觀念，尙以爲個人之信用，重於團體之信用，(五)商人貪圖厚利，銀行規定利息極薄，而定期存款，則非到期不能提取，存戶不便，故皆樂與錢莊交易，綜上所說，似乎銀行居於不利地位，然實際上銀行資本雄厚，辦事謹慎，遠非錢莊可比，故杭州之大工廠及大商店，非與銀行往來，即不能推廣事業，錢莊因有上述種種利便，故亦能維持殘局也。各商業銀行，向有兼辦儲蓄事業者，近來因風氣所播，尤見推廣，對於吸收儲戶競爭頗烈，年來已頗有進步，且每屆結帳，均有決算報告，公開揭載於報紙，藉以證明其事業之穩固，此蓋平日銀行會計制度完備，有以致此，遠非錢莊所可比也。

杭州市銀行近況表

（行名）	（性質）	（資本總額）	（已收資本）	（總行所在地）	（杭行經理）	（杭行設立年份）	（營業範圍）	（各分行所在地）
中央銀行	分行	二千萬元	收足	上海	張忍甫	民十九年	一切中央銀行業務及發行鈔票等	全國各大埠
中國銀行	分行	二千五百萬元	收足	同上	金潤泉 壽景偉	民二年	國內外匯兌各種存放款代理國省庫發行鈔票	全國大埠及倫敦大阪
浙江地方銀行	總行	一百萬元	收足	杭州	徐恩培	民十二由浙江地方實業銀行改組而成	代理省縣金庫代理發行省公債幷經付利息各種存放款及匯兌儲蓄	蘭谿 海門

交通銀行	分行	一千萬元	收足	上海	沈佐周	民四年	存放款國內外匯兌押匯經付公債本息儲蓄	全國各大埠
中國農工銀行	分行	一千萬元	五百萬元	上海	程振基	民十七年	一切農工銀行業務及普通存放欵儲蓄	北京、天津、上海、南京、漢口、長沙、定海、唐山、
浙江興業銀行	分行	四百萬元	收足	上海	徐行恭 羅瑞生	清光緒三十四年	國內外匯兌各種存放欵儲蓄發行鈔票	漢口、天津、北平、南京、
浙江實業銀行	分行	二百萬元	收足	同上	葛爾馨 金文雄	民十二年	國內外匯兌各種存放款儲蓄	漢口、
中南銀行	分行	二千萬元	七百五十萬元	同上	李錦堂	民二十年	國內外匯兌各種存放款儲蓄發行鈔票	天津、漢口、南京、北平、厦門、
大陸銀行	分行	五百萬元	三百五十七萬五千五百元	天津	史久衡	民十八年	同上	上海、北平、漢口、南京、濟南、無錫、哈爾濱、青島、
鹽業銀行	分行	一千萬元	七百五十萬元	同上	金博候	民四年	同上	北平、漢口、上海、廣州、香港

浙江商業儲蓄銀行	總行	五十萬元	二十五萬元	杭州	韓志學 何創夏	民十年	各種存放款匯兌儲蓄	無
中國實業銀行	分行	五百萬元	三百五十萬七千[illegible]百元	天津	吳震三	民二十年	各種存放款發行鈔票	漢、滬、京、青、哈、蘇、錫、常熟、餘辦事處
道一銀行	總行	五十萬元	四十五萬三千五百元	杭州	蕭鑑塵 韓紹鏞	民八年	各種存放款	無
惠迪銀行	總行	二十萬元	十三萬四千九百元	同上	王竹齋 舒恆安	民十年	同上	無
浙江儲豐銀行	總行	三十萬元	十九萬另三百元	同上	張旭人	民七年	各種存放款儲蓄	無
浙江典業銀行	總行	一百萬元	二十五萬七千八百元	同上	王錫榮	民十一年	同上	無

(二)錢業 杭垣錢莊之性質，有匯劃與貼兌之別，匯劃莊之貿易，以向各地匯劃大宗款項及放款

於各商舖爲主，多與客幫往來，故一稱客幫，又其營業數目，較貼兌莊爲大，故又稱大同行，貼兌之貿易，除放款而外，兼營門市兌換角洋銅元之事，故一稱門市，又營業數目，較匯劃莊爲小，故又稱小同行，自己不能做他埠匯劃，必須過入大同行之賬，方可做到，若大同行不允代匯，小同行無獨立與他埠錢業交易之資格也，近來杭垣城內外，共有錢莊大小同行共六十五家加入錢業公會者四十九家，就中大同行二十六家，中同行二十三家，大同行之營業最大者，以珠寶巷之惟康，晉康，泰生，大井巷之開泰，保佑坊之義昌，清河坊之寅源等數家爲最，每家每年營業，多者在百萬以上，少者亦在五六十萬元上下，其他各莊，每年營業，自二三萬至十萬元以下者，約二十餘家，小同行之營業最大者，每年放款，亦有十餘萬元，現在以忠清巷口之愼康，上祠堂巷口之永裕，清河坊之盈豐，聯橋之恆盛等爲翹楚，其他營業，每年在十萬元上下，或數萬元，至萬元以下者，亦有二三十家，今年因受九一八之影響，錢業以地位關係，首當其衝，以致牌子甚老之信安，信昌裕，復裕，怡源等八九家，均於舊歷三底相率停業收賬，亦不幸之消息也，杭垣匯兌之行市，向例由大同行主持，分規元，(滬匯)蘇匯，甬匯，紹匯四種，規元依滬市爲標準，蘇甬紹三處，以銀元爲本位，但有去水升水之行市，全視各地銀根鬆緊而定，查浙省革除現洋升水，爲民國七年省議會所議決，咨請省署公佈者，惟官廳雖懸有厲禁，而商家以市情漲落，不免仍沿舊習，十三年江浙戰役，現洋升水每百元升至十元之多，但此爲特例，普通升水數目，最多時亦不過一元數角至二元上下，其去水數目，每百元至多不過四五角，如十四年後半年，蘇甬紹三處匯兌，均係去水，足見杭垣現底尙豐也，至同行與客帮交易，規元蘇匯，均以四日爲期，進出每百元取手續費五分，甬紹匯以三日爲期，進出每百元取手續費二分五，杭垣錢業利率，向係單雙拆，自庚申年起，改爲日拆，由錢業會館逐日議定，與各處匯兌行市，及銅元角子等價目，一併向衆公佈，謂之市單，其中各業往來，或同行往來逐日所取之利率，謂之日拆，以日拆按旬或按月平均者，謂之月利，亦稱公盤，長期所取之利息，謂之期息，角洋銅元逐日之價格，謂之市價，日拆之高低，與匯水之漲落，由大同行主持，角洋銅元之市價，由小同行主持，日拆有兩種計算法，一以厘分計，一以毫計，以厘分計者，爲錢業同行中往來款項之利息計算法，其規定以五厘爲最低，最高至六分爲止，所謂五厘者，以百元爲本位，每日取利五厘，假定全月皆爲五厘，（實際無此行市）則每百元每月之利息，（以三十日計）僅有一角五分，然今日五厘，明日卽升至五分六分者，亦所恆有，惟最高不得過六分，假定全月皆爲六分，則每百元每月之利息，應取一元八角，其以毫計者，爲錢業與各業往來款項之利息計算法，其規定最低爲二毫，最高至七毫半，所謂毫息者，以每元爲本位，假定全月統爲二毫，則每元每月之利息爲六厘，十元爲六分，百元爲六角，假定全月日拆完全高至七毫半，則百元全月之利息，即須二元二角五分，其餘均可類推，大概同行拆息，開五厘則對於放欵與各業之毫息，約在二毫，如同行開至六分，則毫息須在七毫以上，故錢業放款之日拆，比較同行往來之日拆，每百元每月約多取利息自四角一分，以至四角五分之譜，即所謂大市毫市是也，其公盤本按月計利，亦有按旬計利者，則以本月內前旬與日拆高低太甚，不能平均之故，如十四年舊歷十一月份所開欠息，前十日爲六毫半，後十九日爲三毫半，合計之爲每百元每月取息一元三角一分五毫，如是則按旬或按月，取息均甚公平，若全月日拆相差無幾，即可以全月平均之，期息一項，每年分兩期結算，以三月九月爲歸賬之期，即上海所稱三底九底期息是也，是項放欵利息，約在一分至一分二厘之間，其計算以千元爲本位，即每月取利十元至十二元，但雖有同行大市，各莊每因交誼，可以自由增減，期息均可磋商，各莊有往往不願放長期者，蓋錢業之性質，專注重於逐日取利，若公盤長期，究不若日拆之規定基嚴，輾轉生利之迅速也，至存款利息，規定與欠息相距二毫，如欠息開二毫，則存息無拆，欠息開四毫，則存息爲二毫，其餘類推，此杭俗所謂趁錢，（餘款之意）爲習慣上所通行者，但有時不按此例者，如某莊資本不充，或現底甚缺時，則歡迎大宗存款，以資週轉，於是不得不放盤加息，以招徠存戶，此項事實，皆於暗中進行，表面上不能公然行之也。

票據之使用，普通有支票，上單兩種，支票者爲本莊開出之票，亦稱本票，有見票即付現者，即票面標注取現月日者，此項支單之行使，信用最著，各莊皆認票不認人，雖有遺失，苟本人不即掛失，則他人持此票到莊兌現，雖明知取現者，係非本人，亦無不立時付款，即或標明取現月日之票，倘未到期，而持票人欲先期取現，只須將未到期之日數，按日貼還利息，即可付現，本票每張取手續費二分，上單者，爲各商號所開之支單，令持單者赴錢莊取款之據也，開是項上單者，須有款存錢莊，方能照付，若本無存款，或款不足數，則錢莊可以不付，此外有本地同行互相劃抵款項之據，謂之劃條，其款謂之劃洋，又各路同行匯解款項之據，謂之匯票，用函解款者，謂之解信，匯解亦須先有存款，方能兌付，否則必須先現抵解，或到期收歸，方可抵用，蓋其辦法，有與上單劃條相似之處也。

附錄最近二年杭市借貸利息表（據市政府月刊）如下

月份／年份	十八年份（欠息）	十八年份（存息）	十九年份（欠息）	十九年份（存息）
一月份	六厘		六厘	
二月份	六厘		六厘	
三月份	七厘五	一厘五	六厘	
四月份	一分另五厘	四厘五	七厘半	一厘五
五月份	七厘	一厘	一分七厘一七五	一分另九七五
六月份	六厘		一分七厘二二五	一分一厘二二五
七月份	六厘		一分另三七五	四厘一七五
八月份	六厘		六厘	
九月份	一分一厘〇二五	五厘二二五	六厘	
十月份	一分六厘五	一分另五厘	六厘	
十一月份	一分九厘五	一分四厘二五	七厘五	一厘五

十二月份	一分八厘	一分二厘	一分八厘七	一分另五一
全年平均	一分另二厘三	四厘八一二五	九厘五四一七	三厘三二五

(三)典當業　典當爲調濟平民金融之唯一機關，杭市計有壽昌，同吉，聚源，同康，保善，同濟，善慶，同興，成裕，裕通，裕隆，裕興，聚和，咸康，協濟，萬豐，善興，永濟，天濟，等典當十九家，均入本市典當同業公會，計有職工四百三十三人，上列各典，同康，咸康二家爲獨資，餘十七家均係合資，各典資本，自一萬八千元至一十二萬元不等，資本總額，共爲一百零四萬元，全年營業總數，約爲一百二十餘萬元，該業近年營業，極不景氣，一因年來民不聊生，典質俱盡，取贖無力，一因服裝式樣，不時更換，滿貨銷路呆滯，不得不削本拍賣，一因當帖捐，典稅，架本捐，等負擔較重，一因銀根奇緊，資本運用，較前困難，坐是營業難以獲利。

杭州市內典業調查表

(當典名稱)	(開設地方)	(設立日期)	(資本金額)	(經理姓名)	(組織)	(利率)	(滿當期限)
聚和	塔兒頭	光緒十二年	四萬八千元	程馥棠	合資	二分	十八個月

天濟	東清巷	民國十七年	一萬八千元	沈鼎三	同右	二分	同右
聚源	東街	民國三年	七萬六千元	范煥章	同右	二分	同右
咸康	缸兒巷	光緒廿七年	四萬元	方增卿	獨資	二分	同右
善興	拱埠	光緒十年	四萬元	王叔棨	合資	二分	同右
壽昌	湖墅	宣統三年	十二萬元	王又心	合資	二分	同右
保善	堂子巷	同治十年	六萬八千元	鮑達生	同右	二分	同右
裕通	聯橋	同治六年	五萬元	許詠梅	同右	二分	同右
裕隆	焦棋干	光緒年間	五萬元	周錫炎	同右	二分	同右
裕興	忠清街	光緒年間	五萬元	周聯芳	同右	二分	同右
萬豐	上板兒巷	宣統三年	四萬五千元	方增卿	同右	二分	同右
成裕	后市街	同治十年	五萬元	沈琢齋	同右	二分	同右
同濟	豐樂橋	光緒十七年	六萬元	程如衡	同右	二分	同右
同吉	貫橋	光緒十一年	七萬七千元	汪迪封	同右	二分	同右

協濟	大井巷	光緒十年	四萬元	潘子韶	同右	二分	同右
善慶	湖墅	光緒十年	五萬八千元	傅瑞禾	同右	二分	同右
同康	金洞橋	民國十四年	七萬元	江倡笙	獨資	二分	同右
同興	江干	宣統元年	五萬元	謝虎丞	合資	二分	同右
永濟	過軍橋	光緒十三年	三萬五千元	王鄉泉	同右	二分	同右

(四)合作社　信用合作社，爲融通農村經濟必不可少之機關，浙省關於合作社之提倡，近數年來，頗爲盡力，各地組織合作社者，尙稱踴躍，據建設廳調查，民國十九年間杭州市內，已向建設廳立案之信用合作社共十處，其中有限責任者三社，餘均爲無限責任之組織，此外在瓶窰者，信用合作社五十八處，爲最發達，其他如皐亭，西鎭調露等處，均有設立，惟皆屬信用合作性質，蓋鄉村金融呆滯，農民需款，不得不求自助之法也。

杭州市合作社一覽表

(名稱)	(性質)	(社址)	(開辦日期)	(股本每股金額)	(附註)

筧橋富饒址無限責任信用合作社	信用合作	筧橋富饒址大通寺內	十七年	二元	
萬松嶺無限責任信用合作社	信用合作	萬松嶺	十七年	二元	
鳳凰山脚無限責任信用合作社	信用合作	鳳凰山脚五號	十八年	二元	
萬仁鄉無限責任信用合作社	信用合作	三發營	十八年	二元	
九堡村無限責任信用合作社	信用合作	會保南九堡	十八年	四元	
墅北里無限責任信用合作社	信用合作	湖墅磚橋頭三號	十九年	三元	十九，二，二十六。註册
北沙村有限責任信用販賣合作社	信用販賣合作	七堡北沙村委員會內	十九年	二元	十九，四，二十五。註册
靈隱無限責任信用合作社	信用合作	靈隱黃泥弄十四號	十九年	一元	十九，七，十。註册
西湖茅家埠無限責任信用合作社	信用合作	茅家埠四十七號	十九年	一元	十九，七，二十四。註册

西湖青石橋無限責任信用合作社	信用合作	青石橋後	十九年	一元	十九，七，二十六。註冊

七　工業

浙省爲東南財賦之區，杭州又爲省會，向來各項工藝，均頗著名，惟舊式工業，多係屬於家庭工業，其最著名者爲綢絲，次則爲杭箔，杭扇，杭烟，及剪，粉，線，傘等項，皆爲行銷大江南北之手工產品，馳名於國內數百年，衣食於此者，常在數萬人以上，除綢絲近年，已有大部分改用機械製，產品因以日增，其他各項工業，多仍舊日手工技術，茲分爲手工業機械工業二項，略述其近況如次。

(一)手工業　其較爲著名者，計有一十二業。

錫箔　錫箔之製造，以紹興之蕭山紹縣爲最發達之區，杭垣不過爲其一部，但杭箔之質，似在紹箔之上，遠近亦頗馳名，是項箔之原料，半用新箔，半用筆管，(即還魂錫)新錫有雲南新嘉坡所產之別，杭箔所用，大概以滇錫爲多，其貨有直接購諸滬市，亦有間接來自紹興者，原料皆由箔莊購入發於箔作，再發於打箔工人，杭垣箔莊，城內外約有二十餘家，以陳同泰吳正隆柳源泰同益祥等十餘家爲較大，箔作均在武林門及湖墅一帶，打箔之工人，多在下城，與箔作附近之地，有在箔作工作者，有領囘錠子（箔之胚料，係錫鑄成）在家工作者，其工作分上間中間下間三部，（紹興稱上蓋下蓋）每打一焙，由下間爲始，而中間，而上間，工資約五元至六元之間，此外更有揭錠撲粉糊箔砑光等各種手續，而箔始成爲整張，由是將張裁爲多張，（俗稱劈剪）再行揀合成塊，然後售買，劈剪一部，近兩年有用機刀裁剪者，本年以工人失業者多，要求廢止機刀，已由箔莊應允，杭垣之箔，多銷於嘉湖蘇松及皖省一帶，其名有千雙九，門雙九，統雙九，並有冠以兩姓，如鍾何雙九，車李雙九等，又有紹戥鄉戥等名稱，每塊三千張，最高售五元數角，最低售三元數角，統計杭垣打箔工人約有三千餘人至五千人，每人每月工資，平均除宿外，可淨得六七元，而撲粉糊箔揭錠等項，多由童工女工任之，工資約減半數，每年杭箔，銷數約有二百五六十萬元至三百萬元

摺扇　扇之製造，舊日蘇杭兩處並稱，實際上，杭扇之製，其佳在面，故杭垣扇莊，各式摺扇，其骨多係本作，而其面（除黑紙扇面）則必須向蘇州購入，查杭扇之製作，由來已久，在趙宋南渡時，即已有名，迄今將近千年，而扇業仍維持不墜，在前清乾隆年代，有芳風館者，製扇最佳，

（儲姓所設之店，名儲芳風），能製百骨扇，其後有張子元者，出品亦甚佳，自民國成立，扇之銷路略減，然大部分售爲夏日必需之品，故近來營業，亦尚可觀，現在杭垣製扇作場約有四十餘家，如張子元，舒蓮記，王星記，惠和泰，榮大生，新大興，大興生，吳晉記，徐大興，李裕昌，錢步記，俞裕興，章成記，傅祥記，章聚昌，彩月齋，章萬盛等爲較大，其中以張子元爲最老，而營業亦尚大，製作最佳者，則首推舒蓮記，銷路及於全國，其銷浙西及江西一帶者，用船輸運，遠省及輪運不便之地，由郵包遞寄，（除郵費外另完值百抽五之杭關稅）現在杭垣製扇工人，約有一千餘人，每年輸出扇價之總額，約有一百三四十萬元。

旱菸　杭菸之製造，大概起於清初，其時有淡巴菸之稱，蓋吾國菸葉之種，多自小呂宋傳來，故沿西洋 Tobaco 之譯音，浙省菸葉產地，浙東則蕭山新昌嵊縣，及處屬之松陽，浙西則桐鄉及海寧爲最著名，（海甯在硤石一帶，所產不多），而製造旱菸，則以杭州爲中心，是項旱菸，其原料用蕭山，新昌，嵊縣，等處，所產者爲多，出品有陳奇，元奇，白奇，貢奇等名目，陳奇原爲陳四豐菸店所出，嗣後風行江浙，各家爭相仿製，今則易名爲呈奇，現在杭垣內外，約有菸店十六七家，以陳四豐爲最老，以宓大昌營業爲最大，其他如陳恆豐榮大等均次之，宓大昌門市設於清河坊，棧房共有五處，營業以浙東西及蘇省各屬之批發爲最多，所用錫司，常達五六百人，居杭垣菸葉三分之一以上，統計杭垣菸業，每年貿易總額，在前清時約有一百萬元上下，自捲菸盛銷後，斯業頗受影響，近來聞不過六七十萬元之數

絲線　杭垣四鄉，素爲產絲之區，故絲線之撚撻，甚爲著名，亦有數百年之久，其用途甚廣，凡衣服領帽鞋靴纓絡，均須以綫成之，而舊日婦女惟一之工作，如挑花刺繡，亦莫不需用花線絨線，至線之名稱，有頭二扣三扣之別，有粗五銖細五銖大銷二銷之分，其行銷達於南北各省，業此者向爲慶春門艮山門附近之居民，男婦均從事斯業，亦具家庭工業之狀況，染色則由煉染坊任之，其原料皆取海寧硤石等處之細絲，由線莊發交居民撚撻，按件給資，撚撻絲線，每日每人可得工資三四角，惟飯食皆須自備，杭前清時杭線之貿易，每年亦不下七八十萬元，自洋線（卽本紗）侵入後，一部分之縫衣線爲之減少，自婦女挑花之工作，完全淘汰，刺繡較前減少後，大部分之花線絨線銷路，亦大受影響，今之所謂大宗產品者，厥爲縫製綢緞之各色絲線，現在杭垣絲線莊大小共有十餘家，其營業較大者爲張允升文成大升元升四家，惟近年營業減縮，多兼營他業，以維持基礎，如張允升文成兼營人造絲及花邊等貿易，大升元升或兼營帽莊，或兼營各色洋貨，其

他營業較小者，亦無不兼售洋廣雜貨，現在杭線之貿易，不過從前之半數，每年所銷約在三十餘萬元之數

剪刀　杭州附近之地，向不產鐵，故數百年前浙省所用各種鐵剪，皆由皖省輸入，本地鮮有製造者，至有明崇禎間，始仿製各式剪刀，精鍊磨礪，其堅利出於皖產之上，迨遜清初葉，已馳名於江浙間，近來營業更逐年發達，頗有供不敷求之勢，查現時杭製剪刀之種類，約有一二十種，其原料向取上江所產之鐵，近來多自上海輸入，工作從前均係手工製造，近來亦用刨床洗床等裝置馬達，使用機械，出貨迅速，蓋一部分之工作，已由手工易爲機械矣，近來並有仿製造西式剪刀及理髮軋剪，解剖用具，並加以塗鎳工作者，形式亦尙美觀，但塗鎳工事未精，經過黃梅濕季，仍易生銹，故用尙不及洋剪之佳，現在杭剪一項，其銷路頗形發達，北至京津，西至湘漢，而江浙兩省銷行尤廣，每年貿易亦不下三十萬元，凡剪店招牌，皆取名張小泉，故張小泉三字不啻爲杭州剪刀之代名詞矣。

紙傘　當前淸末葉，杭垣居民晴雨多用洋傘，其有用雨傘者，則係舊式紙傘，制作極爲樸陋，其時所用洋傘，大半皆係日貨，其優等者爲英美貨，及民國初年，孫源興雨傘舖始設法仿照洋傘式

樣，改良舊雨傘，柄作灣形，包以鋼皮，傘頂亦仿洋傘製造，加包銅皮，形式頗爲雅觀，一時風行，銷路極暢，其他各舊式雨傘店亦紛紛仿造，今則盛行於江南各省，洋傘遂被抵制，是項改良雨傘，其骨多以紫竹䇓竹爲之，所需原料，多由富陽輸入，傘面均由杭人自造，其紙之原料，用浙東所產之皮紙，堅牢耐用，勝於低劣之洋傘，而價値較廉，故此業二十年來，進步頗速，現在普通貨約有一二三等號，另有小傘，邊繪花草，爲婦女所喜用，現在製造改良雨傘者約有一二十家，以孫源興，陳祥順，華强，源順興，王永昌，慶善堂，羅文成，中國傘廠，五卅國貨社等爲較大，每年貿易總額，約有二三十萬元，銷路除江浙兩省外，并及南洋羣島，亦有一部分銷於北方者，改良雨傘而外，近時又有陽傘之仿製，如貫橋大街之民新陽傘廠，上珠寶巷之德國輸入，新亞陽傘廠，設立亦各有十年左右，出品有布傘綢傘鐵柄木柄冲牙柄等各貨，其傘骨原料，多由傘面之玄色羽綢，亦由英美供給，在杭不過加以一部分工作，爲配製耳，惟綢面者多用本省產，營業以民新爲較大，上海甯波湖州嘉興等處，均有其發行所或代售所。

香粉　杭州香粉之著名，年代久遠，至少當有一二百年，如今日江浙馳名之孔鳳春香粉號，其創設已在百年以上，而孔鳳春之前，則有王樂春，亦盛極一時，蓋當新式化粧品等尙未輸入以前，婦女所用傅面之粉，種類簡單，不過擦粉撲粉玫瑰香粉珠蘭香粉等十數種而已，其原料分爲兩種，一爲以鉛華爲主要成分，攙以其他粉末，並玫瑰珠蘭薔薇等中國香料，其上等者，更加以少許冰片，一爲以滑石粉爲主要成分，攙以各種舶來香油，杭垣之香粉，大概以後者爲多，鉛華之原料，來自粵中，價值較昂，滑石則產於本省，如諸暨縣之大山，湖州太湖附近山中均有之，（俗稱粉石）近來各香粉號之出品，亦有牙粉，雪花粉，爽身粉，洗面粉等種名稱，其形狀不外塊粉與散粉兩種，而塊粉有方形橢圓形（俗稱蛋兒粉）之別，現在杭州粉號約有六七家，以清河坊之孔鳳春營業最大，衆安橋之王樂春次之，鳳寶鳳林春等又次之，自新式花粧品盛行以來，香粉業遂年衰落，近年各家總貿易，不過十五六萬元，而孔鳳春約佔十分之五。

酒醬　釀造以醬油爲大宗，其原料用之黃荳，有自紹興餘姚等處輸入，亦有自上海運來者，每年做醬六七個月，清明節後預備釀造，至伏暑中略停數日，立秋後再行釀造，至霜降節止，冬季及春初全停，所釀醬油，有底油伏油雙雙套雙套三套套油頂油等各種名目，售賣用雙斤稱（三十二兩）現在杭垣城內外醬園約有十餘家，以永昌，恆泰，全茂，惟和，春和，鴻吉祥，同福泰，正興恆，羅永和等數家營業爲較大，每年釀豆約一千五六百石至二千石之間，貿易約在十萬元以上，其他各家均在十萬元以下，全年總貿易約有一百五六十萬元。

機織　機織一項，除綢緞外首推廠布，杭垣布業向稱發達，蓋金衢嚴一帶，需用布疋，皆須由杭州轉運而往，故共有布莊二十家上下，其中營業最大者，如高義泰沅利等，每年均有三四十萬之貿易，惟皆以推銷洋布呢絨估爲目的，而本廠所出之布，尚不及半數，現在杭垣共有布廠八九家，如華利，大生，洽義，振華，大豐，廣生，華孚，九華，日新，同盛等，以大豐廣生大生洽義華利五家爲較大，平均各有木機鐵木合製機約二百張，其他各家，自百家至數十張不等，所出貨品，有各色提花布條格布高布冲花呢冲嗶嘰冲蔴紗文法布等，銷路除本地外，以上江各屬爲多，各家每年出品，以大豐廣生大生三家爲較多，約各有二十萬元，洽義華利各十餘萬元，其他或五六萬元至七八萬元，總額約百餘萬元，織布男女工，共約二千餘人，以東陽籍爲最多，自三友實業社於十七年間將拱埠鼎新紗廠，價盤改爲織布廠後其範圍在浙省布廠爲最大，市上流行之二一二呢卽爲該廠出品之一種也。

蔴袋　杭州附近尚有一種蔴袋，出產亦頗著名，其產地爲喬司鎮，在杭垣東鄉，約三四十里，是項蔴布，其原料多係黃蔴，爲該鄉所產，織成之蔴布，爲包裹各種貨物之用，米店用之最多，現在經營其業者，其凌泰昌，久大，立昌，悅來昌等五六家，每家年產額約有二十萬疋。

針織業　如襪廠一項，杭垣現有二十餘家，規模較大者爲華隆，振興，明遠，物華四家，其他如裕和，華通泰，旭記，湯恭興，浙江婦女襪廠次之。織襪工人，多招收女工，入廠作工，放機出外者較少，工資亦係按打計算。其多少視針數之稀密，原料之粗細，與襪之長短大小而定。如萃隆等四家，平均每家各有襪機二百架上下。其他如華通泰等六七家，約各有七八十架，統計約近二千架，較之硤石平湖之針織事業，似尚不及，然華隆振興二家，各有電織機十餘架，出貨迅速精美，爲浙西各縣針織事業之特色。每年營業，萃隆振興等各有二十萬元，裕和等六七家，各有七八萬元，此外自數千元至三四萬元不等。統計全年貿易，約有二百萬元之譜，襪廠之外，尚有棉織廠二家，爲六一，大同，辛豐，其產品爲布疋汗衫俾領巾等項，六一廠之汗衫，出品最多，行銷甚廣。

肥皂　肥皂廠之分佈，遍於各省，卽就杭州而論，現有肥皂廠六家，雖不能稱爲發達，然已挽回不少利權。出品以普通洗濯用肥皂爲主，行銷省內各地，營業尚稱不惡。茲先就各該廠名稱，所在，資本，經理，技師，工人及等，分別摘錄於後。

(廠　名)	(經理姓名)	(資　本)	(性質)	(商標)	(技師)	(工人)	(地　址)
大利皂廠	葉鴻年	一二、〇〇〇元	合股	象	一人	十二人	雄鎮樓
豐和皂廠	董王齋	六、四〇〇	同		一人	四人	湖墅馬塍廟
振新皂廠	謝之謙	五、〇〇〇	獨資	[illegible]	一人	八人	缸兒巷
大興皂廠	李錦堂	一〇、〇〇〇	合股	雙獅	二人	十人	鳳山門外
東亞皂廠	王起强	九、〇〇〇	同	A亞	一人	十二人	鎮東樓
裕通源皂廠		五、〇〇〇	同	萬年青	一人	六人	菜市橋河下

上列各廠，均製造洗濯用肥皂，唯大興皂廠兼做透明肥皂，故有技師二人。各廠業戶不相上下，每家每年約有出品一萬六千箱。唯豐和裕通源二廠之規模略小。至製造肥皂之原料，不外油脂，曹達，食鹽數種。杭州皂廠所用之油脂，爲牛油，羊油，籽油三種，牛油來自上江，金華，衢州，每擔進價二十六元，羊油則出產於湖屬之雙林，菱湖，新市，烏鎮，及海甯，硤石，長安，石門等處，每擔售洋二十一元。籽油多來自上海，每擔十八兩二錢，洋鹹爲英商卜內門洋行出品，

每擔售銀十五兩七錢五分。泡花碱每磅規銀四分五厘。銷路除本地外，以錢塘江上游一帶爲多，全年約有三四十萬元之貿易。

（二）機械工業　杭州機械工業以新式繅絲織綢廠爲最著，而新式繅絲織綢廠，則以緯成，虎林二公司爲巨擘。分述其全盛時代之概況如下。

（甲）緯成公司　緯成公司係股份有限性質，其繅絲部份於民國三四年間成立，初辦時集資三十萬元，現已擴充資本至三百萬元。地址在杭垣下池塘巷，內設選繭剝繭各一處，烘繭室數間，繅絲工廠六處，返絲工廠三處，檢絲工廠，打包工廠各一處，原動力機器房一處，計馬力三千匹，日本式繅絲車三百餘部。再繅絲方法，係仿自日本，所出之絲，顏色品質頗佳，有頂號頭號兩種，其商標均爲鷲貓牌。另有緯成牌乾經一種，十四年因營業未能獲利，即行停止出品。該廠於全盛時繅絲部分，共有女工一千八上下，男工百餘人，其選繭剝繭繅絲返絲檢絲等工作，而以女工任之，烘繭打包等工作，以男工任之。每日工作自上午六時半起，至午後五時止，中間除膳息外，約每日工作十時許。女工工資之大者，每月可得十四五元，少者七八元，男工多者三四十元，（管理機器者），次亦二十元上下。每日產絲約三包，每包約重一百三十五磅，（每大包分十五小包，每小包一百零八兩），合華秤一百零一斤四兩。其織綢部分開辦尤早——民國元年，因營業逐年順利，廠中設有意匠室，紋彫室各一處，絡絲撚絲工場各二處，搖緯工場一處，手織工場五處，其原動力，內纅絲部分引擎所給，共有大小鐵機三百五六十台，撚絲合絲絡絲搖緯整經等機共七八十部，絡絲搖緯亦有用人工者，每機每日平均可出綢一丈以上，其出品有緞紗絹縐絨葛綾絹等類，皆冠以緯成兩字稱之，各項綢類，有純色，二閃，三閃，四閃，挖花之別，銷行全國及南洋羣島等處。惟自民國十六年以後，因受世界不景氣之打擊，銷路已大不如前，馴致債台高築，而不得不宣告停業，惜哉！

（乙）虎林公司　虎林公司，亦係股份有限性質，於民國二三年間創辦，地址在杭城蒲場巷，初僅資本五萬元，專事織綢，至民國八年，增資至四十萬元，兼營纅絲，設纅絲車五十二部，至近年復擴充資本至百萬元以上，增設纅絲車至二百零八部。有選繭剝繭工場各一處，纅絲工場二處，檢絲打包共一處，原動力，機器室，及鍋子間各一。其出品銷路，除供國內各綢廠新出品機織外，並銷於法國里昂，巴黎等處，商標爲松虎牌，在法國里昂，亦有人接洽售絲事宜，但現亦以辦理不善，已告破產。國外貿易，亦告中斷久矣。

(丙)其他　杭州新式繅絲織綢廠，除緯成虎林兩家以外，次之則有天章，慶成，日新，天章，大新，蔣廣昌，九成，悅昌文，夔章，文新恆，競新，隆華，大成，正豐，錦雲成，錦華，怡章鴻，恆彙吉，廣成，綺新，等等十餘家，亦均設有各項工場，大略與緯成虎林同，而規模未臻完備耳。其每年出品，雖不及緯成等之繁富，然每品營業多者，可達五六十萬元上下，天章，慶成，近來亦均設置力織工場，其力織機有美國及日本產者，蔣廣昌有手織機一百數十台，此數家之綢業，與緯成虎林有不同者，如緯成虎林均爲公司性質，慶成等數家，均係獨資經營，資本亦頗充足，而營業異常穩健，如有盈餘，逐年擴充，故將來發達，亦頗有望。至其他各廠，多係手織鐵機，每家自四五十台至八九十台不等。以上各大綢廠，每年營業實超越省城綢業總額之半，惜乎近來皆受世界潮流影響。一蹶不振，大有不堪回首之感矣。

此外尙有都錦生絲織廠一家，其所營業者爲一種特別美術品，專織各種西湖風景掛片，每年春季，中外人士來杭游覽者，均以其價廉，多樂購買，銷數亦頗不弱，其織法係以照相爲底稿，用意匠紙放大照繪，由紋紙踏成花孔，上機織出，仍與照相之原樣尺寸無異，該廠廠址初設西湖茅家埠，僅資本數千元，因生意盛，擴充甚速，現已設新廠於艮山門車站，各種織品，逐年擴充至數百種，銷路除國內各省外，並推行至南洋羣島，每年營業，多至百萬元，故該廠各項工場，近已逐漸設置，誠可謂絲織業中之別開生面者也。

市內機械工業，除新式繅絲織綢廠外，其餘鐵工，翻砂，造船，火柴，玻璃，製革，煉染印花，電鍍，碾米，製麵，榨油，製冰，印刷，建築材料等業，為便於省閱起見，各列表如下。

1 鐵工廠

(廠名)	(廠址)	(性質)	(資本額)	(經理姓名)	(工人數)	(全年營業額)
武林鐵工廠	刀茅巷	公司	十萬元	來秋乘	男一二三八	十二萬元
大冶鐵工廠	刀茅巷	公司	三萬元	趙君艾	男四〇 童一三	四萬元
大成鐵工廠	湖墅紅石板	合夥	一萬元	忻季稜	男五 童一六	一萬五千元
浙江五金鋼箴製造廠	東街	公司	七千七百五十元	丁德培	男一七 童二	二萬元

協昌機器廠	太平門直街	合夥	五千元	趙永發	男九 童二〇	二萬二千元
應振昌鐵工廠	清泰路	獨資	三千元	應芝庭	男二二	四萬元
立新機器廠	清泰路	合夥	三千元	吳春綠	男四 童五	六千元
鼎新鐵工廠	靈芝路	合夥	一千五百元	祝起鳳	男一一 童四	五千元
鎮昌鐵工廠	同春坊	獨資	一千五百元	陳元隆	男一八	——
楊聚興鐵工廠	太平橋直街	同上	一千元	楊鴻逵	男三	八百元
普飛機器廠	慶春門	同上	一千元	戚淩飛	男六	一千元
虎麟鐵工廠	大福清巷	同上	一千元	楊福松	男四 童四	六千元
隆昌鐵工廠	白馬廟前	同上	一千元	陳家春	男三 童四	二千元
邊聚興鐵工廠	東街	同上	七百元	邊一品	男三 童一	一千五百元
鐘大昌鐵工廠	太平門直街	同上	七百元	鐘慈坤	男三 童四	四千元

徐森泰鐵工廠	里仁坊	同上	五百元	徐慶榮	男三 童五	一千八百元
鐘大昌鐵工廠	官巷口	同上	五百元	鐘渭波	男六 童五	四千元
振業機器廠	察院前	同上	五百元	陳聚興	男四 童四	二千元
許福記鐵工廠	福聖廟巷	同上	五百元	許福生	男一 童二	一千元
劉六藝鐵工廠	東街	同上	五百元	劉世潮	男一 童一	四百元
長昌機器廠	接骨橋直街	同上	四百元	般興才	男三 童一	一千元
心化鐵工廠	東街	同上	四百元	壽玉生	男二 童三	一千二百元

2 翻砂業工廠

（廠名）	（廠址）	（性質）	（資本額）	（經理姓名）	（工人數）	（全年營業額）
永興翻河廠	章家橋石板巷	合夥	五千元	何成榮	男一〇人 童三	八千元

崙洲翻砂廠	候潮門直街	同上	二千元	强智仁	男二 童三	四千元
李福泰爐廠	鳳山門外直街	獨資	五百元	李海龍	男八	一千元
王順興爐廠	萬壽亭	同上	同上	王賢興	男二	五百元
德泰爐廠	湖墅木梳弄	同上	四百元	沈得有	男三	同上
顏景泰爐廠	萬壽亭	同上	同上	顏福順	男二	一千五百元
吳大房爐廠	天漢洲橋	同上	同上	吳學仁	同上	三百元

3 造船業工廠

(廠名)	(廠址)	(性質)	(資本額)	(經理姓名)	(工人數)	(全年營業額)
錢江公司船廠	閘口	公司	一萬元	鄭宜亭	男三〇人	二萬元
杭諸公司船廠	閘口六和塔	同上	五百元	俞襄周	男二〇	二千元
錢浦公司船廠	同上	同上	二百元	宋和卿	同上	二千元
振興公司船廠	同上	同上	二百元	裘錫九	同上	五百元

4 火柴業工廠

(廠名)	(廠址)	(性質)	(資本額)	(經理姓名)	(工人數)	(全年生產量)	(全年營業額)
光華火柴廠	江干海月橋	公司	五十萬元	趙選青	男三七〇人 女一〇六 童六〇	十八萬篗	八十萬元

5 玻璃業工廠

(廠名)	(廠址)	(性質)	(資本額)	(經理姓名)	(工人數)	(全年營業額)
仁和玻璃廠	六部橋直街	獨資	四千元	王松年	男三四人 童一六	五萬元

6 製革業工廠

(廠名)	(廠址)	(性質)	(資本額)	(經理姓名)	(工人數)	(全年生產量)	(全年營業額)
杭州皮革公司	清泰門外河下	公司	一萬元	湯擁伯	男一〇人	——	三萬元
武林皮革廠	清泰門外	獨資	二千元	施金鏞	男六	羊皮三千張 牛皮二百張	一萬元
萃隆皮廠	望江門直街	合夥	一千一百元	謝子祥	男一二	羊皮二千張 牛皮一千五百張	一萬七千元

華林製革廠	清泰門外	同	一千元	張渭川	男七	羊皮一千張 牛皮六百張	五千六百元
信昌皮革廠	下皮市巷	獨資	一千元	陳章達	男八	羊皮五千張 牛皮五十張	九千一百元
通益公製革廠	清泰門外 桃花弄	同	五百元	周繼成	男六	羊皮三百張 牛皮五百張	五千六百元

7 染煉印花業工廠

（廠名）	（廠址）	（性質）	（資本額）	（經理姓名）	（工人數）
公大染煉廠	東街王石巷	合夥	一萬元	張耀庭	男一二八 童四
大華染煉廠	三元坊	同	五千元	孫浩霖	男八 童六
九和染煉廠	通江橋河下	同	三千元	王炳謙	男八 童三
大章元染煉廠	御筆弄	同	同	馮延甫	男九
義大染煉廠	弼教坊	同	同	孫錦安	男三 童九
洪大染廠	潮鳴寺迴龍廟	同	二千六百元	陶思錦	男一四

全大染煉廠	官巷口	同	一千二百元	陶梅青	男一九
恆瑞昌染廠	登雲橋	獨資	一千元	金錦福	男一三 童二
協昌染廠	水師前硯瓦弄口	合夥	同	高錦榮	
華成洗染廠	新民路	獨資	四百元	金承炳	男二 童二
大華彰染廠	新民路	同	三百元	鄔枚臣	男二
慶成印花廠	柴木巷景嘉弄	合夥	五百元	童子良	男九 童二

8 電鍍業工廠

(廠名)	(廠址)	(性質)	(資本數)	(經理姓名)	(工人數)
同順鍍鎳廠	布市巷	合夥	一千元	曹雨齋	男二七人
衡昌文記電鍍廠	弼教坊	獨資	八百元	壽文效	男一五
同和電鍍廠	新宮橋直街	同	七百元	顧建高	男九

諸立大電鍍廠	同春坊	同	六百元	褚春林	男八
沈茂記電鍍廠	竹竿巷	同	五百元	潘志成	男二 童七
寅康拋鍍廠	羊壩頭	同	同	傅錦棠	男九

9 碾米業工廠

(廠名)	(廠址)	(性質)	(資本額)	(經理姓名)	(工人數)
正大碾米廠	湖墅珠兒潭	合夥	八千元	唐雄甫	男一八八
恆大碾米廠	湖墅珠兒潭	合夥	同	韓雨文	男二四
穗濟碾米廠	湖墅珠兒潭	同	同	樓浩堂	男七
萃亨碾米廠	新民路	同	六千元	來裕標	男五
裕泰碾米廠	湖墅珠兒潭	同	五千元	謝福山	男一五
萬泰碾米廠	湖墅珠兒潭	同	同	王蔭軒	男一二
鼎泰碾米廠	湖墅娑婆橋	同	同	楊思林	男一四

同裕碾米廠	湖墅娑婆橋	同	同	洪遇亭	男二七
同孚碾米廠	湖墅娑婆橋	同	同	顧延安	男一四
亨泰豐碾米廠	菜市橋直街	同	三千三百元	湯慶標	男八八
同源碾米廠	菜市橋直街	獨資	三千元	沈楚珩	男一〇
聚豐年碾米廠	菜市橋直街	合夥	同	葛安甫	男五
元潤碾米廠	湖墅倉基上	同	同	趙鎮齊	男六
永利公碾米廠	湖墅倉基上	同	同	陳望子	男五
誠濟碾米廠	湖墅左家橋	同	同	沈祖恩	男九
萬源碾米廠	湖墅左家橋	同	同	楊賡堂	男五
鄭德裕碾米廠	湖墅雙暉弄	獨資	同	鄭煥如	男一〇
愼泰碾米廠	湖墅娑婆橋	同	三千元	倪漢仟	同
隆泰碾米廠	湖墅娑婆橋	同	同	韓培貞	男九
永昌碾米廠	湖墅娑婆橋	同	同	沈佐臣	男一〇

公濟礱米廠	章家橋	同	同	李湯思	男九
董厚裕礱米廠	東街	同	同	董殿浩	男五
正和礱米廠	東街石板巷	同	同	李念慈	男三
大成礱米廠	新民路	同	同	黃勳	同
宏源礱米廠	武林門外青龍巷	同	同	倪鑫泉	男五
恆豐協礱米廠	拱埠杭州路	同	二千元	傅利書	男二
源大裕礱米廠	拱埠橋西街	獨資	同	胡餘慶	男四
豐禾礱米廠	候潮門外直街	合夥	同	許壽分	男一二
裕來仁礱米廠	大關紫荊街	同	同	傅賜福	男二
永源礱米廠	大關紫荊街	同	同	翁楊春	男一
泰豐礱米廠	大關康家橋	同	同	楊賡堂	男二
裕豐恆礱米廠	和合橋	同	同	周虹生	男五
仁康祥礱米廠	江干警署前	同	同	傅炳泉	男六

恆泰豐礱米廠	江干警署前	同	同	馮葆祥	男五
泰順礱米廠	化仙橋	獨資	同	陳耀堂	男三
公誠礱米廠	湖墅珠兒潭	合夥	一千八百元	林文藩	男六
敦泰礱米廠	新民路	獨資	一千六百元	陳　蒿	男三 童三
永豐祥礱米廠	湖墅賣魚橋	合夥	一千五百元	夏明章	男二
祥泰礱米廠	新民路	同	一千二百元	瞿恭生	男五 童二
穗生礱米廠	大關康家橋	獨資	一千元	朱維新	男三
通裕元礱米廠	大關明眞宮直街	同	同	朱葆玉	男四
通濟礱米廠	大關明眞宮直街	同	同	徐桂林	男三
裕和仁礱米廠	江干海月橋	合夥	八百元	來永章	男七
公益礱米廠	左家橋	獨資	——	連福祥	男一

10 機麵業工廠

(廠名)	(廠址)	(性質)	(資本額)	(經理姓名)	(工人數)	(全年生產量)	(全年出品總值)
頤新祥機麵廠	湖墅信義巷	合夥	二千元	徐槐林	男五人	四萬二千斤	五千元

高裕和機麵廠	龍興路	獨資	一千元	黃美炳	男七	十萬斤	一萬一千元
泰豐機麵廠	上倉橋	合夥	同	楊恆洲	男三	四萬八千斤	三千元
長益昌機麵廠	大關康家橋	同	同	唐立剛	男五	八萬斤	七千元
振新機麵廠	江干海月橋	獨資	同	湯月華	男三	九萬六千斤	七千二百元
新益泰機麵廠	湖墅倉基上	合夥	同	周長命	男四	六萬五千斤	七千五百元
公和機麵廠	候潮門外直街	同	七百元	郭霞林	男二	四千八百斤	三百八十元
廣濟機麵廠	貫橋直街	獨資	五百元	蔣春泉	男一	一萬二千斤	一千元
順和機麵廠	江干警署前	合夥	四百元	陳友蘭	男二	三千斤	二百四十元
義和機麵廠	慶春門直街	獨資	同	陳久鄉	男二 童一	一萬五千斤	一千五百元
德和機麵廠	東街	同	同	黃楨祥	男一	二萬八千斤	二千四百元
源興機麵廠	藩署前	同	同	任曹爍	男二	二萬斤	二千元
義豐機麵廠	同春坊	同	三百元	楊吉甫	同	三萬二千斤	二千元
萬康機麵廠	南星橋	同	同	韓永康	同	七千斤	六百元

廣昌機麵廠	福星廟巷	同	一百元	蔣家水	男一	六千斤	五百元

11 榨油業工廠

(廠名)	(廠址)	(性質)	(資本額)	(經理姓名)	(工人數)
德隆打油廠	覓橋橫塘	合夥	五千元	徐伯濤	男三〇人

12 製冰業工廠

(廠名)	(廠址)	(性質)	(資本額)	(經理姓名)	(工人數)	(全年生產量)	(全年出品總值)
西冷冰廠	武林門外混堂橋	公司	三萬元	盧素晴	男一〇八	一千噸	一萬二千元
潤源冰廠	望江門外泗板橋	合夥	一千元	陳祿	男四	一千四百担	一千元
和記冰廠	望江門外大通橋	同	同	朱佑福	男五	一千担	八百元
麗生冰廠	閘口	獨資	五百元	朱阿元	男五	一千二百担	九百元

13 印刷工業廠

(廠名)	(廠址)	(性質)	(資本數)	(經理姓名)	(工人數)
浙江印刷公司	青年路羊血弄	公司	二萬元	馮季銘	男五九人

弘文印書局	金波橋	獨資	二萬元	許之敬	男八 童二
新新印刷公司	官巷口	公司	一萬五千元	金慕賢	男六〇
長興印刷局	開元路	合夥	四千元	董襄唐	男四二
彩華石印局	珠寶巷	同	三千五百元	楊越軒	男一〇 童二
光華印刷局	清河坊	同	三千二百元	陳五燦	男一〇 童三
競新印刷局	許衙路	獨資	二千八百元	鄭聖賡	男八 童五
之江印刷局	南星橋	同	二千元	董嘉福	男三
溥利印刷局	城站横骨牌弄	同	一千八百元	徐翔生	男一五
大東印務局	上珠寶巷	同	九百元	曹錦水	男五 童二
杭州印刷局	太平坊	合夥	五百元	楊越軒	男二〇
長長印局	柳翠井巷	獨資	四百五十元	趙長庚	男二
大中印刷局	青年路	同	四百元	唐松聲	男五 童一

元元印局	延齡路	同	同	李叔平	男三 童二
凌昌明印局	迎紫路	同	三百元	凌龠甫	男二 童一
新華印局	下板兒巷	同	同	趙東昇	男四
美昇石印局	焦棋干	同	二百八十元	王鵬九	男二 童一
日新印局	新民路	同	二百元	王廷獻	男三 童一
太陽印局	同	同	同	朱壽康	男四
東亞印局	湖墅左家橋	同	同	江子文	男一 童二
宜興印局	城站靈芝路	同	一百元	忻一枝	男一
華興石印局	官巷口	合夥	一萬一千元	聞讓臯	男五四

14 建築材料業工廠

(廠名)(廠址)(性質)(資本額)(經理姓名)(工人數)(全年生產量)(全年生產總值)

信興石子廠	江干裏包山	公司	二萬元	柴友生	男五〇人	石子二萬四千噸	三萬六千元
錢大興第二石灰廠	拱埠安甯橋	獨資	二千元	錢殿英	男一〇	石灰八千担	五千一百元
協昌瓦筒廠	祖廟巷	合夥	同	周翼成	男八		六千元
合豐瓦筒廠	枝頭巷	同	一千三百元	李佐卿	男一〇		五千元
許天順瓦筒廠	東浣紗路鴻福里	獨資	五百元	陳志高	男三 童一		一千五百元
鼎新瓦筒廠	東浣紗路	合夥	同	何寶珊	男七		五百元

八　商業

杭州市商業，約可分爲二十三類，凡九千八百餘家，人數約共七萬有餘，資本總額計有四千四百餘萬元，其中以金融業爲最巨，次燃料業，次飲食業，次染織業，次交通業，其分配情形如下

（業　別）	（職工人數）	（商店數）	（資本總數）

金融業	二、七五八人	一〇九戶	三〇、四五一、〇五〇元
燃料業	四、六六三	三七一	三、三八〇、九九八
飲食業	二二、九八九	二、九四五	二、七〇八、六三五
染織業	五、一六六	二、三九〇	二、〇〇七、七五〇
交通業	三、〇九五	五九五	一、三二一、二一〇
綢布業	二、九五一	二八三	八九二、四四〇
日用業	七、四七四	五二〇	五三三、二六一
衣著業	五、九三二	四四六	五一四、四四二
客棧業	二、〇五三	一七〇	四三二、〇一〇
儀器業	二、二六七	二三九	四〇二、九〇六
雜貨業	三、八七四	五三四	三八四、三九〇
醫藥業	二、一二六	二〇一	三五三、七〇〇

建築業	二、六一一	二二六	三四二、九〇〇
金銀業	九九四	五二	二一三、五三二
壽冥業	二、九一一	二六〇	一六四、七八五
藝術業	一、六四四	一三九	一〇四、三二五
美術業	九九七	一四八	八二、六二〇
妝飾業	四三四	一一五	五九、七三〇
農牧業	一、五〇八	四六	四八、八八八
包裝業	六五三	二八	二一、二二〇
遊藝業	三三一	一四	一〇、四〇〇
神塑業	一四三	一一	六、〇〇六
介紹業	八八	三五	七二〇
合計	七六、三一二人	九、八七七戶	四四、四三七、九一八元

杭市商店中以前最出名者，有五杭四昌，所謂五杭，即前於工業節中所述之杭扇，杭綫，杭粉，杭烟，杭剪，現在五杭之中，杭綫，杭粉，杭烟，杭剪四種，已均因社會風尚改移，銷路大不如前，惟杭扇尚能維持舊狀，至四昌，乃四大南貨商店，現僅胡恆昌一家，嶄然獨存，但其每年營業，則遠不如方裕和也，茲再將各業著名商店，撮錄如下

（業別）	（最早創立之商號）	（現在著名之商號）
綢　莊	蔣廣昌綢莊前清咸豐年間	恆豐綢莊，大經綢莊，
綢　廠	怡章鴻綢廠前清光緒年間	天章綢廠，慶成綢廠，
布　廠	振華布廠民國二年一月	永新布廠，
襪　廠	振興襪廠民國元年	裕生襪廠，
製冰廠	和記冰廠民國六年十月	西冷冰廠，
南北貨	胡恆昌南貨店前清道光年間	方裕和，德昌，益昌．
米　店	曹恆盛米店前清咸豐年間	
醬　園	廣義醬園前清嘉慶元年三月	景陽觀，惟和，朱恆昇，

茶葉	翁隆盛茶葉店前清同治甲子年	方正大，
烟店	恆茂烟店前清光緒十年	宓大昌，陳四豐，南洋及華成烟公司，
木行	聚茂木行前清同治三年	
旅館	同昇客棧前清同治三年	西泠飯店，新新旅館，西湖飯店，
中藥	葉種德堂藥店前清嘉慶年間	胡慶餘堂，
輪船	招商局前清光緒二十八年十月	錢江公司，振興公司，
汽車	杭餘汽車公司民國十一年	公路局
銀行	浙江興業銀行前清光緒三十三年九月九日	中央，中國，交通，儲蓄，地方，
錢莊	永裕錢莊前清光緒二十一年	惟康，泰生，
典當	春和典當前清同治六年	裕隆，
鐵工	立新鐵工廠民國六年	武林鐵工廠，
銀樓	九華銀樓前清乾隆初年	乾源，義源，信源，
木梳	王老娘康記木梳店前清光緒年間	

扇　店　舒蓮記扇莊前清同治四年　王星記

香　粉　孔鳳春香粉店前清同治元年三月十六日

剪　刀　張小泉近記剪刀店明朝崇禎年間

紙　傘　小禪堂紙傘店前清同治八年　孫源興，五卅國貨社，

其　他　徐龍浦過塘行明萬曆年間

此外杭州市尚有特種商業三種，一、繭市，二、茶市，三、米市，分述如下。

(一)繭市

浙西產繭，本負盛名，杭市一隅，除城區及江干外，其他如皋塘西湖會堡湖墅各農業區，繭產量亦尚可觀，大約如下

(區別)	(蠶戶)	(繭產量)
西湖區	八六二戶	一〇三、四四〇斤
湖墅區	二、五七八	二八三、三〇〇

皋塘區	八、五六七	一、五〇〇、一八〇
會堡區	三二四	二八、〇二〇
合計	一二、三三一戶	一、九一四、九四〇斤

杭州繭市以四五月爲最盛，每屆此時，繭行林立，有係由本地絲綢廠設立者，亦有來自上海無錫等埠者，全盛時期多至二十餘家，其行名如下

(行名)	(地址)	(經理姓名)	(開設年月)	(性質)	(備考)
緯成	下池塘巷	朱謀先	七年四月	公司	自用繅絲
裕綸	謝村	朱謀先	九年七月	公司	同上
源大	三堡	顧伯彝	十一年	獨資	
正大	嚴衙街	同上	十七年四月	合夥	運往上海
天章	三角蕩	余廬笙	十年	獨資	自用繅絲
永大	望江門外	同上	十九年	獨資	同上

慶成	普安街	徐禮耕	十五年四月	獨資	同上
源和	艮山門外	謝月卿	十六年五月	合夥	運往上海
嘉成	拱埠	沈達嗣	十三年四月	合夥	同上
大豐	明眞宮前	唐釋如	二年四月	合夥	同上
九豐	大關	同上	十七年四月	合夥	同上
天豐	倉基上	唐國卿			
鑫昌	茶湯橋	陸鑫波	十九年五月	合夥	同上
洽安	拱埠	同上	十四年	獨資	同上
會陽	拱埠	姚退安		合夥	
大綸	筧橋	夏松壽	十九年五月	合夥	
通裕	茶湯橋	張旭人		合夥	
吉祥	拱埠	劉虞卿	十四年	合夥	同上
同豐	同上	同上	七年		同上

昌綸	同上	張錫申	十五年	合夥	
共益	同上	同上	十五年	合夥	
德昌	筧橋	夏通夫	十九年五月	合夥	
瑞豐新	拱埠	謝月卿	十三年	合夥	
怡和	同上			英商	同上
寶泰	同上	汪伯屏	三年	合夥	同上
泰豐	同上	傅瑞和			
海昌	同上			合夥	同上
華盛	七堡	沈品堂	十九年五月	合夥	同上

全市繭產量，在民國十七年，本有二萬六千餘担，惟近年因育蠶時，天氣不正，一般蠶戶，多無完善設備，致產量有減無增，茲再列近五年繭產量比較表於下，以覘一斑。

（年別）	（生產量）	（百分比）
十七年	二萬六千餘担	一〇、〇%

十八年　一萬九千餘担　七二、〇%
十九年　一萬七千餘担　六五、〇%
二十年　一萬七千餘担　六五、〇%
二十一年　一萬二千餘担　六三、〇%

至杭市繭價歷年平均每斤本均在五角以上，但本年以受暴日無故摧殘滬瀆之影響，絲銷一蹶不振，致繭行開市者寥寥，據實地調查，平均繭價，每斤只一角七八分，實爲十數年來未有之低價，蠶戶損失，不堪言狀，誠社會經濟之一大隱憂也。

(二)茶市　杭州市茶葉，以西湖龍井聞名，而尤以獅峯爲著，次則雲棲虎跑，亦負盛名，故有獅龍雲虎之號，具色香味之美，惜產量有限，供不敷求，凡獅龍雲虎，皆以產地著名，然此外西湖諸山，如天馬山，棋盤山，翁家山，楊梅嶺，月輪山，滿覺隴，及九溪十八澗一帶，均爲著名產茶之地，採茶之時期，與茶之品質，有密切之關係，杭俗有頭春茶，二春茶，三春茶，四春茶之稱，卽依採摘時期先後而分者也，頭春茶之採摘，在清明節，一名明前，氣味清香，品質最優，二春茶之產期，在穀雨，故亦稱雨前，葉片柔嫩，品質頗佳，三春茶在立夏採摘，葉大而軟，尙不失爲上品，四春茶產期約在三春茶一月之後，品質較次，前列二種，屬於春茶，後者二種，皆爲夏茶，茶葉因形色及厚嫩上之不同，又有蓮心，旗鎗，芽雀，梗片之分，此其大略也，杭州茶葉，多種植於山麓砂土，蓋土壤氣候，均適合茶之生長，而尤以高山爲佳，蓋得雲霧間清氣，甘洌可口，至於平原之地，則藝茶極少，至於栽培方法，非常幼稚，製造手續，悉循舊規，產量之不能增加，成本之無從減輕，卽此故也，至於茶之製造方法，十分簡單，將新採茶葉，放在竹篩上，揀去芥蒂枯葉，然後移入蒸籠，在適當溫度，蒸三四十秒鐘，取出扇冷，放在鍋中，用手炒之，隨焙隨捻，待水分將盡，葉色未變黑時，急行撥出，待冷再焙，俟葉之顏色轉黑綠色，乃以文火烘乾之，新採茶葉，必須當天製造，否則色香味皆變。

查杭州市爲浙省茶葉貿易市場之一，本省所產茶葉，固多由此銷售或出口，卽著名之徽州茶，亦多由此轉運出口，均在茶業貿易上，亦佔一重要地位，其所銷茶業，除本市所產及杭，湖，金嚴等屬所產之外，安徽江西福建等省之紅綠茶葉，亦爲大宗之來源，每年銷售數量，除徽茶經過本市，直接運滬出洋不計外，每年銷費量，約在十二萬擔以上，値銀約三百萬元左右，其中茶行貿易之數約占十分之八，計十萬担，値銀二百餘萬茶葉店貿易約二萬担，値銀百餘萬元，茶葉店之銷路，全恃香汛，每屆春秋佳日，蘇滬香客之來杭者，必購之以爲餽贈禮物，玆錄最近六年杭州市茶葉之產量，及躉售價格比數，及杭州市茶葉行表於下。

最近六年杭州市茶葉產量及躉售價格比較表

(年別)	(產量)	(平均每担)	(每斤最高價)	(最低價)	(總值)
民國十五年	六〇〇担	五五元	一六、〇〇元	〇、四〇元	四萬餘元
十六年	五二〇担	五〇元	一六、〇〇元	〇、三七元	三萬餘元
十七年	五五〇擔	五二元	一六、〇〇元	〇、三八元	三萬餘元
十八年	五〇〇担	五四元	一六、〇〇元	〇、三九元	三萬餘元
十九年	六〇〇担	五五元	一六、〇〇元	〇、四〇元	四萬餘元
二十年	五四〇担	五五元	一六、〇〇元	〇、四〇元	三萬餘元

（註）上述產量僅以杭州市區爲限

杭州市茶葉行一覽表

(行名)	(經理姓名)	(地址)	(性質)

永大	王炎村	候潮門外	獨資
全泰昌	方冠三	候潮門外	合夥
裕泰	馮子嚴	候潮門外	獨資
寶泰	方甸農	候潮門外	合夥
公順	楊卓庵	江干	合夥
莊源順	莊筱橋	候潮門外	獨資
源記	莫五臣	候潮門外	合夥
隆記興	貝鴻儒	候潮門外	合夥
同春	吳達甫	候潮門外	合夥
應公興	應寶昌	楊梅嶺	獨資
沈榮楨	沈桐伯	下滿覺隴	獨資
吳欽記	吳耀昌	茅家埠	獨資
鼎豐	戚元甫	龍井	獨資

翁念慈　翁家山　獨資
威阿喜　龍井　獨資
翁啓隆　翁健行　翁家山　獨資
龍章
翁月龍

(三)米市

杭州米市在北郭湖墅，其地土名珠兒潭，爲歷史上有名之米市，凡沿運河而來之米船皆歸之，在交易未成之前，多停泊於大關一帶，由接關者導至珠兒潭，停泊河心，一經成交，則在米行碼頭起卸，惟上海來之西貢大絞小絞等洋米，多由火車裝運，在客家之指定地點卸貨，米市之最旺時期，厥惟冬季新穀登場之際，各地米船絡繹不絕，每日平均到貨，約七八十船，每船裝米自百担至二三百担，其中首推嘉屬之嘉興，海鹽，崇德，桐鄉，約有三十萬担，次之則爲湖屬之吳興，長興，約有二十萬担，又次則爲安徽之巢湖，蕪湖，廣德，江西之九江，修水，銅鼓，及江蘇之常州，無錫，蘇州，松江，溧陽，宜興等處，皖省之米，多由廣德輸入，以長興泗安爲薈集之所，故俗稱泗安米，至於九江蕪湖之米，最先集中於無錫，更由無錫會江蘇之米，而聚於吳興之南潯，故亦稱南潯米，每年泗安米輸入杭州者，約二十萬担，南潯米約五十萬担，湖市米行之營業，以客米爲限，全年經手食米，約一百餘萬石，內中約七十餘萬担，供給杭州米店，三十餘萬担，銷售紹屬各縣，各處米船到湖墅後，卽有形似掮客之商人，（俗呼小買手，其人曾在米行服務，對於各路米客，認識頗多），向之接洽，隨取樣米數包，寫明船戶及米客至各米行兜銷，擇其出價最高者，作非正式之談判，（其時賣買二方，皆未會面，完全由小買手作主，）若得米行同意，乃據樣赴河埠看貨，並以扦子隨打樣米數包，（俗呼打大樣），陳列樣台，以備米店選購，一面由米行向米店攬售，如雙方同意，正式論價，小買手與米行，皆列於介紹人之地位，但小買手無須資本，不負責任，米則則代米店墊款，故負担頗大，價旣議定，卽算成交，隨書成票斛票，一切不得更改，如買客欲赴米船斛貨時，須先通知米行，然後邀集雙方關係人，率領督斛，斛夫，脚夫，駁船夫等，至河埠斛貨，（湖墅斛通行之斛，每斗計一百零六合，俗稱墅斛），斛貨旣畢，米店或雇小船，或用汽車，將貨出清，自湖墅運至城內，至於一切雜費，在米客方面，祇要每船送給脚夫食米一斗至三斗，以作酬勞，俗呼脚踏米，其餘斛撈紮駁四項，每担共計大洋四分二厘，槪歸米店負担，米客旣將米售脫，隨向米行結算賬目，一律以現金付淸，決不能拖欠分文，因米店與米行，關係較深，故貨款皆由米行代墊，惟米店於出貨後五天，須將欠款出立票據，至多以十五天爲期，米行規定於每旬五十兩天，向米店收款，小買手並不設立商號，對於收取佣金，亦無規定，大概每担約大洋二三分，隨米客獲利之多寡而增減，至於米行之佣金，每担以大洋二角五分計算，米客方面，每担一角，但可不必招待，米店方面，每担一角五分，須供給膳食，同時米行劃分每担二分之回佣於米店之夥友，作為陋規，查湖墅米行，共分大袋行小袋行二種，大袋行之營業，以本城為主，小袋行則專做紹屬，前者之資本較大，每家約二三萬元，後者範圍較小，其資本皆在一元萬之間，湖墅米行之歷史最久者，為正大米行，成立於洪楊之前數十年來，屹然存在，次之為裕泰米行，其餘米行，歷史較短，聞其股東經理，大半皆屬正大裕泰之夥友，至湖墅之米客，大概可分巢湖幫，蕪湖幫，無錫幫，宜興幫，而以巢湖幫為最大，然無論何幫，凡運米至湖墅者，皆派夥友隨船護送，本人不必親到，蓋湖墅米行，對於米客貨欵，向不拖欠，一經成交，當以現金付清，有時貨尚未售，米商急於需欵，米行亦允代墊，自有銀行以來可以隨時代向銀行押欵，金融尤為便利，且米行對於米客，售貨後出立行票，凡數量價格，一一據實載明，决無通同舞弊之事，故米客對於夥友，無被欺詐蒙蔽之虞，對於米行，亦不致有欠款倒帳之憂，故信用日著，茲將湖墅米行名稱，及其所在，列表於後。

一、大袋行　　二、小袋行

（米行牌號）	（開設所在）	（米行牌號）	（開設所在）
正大米行	湖墅珠兒潭	裕泰行	湖墅珠兒潭
恆大米行	同	萬泰米行	同
同裕米行	湖墅娑婆橋	公誠米行	同
同孚米行	同	慎泰米行	湖墅娑婆橋
鼎泰米行	同	萬豐米行	同
誠昌米行	湖墅珠兒潭	通濟米行	湖墅大關
隆泰米行	同		
永豐米行	同		

湖墅米價之高低，隨到貨之淡旺及底貨之多寡，與天時之變化而定，然每日皆有到貨，情形亦逐日不同，在米行方面，因受米店之囑託，不得不設法收買，在客商方面，則無本希望善價而沽，故米行所出之價，各家徵有出入，但市區各米店售米大盤，皆隨米價評議會議決之價格而定，米價評議會，由市政府召集米行米店之代表，聯合黨部公安局之出席委員，於每星期三開會一次，

根據各方報告供求之情形，而定米價之上下，作爲一星期中米價之標準。

民國元年起至民國二十年止歷年杭州市粳米其平均米價如下

(年　別)	(全年平均價) 元	(比價)(以民國十五年爲標準)
民國元年	七、一〇	五八
民國二年	六、五五	五四
民國三年	六、〇〇	四九
民國四年	六、七〇	五五
民國五年	六、〇〇	四九
民國六年	五、四〇	四四
民國七年	五、五〇	四五
民國八年	六、〇五	五〇
民國九年	七、八一	六四
民國十年	八、一八	六七

民國十一年	九、三八	七七
民國十二年	九、四六	七八
民國十三年	九、二〇	七四
民國十四年	九、八〇	八〇
民國十五年	一二、一八	一〇〇
民國十六年	一二、一八	一〇〇
民國十七年	一〇、〇三	八二
民國十八年	一一、九三	九八
民國十九年	一三、三九	一〇九
民國二十年	一二、〇〇	一〇一

九　農村經濟

據市政府及民政廳土地測丈隊之調查，杭州全市，計劃分為十三區，惟城區及湖濱江干，均係工商薈萃之地，其有農民居住有田地可耕種者，不過西湖，湖墅，皐塘，會堡四區而已，該四區合計有田三萬八千七百零八畝，地九萬三千五百三十九畝，蕩六千二百念二畝，荒八千一百八十六畝，田以湖墅區爲最多，佔一萬八千二百八十七畝，西湖區次之，佔一萬二千零念畝，地則以皐塘區爲最多，佔六萬五千三百二十畝，會堡區次之，佔一萬三千九百八十畝，蕩則湖墅區佔二千六百八十四畝，皐塘區佔二千四百七十畝，荒則西湖區佔六千五百四十畝，湖墅區佔一千三百七十六畝，山則祇有西湖區之二十萬六百三十畝，四區之田地山蕩荒，共計十六萬七千二百八十四畝。

四區中之農地產價，以西湖區爲最高，凡該區之圃，林地，場地，每畝最高價約三百元，最低價爲三十元，每畝平均價爲一百六十五元，田每畝之最高價一百二十元，最低價三十元，每畝平均價七十五元，池塘每畝最高價爲八十元，土山六十元，最低價均爲三十元，草地每畝最高價爲五十元，荒山三十元，最低價均爲二十元，至於石山，則每畝最高價爲二十元，最低價八元而已，會堡區之田，場地之地價，與西湖區相仿，圃之每畝最高價爲一百六十元，最低價爲六元，池塘之每畝最高價爲六十元，最低價三十元，荒地每畝最高價三十元，最低價十元，湖墅區之田價，在芳元村及附近之三十村，每畝自二十元至一百十元，芳林村及附近之三十二村，每畝自四十元至一百元，城北里及附近十六村，每畝自三十元至八十元，城北里及附近十六村，每畝自五十元至八十元，臯塘區之田價，在東臯及附近二十二村，每畝自三十元至八十元，臨臯區及附近六十三村，每畝自二十元至六十元，北沙村及附近四村，每畝自十元至三十元，筧塘里及附近六村每畝自四十元至七十元。

杭州耕種之地，已如上述，近城之地，如清泰門外艮山門外一帶，類多栽植菜蔬，據客歲之統計，全年蔬菜產額，計二十三萬三百三十三担，價值六十九萬九百九十九元，其離城較遠之地，則多植桑麻棉花，計每年桑葉產額爲二十五萬零二十二担，價值五十萬零四十四元，麻二萬二千六百四十四担，價值二十二萬六千四百四十元，棉一萬九千一百六十四担，價值十九萬一千六百四十元，池塘中之魚產爲二萬八千四百六十二担，價值百十八萬四千六百二十元，各山之茶葉六百担，價值三萬八千餘元，米之收獲，則全市產額僅四萬零八百九十二担，而欲供給五十餘萬八之食粮，當然不足，自不得不由外埠運入矣。(參觀上節)此外尚有藥材，筍菱之屬，出產亦富，每年出產藥材——一七六四〇担，值三十五萬餘元，筍——六二〇七担，值一萬八千餘元，麥

——六八一担，值二千餘元，蓮藕——五五六担，值三萬八千元，荸薺——八〇二〇八担，值十六萬元，玫瑰花——三六二担，值六千餘元，惟其產地則偏於筧橋一帶，現仍劃入杭縣範圍。

全市計農家一萬六千八百十八戶，農民六萬四千八百三十二人，計男三萬四千六百三十五人，女三萬零一百九十六人，湖墅臯塘兩區，離城較遠，其農民生活，與內地鄉村無殊，茲就離城近者之會堡西湖兩區約略述之，會堡區計農家四千零八十九戶，一萬九千七百十七人，以戶籍分析之，則原籍爲杭屬者一千八百十二戶，其餘各舊府屬之居民均有，以紹屬爲最多，計二千零九十九戶，蘇，皖，贛，魯，閩，豫，川等外省人計六十八戶，內自耕農五百三十七人，其耕地之最多者，一戶爲十六畝，最少者爲三畝，每戶平均數爲十畝八升，半自耕農四百九十戶，其耕地最多者，每戶爲三十六畝，最少者五畝，每戶平均數爲三畝一升，佃農一千零三十三戶，其耕地最多者，一戶爲二十五畝，最少者一畝，每戶平均八畝三升，餘則爲兼耕農五十三戶農業勞農者（雇農）二八九戶，兼農業勞動者一千四百九十八戶，另則爲商鋪與公共機關，該區出租之田計三百六十二畝，圃八千九百四十六畝，連池塘，場地，荒地等共一萬零四十畝全區米之栽培面積爲六百二十畝，每畝最高產量一，五担，最低產量〇、六担，平均每畝一担，每戶一年之飲食，被服，社交諸費，平均爲二百九十七元，而米之平均價爲每担十元，佃農每戶平均耕田八畝餘，農業勞動者，男女工每日均工作十小時以上，男工平均日工工資三角三分，平均月工工資五元，平均年工工資四十六元，女工則月得工資一元五角，生活之難以維持，可想而知，故負債農戶，達一千四百零九家，其負債方法，約有四種。

一、信用借款——向同村農民之有積蓄者，商借小額款項，多用此法，利息按月約自一分六釐至二分。

二、抵押——平時信用薄弱，或數額較大，必須將田地房契，或收獲物，抵押於人，利息與信用同。

三、作會——均由農民自行集合，每年三轉或二轉爲多，其利率各不相同，均照陳法計算。

四、典質——時期限于十八個月，惟以衣物爲限，月利二分起碼。

職是之故，生活拮据，遂無力於送子弟入學，故查全區受高等教育者僅三人，受中等教育者五人，受初等教育者一千一百七十六人，（男七百零五人，女三十四人，老一人，兒童四百二十七人，合計一一八四人，）未受教育者有一萬八千五百三十三人。

又附郭農家，大多兼營副業，其在男子方面，計有養蠶，出短，撐船，撐木排，作行販，捕魚，排肥等事，在女子方面，則有摹紙，錠作，柴販，植茶葉，作洋襪，湯竹箸等事，每日工資男工平均約三角左右，每月約五元左右，女工則更低云。

十　公用事業

杭州市公用事業，濫觴於清光緒三十二年，初用磁石式電話，其後遂有大有利電燈公司繼起開業，本市遂有電燈，至去年十月市政府辦理之自來水亦告完工，以供給本市人民之飲水及消防之用，而杭州市之公用事業，始規模大具，玆分述其情形如下。

一、電話

杭市電話剏業於清光緒三十二年，其初係公司性質，由鐵路公司剏辦，地點在方谷園，設百門交換機一座，裝者三十餘處，翌年，改歸官辦，將局址遷至藩台衙門外，用戶漸多，遂添裝百門交換機一座，並設南分局二十五門，北分局五十門，宣統元年，改爲官商合辦，規定資本十萬元，官商各半，續添百門交換機兩座，宣統三年局址遷至上華光巷，添裝百門交換機一座，而將南北兩分局撤消，此時共有用戶三百餘家，民國二年官股退出，改爲完全商辦，續招資本十萬元，新裝西門子交換機十座，計一、二〇〇門，用戶約有五百餘家，嗣後營業日見發達，民國七年，添設北分公司二百門於湖墅賓慶橋，十二年設南分公司二百門於江干洋泮橋，十三年設東分公司四百門於忠清巷，十四年設西分公司五百門於新市場，是時全公司共有交換機二十四座，容量二、五〇〇門，用戶一千六百餘家，營業狀況甚佳，爲電話公司最盛時期，而公司王經理竹齋之擘畫經營，實與有力也，及至民國十六年，因政局關係，用戶驟然減少二百餘家，而公司之支出則反而倍增，其營業狀況，遂一蹶不振，其後民國十七十八兩年，用戶雖增加三百餘戶，然元氣已傷，負債日大，兼之機線漸舊，維持困難，省政府遂於民國十八年終收回，令歸併省電話局辦理，該局接收後，該公司原有債負十餘萬元及資本之七成計十四萬元，統由該局分期撥還，一方面即計劃改裝自動電話，於九月間與中國電氣公司訂立承辦機器合同，十九年二月又派總工程師周玉赴比國監造，二十年六月惠興路新建機房竣工，十一月拱宸橋分局新機房竣工，各機房均係於竣工月即着手裝機，故至本年三月終得以全部落成，通話無阻，計前後經過凡二年又五月，所有經費支出及負債部份節錄如下，(甲)已付之部，如(一)自働機器，六二、九六八、七九，(二)長途自動交換台機件坤一九、七〇三、五〇，㈢自動機進口關稅，一〇九、五二二、五七，㈣機件保險費裝送費運費五、五〇四、八七，㈤房屋地價二五、三五二、〇〇，㈥機房建築費，八七、五一三、五一三、〇〇，㈦機房間調氣設備費二二、七九四、五六，㈧內部裝修六、七二八、一六，㈨地下電線放置二一、四八一、二三，㈩工具及材料一六、九〇八、六六，（十一）放置架空線及話機裝置費二八、四五六、四二，（十二）籌備費二九、二九五、〇八，總計四三六、二二八、八四，㈡負債之部，㈠自動機器，一、二二〇、七四九、三六，㈡長途自動交換台機件五五、二九六、五〇，㈢市分局股本股息一二五、七二〇、〇〇，總計一、四〇一、七六五、八六，以上兩共合計一、四二七、九九四、七〇，查杭州市電話用戶，近三年每年可增加一百五十戶以上，現在自動電話落成，此後每年用戶增加之數，或當更多，惟自今年起，話費視前加增，甚多，此則爲當局者所應注意者。

二、電氣

杭州電廠，創始於淸宣統二年，本爲商辦，名曰大有利電燈公司，旋改稱電業公司，其資本當始創時，只十二萬元，歷次增加，直至二百萬元，內官股四分之一，商股四分之三，民國十八年五月，由省政府建設廳派員接收，定名曰杭州電廠，經積極整理，營業擴充，其電燈戶數，由一四，二二七戶，（十八年五月）增至二〇，六七九戶（二十年四月），電力馬力數，由二、六七七戶，增至四、六九〇戶營業幾增一倍，二十年五月，省政府與上海企信銀團訂立合同，始委任銀團經營，以三百萬元爲資本總額，又十九年間前浙江省電氣局，有電氣網之計劃，乃擇定閘口水澄橋，爲建立新廠地址，以一萬五千基羅華特爲總容量，現已建設完成，其將來杭市電氣事業，當可更卜便利，其有助於工業之發展，社會之改良，影響至非淺也，茲再略述該廠之內容如下。

組織　杭州電廠，爲公營事業，由國民政府建設委員會，承認資本四分之一，浙江省政府，承認四分之三，現已委任上海企信銀團經營，由浙江省建設廳監督，廠務由正副經理各一人綜理之，其下設總務，業務，用戶，會計，電務，機務，擴充七課，現時發電廠，計有二所，一在城內中板兒巷，一在艮山門外，共有推手發電機五座，總發電量六千五百基羅華特，以四千八百爲常用量，一千七百爲預備量，共有鍋爐十一座，饋電設置，則有方棚一百〇九處，電力一〇一三〇啓羅伏而脫安配，桿木一〇二一二株，線路——三五九、五四一一公里。

發電　杭州電廠以交流三相五十週波，二百二十伏而次（或三百八十電力之部分用之），之電氣方式，供給市民用電，其服務分電燈，電力，電熱三項，燈每基羅華特小時，取費大洋二角，電熱每基羅華特小時，取費五分，電力則視每馬力每月用電之多少而定，價格最高爲六分四厘，最低爲四分，全市路燈，現達四千二百九十七盞，皆由電廠無償供電

員工狀況　杭州電廠，現共有員工三百七十七人，其待遇情形，有如下表。

（名稱）	（數額）	（薪給）（最高額）	（最低額）
職員	一百四十五	三百元	二十五元
機司	六十四	九十九元	二十二元
電匠	五十	七十三元	二十四元
幫工	七十九	二十六元	十三元
雜役	二十八	二十五元五角	十六元
藝徒	十一		十五元

屬廠　杭州電廠計有附屬之廠凡三(一)爲餘杭分廠，資本九萬元，發電量一四〇基羅華特，內係

自備引擎發電機，現改由杭州電廠直接供給，(二)爲海甯分廠，資本三萬六千元，發電量六〇基羅華特，常用四二預備一八，(三)爲泗安分廠。資本一萬四千七百十元，發電量四〇基羅華特，常用二〇，預備二〇，均係大有利時代所設立者，現仍由杭州電廠，繼續辦理。

三、自來水

自來水對於市政之重要，其地位不亞於電氣，故凡人口稠密之區，欲期工業發達，消防完備，以及減免疾疫，無不以刱辦自來水爲急務，杭州之自來水廠，創議於前淸光緒末年，決定於民國十六年，朱家驊長民政時代，而完成於去歲，現已出水年餘，爲杭州近年以來最著名之新建設事業，該廠經費在籌備期內，由省政府核定，歸省庫負担，自十六年至二十年，約計二十一萬餘元，工程經費係由募集公債而得，原定發行自來水公債二百五十萬元，向房屋業主征收房租三個月，派募公債，終因募集不易，將經費竭力縮減，計截至出水之日，共用經費一百十一萬餘元，其中半數，皆係以未發行之公債，及水廠全部財產，向銀行錢莊抵押而來，茲紀其資本用途如下。

地基	三七、二一八元
房屋	四二、三八五

水池及水管　一九六、四三八
供水管網　四八五、八八九
公共給水設備　二二、六〇三
機械設備　五五、八九一
濾裝設備　一六、三二〇
其　他　一五〇、〇〇〇

現在該廠，係屬市有主唯一營業機關，惟公債基金，係指定以杭州市土地稅收入作抵，故亦仿照省債辦法，設有自來水公債監督用途委員會，監督基金之收支事宜，現因杭市固有公井，仍可使用，市民衞生，又不注意，故裝戶迄今，甚不踴躍，廠務未能立臻發達，據該廠營業概算如以每日用水量在一千立方公尺之時，每月供水之成水，全年計爲二萬七千六百元，加入事務費八萬四千元，合計需十一萬元，但水費收入，平均以每立方公尺二角二分計，僅有八萬元，故須損失三萬餘元，但，每月增至一千五百立方公尺之時，年郎可收入水費十二萬元，平均郎可得利，如能因工商業之發達，每日用水量增至五千立方公尺，則每年水費可收至四十萬元，水廠盈餘，亦在二十萬元以上矣。聞最近用戶，尚不及二千，故出水量亦尚未能合於預算，茲將該廠所定保證金，接水費及其用水價格，摘錄如下。

(甲)保證金　依水表口徑大小，分別規定如下。

水表口徑	保證金額
十三公厘	十元
二十公厘	十五元
二十五公厘	二十五元
超過二十五公厘	另議

(乙)接水費　依照接水管口徑大小及路面種類分別規定如下

小管口徑	舊式街道	沙石馬路	柏油馬路
十三公厘	十五元	九元	二十四元
二十公厘	十九元	二十三元	二十八元
二十五公厘	二十三元	二十八元	三十三元

四十公厘	三十一元	三十五元	四十元
五十公厘	四十四元	四十八元	五十三元
超過五十公厘	另議		

（丙）水費　依用量多寡分別規定如下

每月用水量	水價
不滿五立方公尺	每日概爲一元二角
自五立方公尺至二十五立方公尺	每立方公尺二角八分
自二十六立方公尺至五十立方公尺	每立方公尺二角六分
自五十一立方公尺至一百立方公尺	每立方公尺二角三分
自一百另一立方公尺至二百五十立方公尺	每立方公尺二角
自二百五十一立方公尺至五百立方公尺	每立方公尺一角六分
自五百另一立方公尺至一千立方公尺	每立方公尺一角二分
超過一千立方公尺	另議

贅言

據上述各種經濟現象，杭州市近年來之進步，實不容吾人忽視，倘不因絲綢市場之不振，與夫世界銀價之慘落，則其繁榮程度，自必有加無已，現在各種工業等動力，自杭州電廠新廠完成，自來水之設備齊全，業已不感缺乏，加以公路電話，四通八達，市政前途，日以刷新，則迨將來東方大港完成之後，杭州社會，必可以從商業碼頭，而蔚爲工業之城市，昔人對於杭州之觀察，本已有駢檣二十里，開肆三萬室之言，十載之後，杭州市之經濟眞相，必可超此而過之，是則不禁瓣香禱祝之矣。

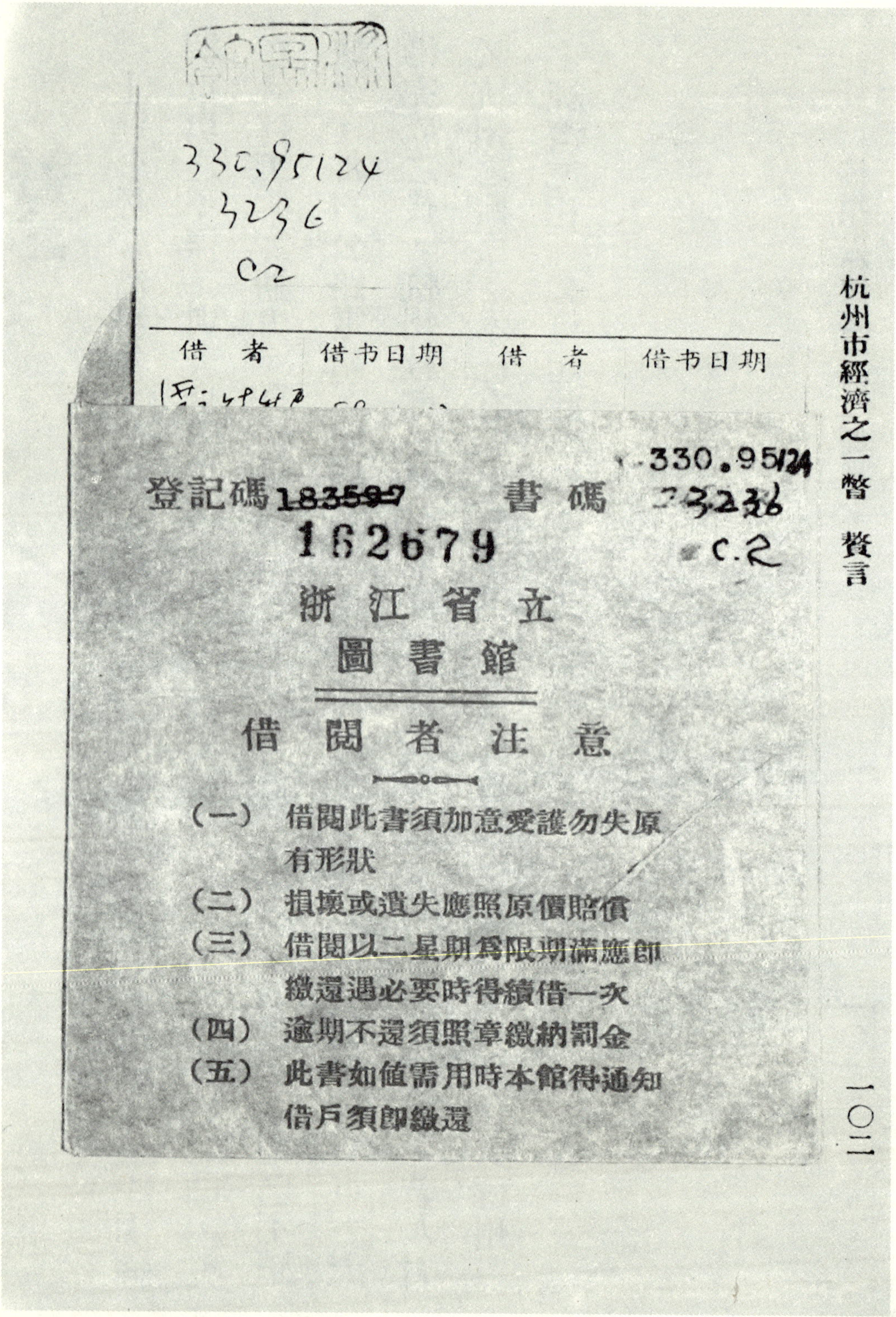

借者	借书日期	借者	借书日期

登記碼 ~~183597~~　書碼 330.95124 3236 C.2

162679

浙江省立
圖書館

借閱者注意

（一）借閱此書須加意愛護勿失原有形狀
（二）損壞或遺失應照原價賠償
（三）借閱以二星期爲限期滿應即繳還遇必要時得續借一次
（四）逾期不還須照章繳納罰金
（五）此書如值需用時本館得通知借戶須即繳還

非賣品

民國二十一年九月十五日初版

杭州市經濟之一瞥　全一册

編輯者　浙江財務人員養成所經濟調查處
杭州性存路十四號

編輯人　韓祖德　魏頌唐　王憲煦

發行所　浙江財務人員養成所經濟調查處
杭州性存路十四號

印刷者　浙江印刷公司
杭州市青年路羊血弄